H. R. Behrendt / H. Junghans

Einführung in die Anwendung des Betriebssystems Apple DOS (Apple II)

Programmieren von Mikrocomputern

Die Bände dieser Reihe geben den Benutzern von Personalcomputern über die Betriebsanleitung hinaus zusätzliche Anwendungshilfen. Der Leser findet wertvolle Informationen und Hinweise mit Beispielen zur optimalen Ausnutzung seines Gerätes, besonders auch im Hinblick auf die Entwicklung eigener Programme.

Bücher zum Apple II aus der Reihe:

Band 9   **Einführung in die Anwendung des Betriebssystems CP/M**
von W. Schneider

Band 13   **Strukturiertes Programmieren in BASIC**
von W. Schneider

Band 14   **Logo-Programmierkurs für Commodore 64 Logo und Terrapin Logo (Apple II)**
von B. Schuppar

Band 20   **Einführung in die Anwendung des Betriebssystems Apple DOS (Apple II)**
von H. R. Behrendt und H. Junghans

Band 21   **Logo? Logo!**
von K. Haussmann

Band 22   **Einführung in Turbo Pascal unter CP/M 80**
von G. Harbeck

Band 23   **Pascal mit der Turtle**
von K. und K. H. Beelich

Band 25   **Murmeltierwelt und Pascal**
von H. Pinke

BASIC-Wegweiser für den Apple II e/c
von E. Kaier

Spielprogramme für den Apple II/IIe
von H. Franklin, J. Koltnow und L. Finkel

Computergraphische Experimente mit Pascal (Fractale)
von K.-H. Becker und M. Dörfler

Programmieren von Mikrocomputern Band 20

Hans-Rudolf Behrendt
Helmut Junghans

Einführung in die Anwendung des Betriebssystems Apple DOS (Apple II)

Springer Fachmedien Wiesbaden GmbH

CIP-Kurztitelaufnahme der Deutschen Bibliothek

Behrendt, Hans-Rudolf:
Einführung in die Anwendung des Betriebssystems
Apple DOS (Apple II) / Hans-Rudolf Behrendt;
Helmut Junghans. — Braunschweig; Wiesbaden:
Vieweg, 1987.
   (Programmieren von Mikrocomputern; Bd. 20)

NE: Junghans, Helmut:; GT

Das in diesem Buch enthaltene Programm-Material ist mit keiner Verpflichtung oder Garantie irgend-
einer Art verbunden. Die Autoren und der Verlag übernehmen infolgedessen keine Verantwortung und
werden keine daraus folgende oder sonstige Haftung übernehmen, die auf irgendeine Art aus der
Benutzung dieses Programm-Materials oder Teilen davon entsteht.

1987

Umschlaggestaltung: Peter Lenz, Wiesbaden

ISBN 978-3-528-04447-3   ISBN 978-3-663-14164-8 (eBook)
DOI 10.1007/978-3-663-14164-8

Inhaltsverzeichnis

1 Einführung

Dieses Buch richtet sich in erster Linie an Benutzer des Apple II oder dazu kompatibler Geräte, die schon etwas Erfahrung im Umgang mit dem Gerät haben, einige Grundkenntnisse in BASIC besitzen und sich nun ausführlicher mit dem Betriebssystem DOS 3.3 auseinandersetzen wollen. Da nicht alle Leser automatisch die gleichen Voraussetzungen mitbringen, finden sich in diesem Buch auch zu Beginn im Kapitel 2 eine Begriffserklärung der wichtigsten Fachwörter, ein Exkurs über Zahlensysteme und eine generelle Einführung zu Mikrocomputer-Betriebssystemen.

In Kapitel 3 gehen wir auf die wichtigsten Komponenten der verschiedenen Apple II-Modelle und ihre Unterschiede sowie auf Probleme der Kompatibilität ein.

Die Kapitel 4 bis 7 erklären die eigentliche Arbeit mit dem Betriebssystem DOS 3.3. Neben einfachen Beispielen und Syntaxübersichten finden sich dazu weiterführende Anwendungsbeispiele, meist in Form von kurzen BASIC-Programmen, die leicht in eigene Programme eingebunden werden können.

Schließlich entwickeln wir in Kapitel 8 eine Reihe von nützlichen Hilfsprogrammen, u. a. einen kompletten Disketten-Sektor-Editor. Auch Leser, die selbst nicht in größerem Umfang programmieren wollen, können anhand dieser Programme besser verstehen, wie die kommerziellen Dienstprogramme ("Utilities") funktionieren, mit denen sie arbeiten. Einen Überblick über solche Programme liefert das 9. Kapitel.

Den Abschluß bildet dann die Beschäftigung mit verschiedenen DOS-Varianten und anderen Apple-Betriebssystemen.

Im Anhang findet sich auch eine Übersicht über die DOS-Kommandos und Fehlermeldungen.

Obwohl das Betriebssystem DOS 3.3 nun schon über sechs Jahre alt ist und bestimmt nicht zu den komfortabelsten und elegantesten Systemen gehört, rechtfertigt der immer noch riesige Softwaremarkt, der unter diesem System verfügbar ist, auch heute noch eine ausführliche Beschäftigung mit diesem Betriebssystem. Außerdem lassen sich nachträglich viele Mängel des DOS 3.3 durch Hilfsprogramme und Modifikationen beheben. Dieses Buch soll auch helfen, deren Anwendung besser zu begreifen.

Letztendlich soll dieses Buch kein Nachschlagewerk sein, sondern zur selbständigen Arbeit am Computer und mit dem Betriebssystem anregen. Das Lesen und das eigene Ausprobieren am Computer sollte Hand in Hand gehen. Wer in dieser Weise mit Mikrocomputern umgeht, wird seine Scheu, aber auch einen unangebrachten Respekt davor, verlieren.

Wichtiger als das Verstehen und Beherrschen jedes einzelnen Details erscheint uns die Fähigkeit, Zusammenhänge zu erkennen, Bewertungen vorzunehmen und das Betriebssystem und seine Teile in den Gesamtzusammenhang des Gerätes und der vorhandenen Software zu stellen.

Wichtig ist es auch, nicht an „seinem" Gerät, „seiner" Computersprache (meist BASIC) und „seinem" Betriebssystem (hier DOS 3.3) zu kleben, sondern sich dazu zu befähigen, auch mit anderen Geräten, Computersprachen und Betriebssystemen umgehen zu können. Nur so ist man in der Lage, sich auf Soft- und Hardware-Entwicklungen einzustellen.

Für das Ausprobieren und Arbeiten mit dem Buch empfehlen wir das Anlegen einer Übungsdiskette, vor allen Dingen beim Arbeiten mit Maschinenroutinen. Erst wenn man sich in der Benutzung sicher ist, sollte man diese Programme auf Programm- oder Datendisketten anwenden. Wie eine solche neue Diskette erstellt wird, erläutern wir in Kapitel 5.

Schließlich ist zu diesem Buch auch eine Diskette mit allen aufgeführten Programmen erhältlich, die das Eintippen erspart. Die meisten Programme sind allerdings nicht auf Schnelligkeit und oft auch nicht auf Komfort angelegt, sondern es stand immer im Vordergrund, daß die verwendeten Techniken auch von interessierten Anfängern nachvollzogen werden können.

2 Grundlagen

2.1 Computer allgemein

2.1.1 Aufbau von Computern

Auf den folgenden Seiten sollen die wichtigsten Grundbegriffe geklärt werden, die in diesem Buch häufig benutzt werden. Dabei wollen wir uns bemühen, möglichst wenig „Fachchinesisch" zu produzieren; einige Fremdwörter, englischsprachige Ausdrücke und Abkürzungen lassen sich aber nicht vermeiden.

Beginnen wir mit dem Wort "Computer" (vom engl. to compute = berechnen). Dieser Begriff charakterisiert in der Tat die grundlegende Fähigkeit dieser Maschine, nämlich zu rechnen, genau gesagt, Dualzahlen zu addieren.

In der Tat wurden die ersten Computer auch zur Lösung umfangreicher Rechnungen entwickelt, nämlich im Rahmen des 2. Weltkrieges (Bombertabellen, Geheimcodeentschlüsselung etc.). Erst Mitte der fünfziger Jahre wurden die ersten Computer für zivile Zwecke zur Datenverarbeitung eingesetzt. Erst da sprach man dann von „Elektronischer Datenverarbeitung" (EDV). Hierbei kam es nun nicht so sehr auf komplizierte Rechnungen an, sondern vor allem auf die Bewältigung großer Datenmengen, z. B. bei der Buchführung eines Unternehmens.

Betrachten wir nun in einem Schnelldurchgang die Entwicklung der Computer-"Hardware" (engl. = Metallwaren), d. h. der elektrischen, elektronischen und mechanischen Bauteile. Zu Beginn arbeitete man mit Relais und Röhren. Die damaligen Computer waren nur in riesigen Schränken unterzubringen. In den fünfziger Jahren wurden die Röhren durch Transistoren ersetzt, die im Laufe der Zeit immer weiter zu sogenannten integrierten Schaltkreisen verkleinert werden konnten (engl.: integratet circuit, daher abgekürzt IC, auch als Chip bezeichnet).

Wir wollen hier nicht näher in die elektronischen Details gehen, sondern nur festhalten, daß ein Computer erst einmal aus elektronischen Schaltungen besteht. Diese Schaltungen kennen wie jeder Stromkreis im Haushalt auch nur zwei Zustände, Strom ein oder Strom aus.

Um mit diesen Schaltungen zu arbeiten, braucht man nun noch eine Eingabemöglichkeit und ein Ausgabegerät, um die Resultate zu sehen.

Daraus ergibt sich folgendes einfaches Schema eines Computers:

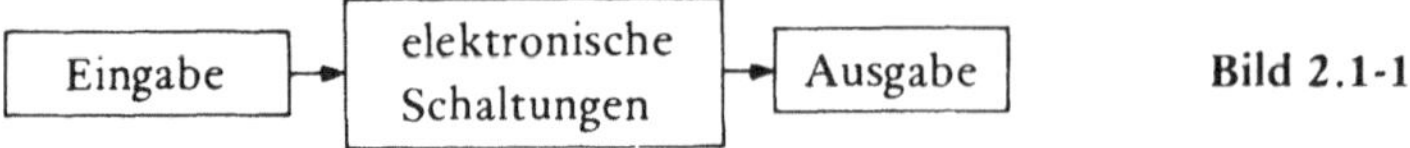

Bild 2.1-1

Alles, was nicht zum eigentlichen „Rechner" gehört, bezeichnet man auch als Peripherie, unabhängig davon, ob sich diese Teile im selben Gehäuse befinden oder nicht.

Wie geht nun die Eingabe von Informationen in den Computer vor sich? Bei den ersten Computern bediente man sich der Lochstreifen oder der Lochkarten, später ging man zur Eingabe durch Tastaturen über, vergleichbar mit einer Schreibmaschinentastatur. Jeder Druck auf eine Taste wird in elektrische Impulse übersetzt und mehrere solcher Impulse ergeben einen Befehl an den Rechner. Das Ergebnis der Operation wird dann wieder übersetzt, z. B. in Buchstaben und Zahlen.

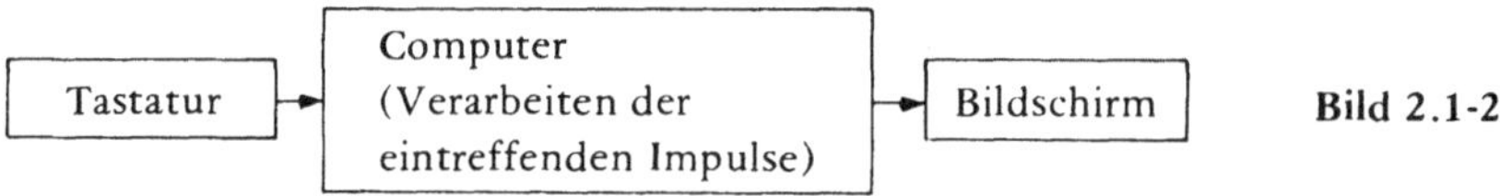

Bild 2.1-2

Den Teil des Computers, der mit der eigentlichen Rechen- und Steuerarbeit beschäftigt ist, bezeichnet man auch als Zentraleinheit (engl.: central prozessing unit = CPU). Wenn Tastatur und Bildschirm zusammengefaßt sind, spricht man auch von einem Terminal.

Die Zentraleinheit besteht aus zwei Teilen, dem Prozessor, der für die Steuerung und Rechnung zuständig ist, und dem Speicher, der elektrische Zustände festhalten kann. Seitdem es gelungen ist, alle Teile, die zur Steuerung und Rechnung notwendig sind, in einem Chip unterzubringen, nennt man dieses Bauteil auch Mikroprozessor.

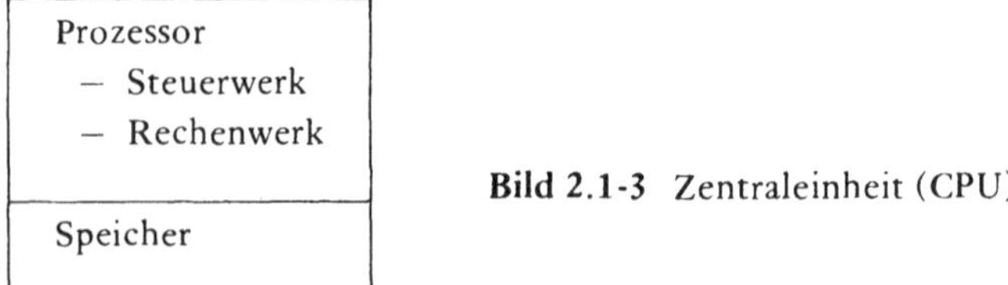

Bild 2.1-3 Zentraleinheit (CPU)

Es soll nun betrachtet werden, womit der Computer eigentlich rechnet. Dazu bedarf es eines kurzen Ausfluges in die Theorie der Zahlensysteme.

2.1.2 Zahlensysteme

Wir alle kennen und benutzen das Zehner- oder Dezimalsystem, d. h. wir
rechnen mit den Ziffern von 0 bis 9 und benutzen eine Stellenschreibweise:

$$z. B. \quad 123 = 1*10^\wedge 2 + 2*10^\wedge 1 + 3*10^\wedge 0$$
$$= 1*100 \quad + 2*10 \quad + 3$$

Nun liegt es zwar im wahrsten Sinne des Wortes auf der Hand, daß wir mit
dem Zehnersystem rechnen, aber entscheidend für die Information, die wir
damit ausdrücken, ist dies nicht. Genau so wenig wie es für einen Stein
keinen Unterschied ausmacht, ob wir ihn als „Stein" oder englisch als
"stone" oder französisch als "pierre" bezeichnen. Wir können also ein
Zahlensystem einführen, das nur zwei Ziffern kennt, die wir mit 0 und 1
bezeichnen wollen (auch dies ist nur eine Verabredungssache). Dieses Zahlensystem heißt Zweier- oder Dualsystem. Die Basis dieses Systems ist die
Zahl 2. Die Stellenwertigkeit in diesem System zeigt das Beispiel

$$dual \; 10110 = 1*2^\wedge 4+0*2^\wedge 3+1*2^\wedge 2+2^\wedge 1+0*2^\wedge 0$$
$$= 1*16 \quad +0*8 \quad +1*4 \quad +1*2+0*1$$
$$= 16 \quad +0 \quad +4 \quad +2 \quad +0$$
$$= 22 \; dezimal$$

Wie zählen wir in diesem Dualsystem. Prinzipiell genau so, wie im Dezimalsystem. Es werden alle Ziffern des Systems benutzt. Reichen diese nicht aus,
muß eine zusätzliche Stelle benutzt werden.

Beispiel:

| dezimal | 8, 9, 10 | oder | 998,999,1000 |
| dual | 0, 1, 10 | oder | 110,111,1000 |

Daraus ergibt sich die Zählweise nach Tabelle 2.1-1.
Und da wir bei neuen Zahlensystemen sind, hier gleich noch das Sechzehner-
system (auch Hexadezimal- oder Sedezimalsystem). Dieses System hat die
Basis 16. Damit wir damit arbeiten **können**, benötigen wir 16 Ziffern. Wir
verwenden die Ziffern

| sedezimal: | 0 | 1 | 2 | 3 | 4 | 5 | 6 | 7 | 8 | 9 | A | B | C | D | E | F |
| dezimal: | 0 | 1 | 2 | 3 | 4 | 5 | 6 | 7 | 8 | 9 | 10 | 11 | 12 | 13 | 14 | 15 |

Damit wir die verschiedenen Zahlensysteme nicht verwechseln, wollen wir
vor die Sedezimalzahlen immer ein $ setzen, also $12 = 18 usw.

Beispiel:

$$sedezimal \; \$1A9F = 1*16^\wedge 3 + 10*16^\wedge 2 + 9*16^\wedge 1 + 15*16^\wedge 0$$
$$= 1*4096 + 10*356 \quad + 9*16 \quad + 15*1$$
$$= 6815 \; dezimal$$

Tabelle 2.1-1 Übersicht Zahlensysteme

dezimal	dual	sedezimal	dezimal	dual	sedezimal
0	0	0	13	1101	D
1	1	1	14	1110	E
2	10	2	15	1111	F
3	11	3	16	10000	10
4	100	4	17	10001	11
5	101	5	18	10010	10
6	110	6	19	10011	11
7	111	7	20	10100	12
8	1000	8	21	10101	13
9	1001	9	22	10110	14
10	1010	A	23	10111	15
11	1011	B	24	11000	16
12	1100	C	25	11001	17

In den beschriebenen Zahlensystemen kann natürlich auch gerechnet werden.

dezimal	dual	sedezimal
123	1111011	$7B
+ 48	+ 110000	+ $40
171	10101011	$BB

Vielleicht haben Sie sich schon gefragt, warum wir uns hier mit dem Dualsystem beschäftigen. Wir wollen die Zustände der elektronischen Schaltungen mit 0 für keine Spannung und 1 für Spannung bezeichnen. Dann können wir den Zustand einer Schaltung mit Dualzahlen kennzeichnen.

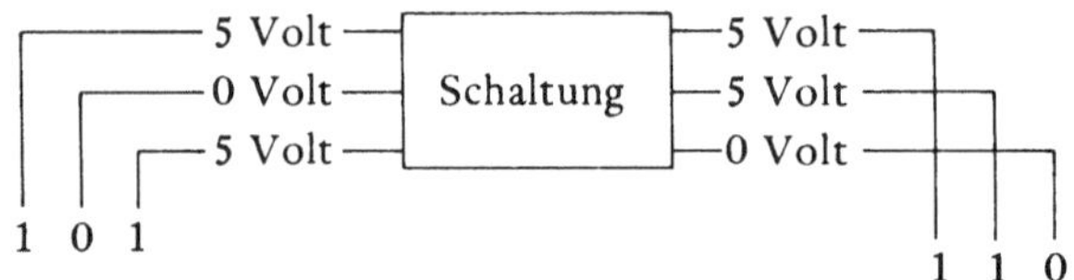

Bild 2.1-4 Schaltzustände

Die Dualzahlen sind nichts anderes als Abkürzungen für uns. Die Ziffer einer Dualzahl bezeichnet man auch als Bit (engl. binary digit = Binärziffer), was gleichzeitig ein Maß für die übermittelbare Information ist. Wenn ich nur eine Leitung zur Verfügung habe, kann ich zur selben Zeit nur eine Information übermitteln. Besitze ich zwei Leitungen, sind es schon $2^2=4$ Informationen usw.

Achtstellige Dualzahlen z. B. 01001011 bezeichnet man auch als Byte. Diese achtstelligen Dualzahlen oder Bytes sind die „Wörter" der „Sprache", die der Computer „versteht", der sogenannten Maschinensprache.

Das Sedezimalsystem haben wir erläutert, weil die Handhabung der Dualzahlen wegen der vielen benötigten Stellen schon bei kleinen Zahlenwerten
unpraktisch ist. Mit Sedezimalzahlen lassen sich die Zahlenwerte von Dualzahlen jedoch übersichtlich darstellen. Vier Stellen im Dualsystem entsprechen
einer Stelle im Sedezimalsystem.

Die Dualzahl	1	1000	1111	1001
ergibt sedezimal	1	8	F	9

Zahlensysteme: Ein Programm zur Zahlenumrechnung

Wir wollen hier nur vier Umrechnungsmöglichkeiten anbieten:

— eine Dezimalzahl in eine Dualzahl und umgekehrt
— eine Sedezimalzahl in eine Dezimalzahl und umgekehrt

Die Eingaberoutinen in diesem BASIC-Programm sind gegen Fehleingaben
nicht abgesichert. Dies kann aber leicht jeweils in die Unterprogramme ein-
gebaut werden. Die Umrechnung selbst berücksichtigt jeweils nur Zahlen im
Bereich von 0-65535 bzw. $0000—$FFFF bzw. 16-stellige Dualzahlen. Die
Dual- und Sedezimalzahlen werden in der Stringvariablen DUAL$ bzw.
HEX$ vom Unterprogramm zurückgegeben.

Das Eingabemenü:

Programm 2.1-1 1. Teil ZAHLENSYSTEME

```
1000    DIM B(16)
1010    PRINT : PRINT
1020    PRINT "1.DEZIMAL-DUAL"
1030    PRINT "2.DUAL-DEZIMAL"
1040    PRINT "3.HEX-DEZIMAL"
1050    PRINT "4.DEZIMAL-HEX"
1060    PRINT "5.ENDE"
1070    PRINT "BITTE EINGABE:";
1080    GET F$: PRINT F$: PRINT
1090    IF F$ = "5" THEN 1120
1100    ON  VAL (F$) GOSUB 1130,1170,1210,1250
1110    GOTO 1010
1120    END
1130    INPUT "DEZIMAL-ZAHL:";DEZ
1140    GOSUB 1290
1150    PRINT "DUAL-ZAHL    :";DUAL$
1160    RETURN
1170    INPUT "DUAL-ZAHL    :";DUAL$
1180    GOSUB 1400
1190    PRINT "DEZIMAL-ZAHL:";DEZ
1200    RETURN
1210    INPUT "HEX-ZAHL     :";HEX$
1220    GOSUB 1500
1230    PRINT "DEZIMAL-ZAHL:";DEZ
1240    RETURN
1250    INPUT "DEZIMAL-ZAHL:";DEZ
1260    GOSUB 1600
1270    PRINT "HEX-ZAHL     :";HEX$
1280    RETURN
```

Die Umwandlungsunterprogramme

Programm 2.1-1 2. Teil ZAHLENSYSTEME

```
1290  REM   DEZ-DUAL
1300   FOR I = 16 TO 1 STEP  - 1
1310   IF DEZ / 2 =   INT (DEZ / 2) THEN B(I) = 0: GOTO 1330
1320 B(I) = 1
1330 DEZ =   INT (DEZ / 2)
1340   NEXT
1350 DUAL$ = ""
1360   FOR I = 1 TO 16
1370 DUAL$ = DUAL$ +  STR$ (B(I))
1380   NEXT
1390   RETURN
1400   REM   DUAL-DEZ
1410 L =   LEN (DUAL$)
1420   FOR I = 1 TO L
1430 B(I) =   VAL ( MID$ (DUAL$,I,1))
1440   NEXT
1450 DEZ = 0
1460   FOR I = 1 TO L
1470 DEZ = DEZ + B(I) * 2 ^ (L - I)
1480   NEXT
1490   RETURN
1500   REM   HEX-DEZ
1510 L =   LEN (HEX$)
1520 DEZ = 0
1530   FOR I = 1 TO L
1540 HH$ =   MID$ (HEX$,I,1)
1550   IF  ASC (HH$) < 58 THEN H =   VAL (HH$): GOTO 1570
1560 H =   ASC (HH$) - 55: REM   --- Sedezimal A,..,F --> 10,..,15
1570 DEZ = DEZ + H * 16 ^ (L - I)
1580   NEXT
1590   RETURN
1600   REM   DEZ-HEX
1610 I = 0
1620   IF DEZ < 16 THEN 1670
1630 I = I + 1: REM   SCHLEIFENVARIABLE
1640 H(I) = DEZ -   INT (DEZ / 16) * 16
1650 DEZ =   INT (DEZ / 16)
1660   IF DEZ > 15 THEN 1630
1670 H(I + 1) = DEZ
1680 HEX$ = ""
1690   FOR J = 1 TO I + 1
1700   IF H(J) < 10 THEN HH$ =   STR$ (H(J)): GOTO 1720
1710 HH$ =   CHR$ (H(J) + 55): REM   Dezimal 10,..,15 --> A,..,F
1720 HEX$ = HH$ + HEX$
1730   NEXT J
1740   RETURN
```

2.1.3 Programmiersprachen

Daten und Befehle kann der Mikroprozessor nur als Dualzahl verarbeiten.
Zu Beginn der Computertechnik konnten diese Bitkombinationen z. B. durch
einzelne Schalter erzeugt werden. Ein Programmteil in dieser Maschinensprache könnte so aussehen:

```
Befehl:  0010 0000    Springe ins Unterprogramm
Daten:   0101 1000    Adresse des Unterprogramms:
Daten:   1111 1100    „Bildschirm löschen" im ROM
```

Der Rechner muß in der Lage sein, das erste Byte als Befehl und die zwei
folgenden Bytes als diesem Befehl zugeordnet zu erkennen.

Auch mit einer Tastatur ist keinem Benutzer zuzumuten, diese Ziffernfolge
anzugeben. Die Sedezimalzahlen kürzen die Eingabe ab:

```
0010 0000  =  $20
0101 1000  =  $58
1111 1100  =  $FC
```

Man beachte, daß beim Mikroprozessor vom Typ 6502 die Adressen immer
in folgender Reihenfolge angegeben werden:

```
niederwertiges Byte (engl. Low Byte)
höherwertiges Byte (engl. High Byte)
```

Bei der Adresse $FC58 ergibt sich also die Reihenfolge wie oben, zuerst
$58 dann $FC.

Dazu ist es allerdings nötig, daß der Programmierer weiß, daß $20 der Befehl
zum Aufrufen eines Unterprogrammes und $FC58 die Adresse des Unterpro-
grammes zum Löschen des Bildschirmes ist. Diese schwer erlernbare und
unübersichtliche Programmierung wird durch Verwendung der Assemblersprache vereinfacht. Der Befehl $20 wird durch das symbolische Wort JSR
ersetzt (Jump Subroutine = Springe zum Unterprogramm).

Da die Befehlswörter der Assemblersprachen meist so gewählt sind, daß
eine inhaltliche Verbindung zu dem Befehl hergestellt werden kann (weiteres
Beispiel: CMP = Compare = vergleiche), bezeichnet man Assemblersprachen
auch als mnemotechnische Codes.

Mit Hilfe des Assemblerprogrammes kann also der Befehl

```
JSR    $FC58
```

in den o. g. Maschinensprachebefehl übersetzt werden. Im heutigen Sprach-
gebrauch werden sowohl die Assemblersprache als auch die Programme zum
Übersetzen in die Maschinensprache kurz als Assembler bezeichnet.

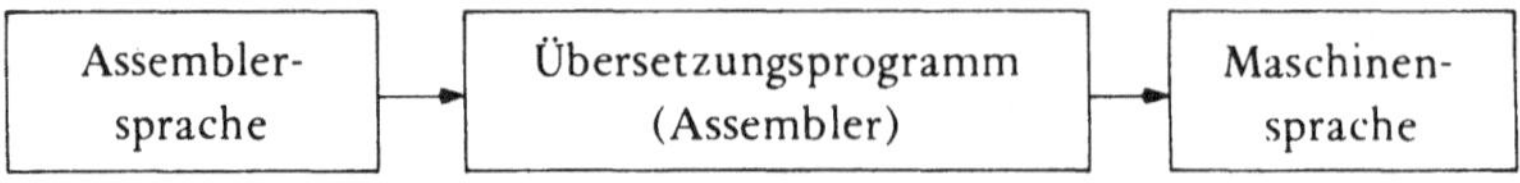

Bild 2.1-5 Übersetzung der Assemblersprache

Jeder Mikroprozessortyp benötigt einen auf ihn zugeschnittenen Assembler, da dieser ja speziell auf den jeweiligen Maschinencode abgestimmt sein muß. Assemblersprachen sind deshalb maschinenorientierte Sprachen.

Assemblersprachen haben den Vorteil, daß durch die Anpassung an den Mikroprozessor dessen Vorteile ausgeschöpft werden können, was zu schnellen und leistungsfähigen Programmen führt. Die Programme sind aber nicht auf Datenverarbeitungsanlagen anderen Typs lauffähig. Die Programmierung ist sehr aufwendig. Diese Nachteile werden durch Verwendung sogenannter problemorientierter oder höherer Programmiersprachen beseitigt.

Problemorientierte Programmiersprachen sind Sprachen, die die Beschreibung von Problemen ohne Kenntnisse des Maschinencodes ermöglichen. Um bei dem verwendeten Beispiel zu bleiben: der Befehl, um den Bildschirm zu löschen, lautet in Applesoft-BASIC nur HOME. Es ist nicht notwendig zu wissen, daß zur Ausführung ein Unterprogramm in Maschinencode existiert, das ab Adresse $FC58 im Speicher abgelegt ist.

Übersetzungsprogramme übernehmen es wieder, die Programmiersprache in Maschinencode zu übersetzen und hier z. B. dem Befehl HOME das entsprechende Unterprogramm zuzuordnen.

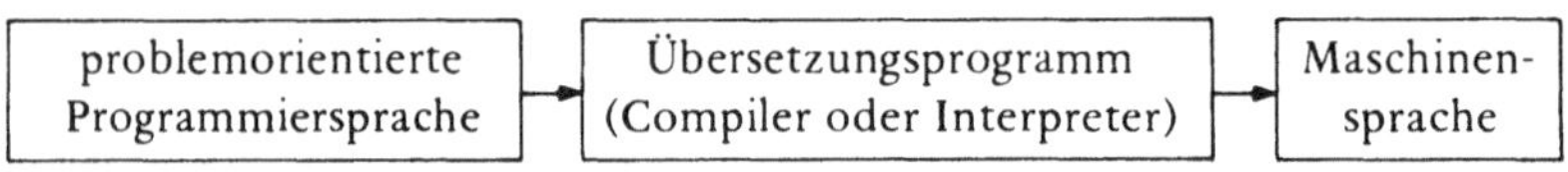

Bild 2.1-6 Übersetzung einer höheren Programmiersprache

Man muß bei den Übersetzungsprogrammen zwei Prinzipien unterscheiden. Ein Compiler übersetzt ein in einer höheren Programmiersprache erstelltes Programm (Quellen- oder Sourceprogramm) komplett in ein Programm in Maschinencode, das Objektprogramm. Dieses könnte jetzt als Maschinenprogramm gespeichert oder gestartet werden.

Ein Interpreter dagegen übersetzt jede Anweisung eines Quellenprogrammes einzeln in Maschinencode und läßt diese Anweisung vom Mikroprozessor ausführen. Es wird kein Objektprogramm erstellt. Bei jedem Programmlauf muß der Übersetzungsvorgang neu durchgeführt werden. Deshalb sind einmal compilierte Programme beim Programmlauf schneller.

Problemorientierte Sprachen mit großem Verbreitungsgrad sind:

Tabelle 2.1-2 Programmiersprachen

Sprache	Bedeutung	Anwendung
BASIC	Beginner's All purpose Symbolic Instruction Code	Dialogsprache für techn. und kaufm. Bereich
COBOL	Common Business Oriented Language	kaufm. Bereich
FORTRAN	Formula Translation	techn.-wissenschaftlicher Bereich
Pascal	benannt nach Blaise Pascal	strukturierte Programmiersprache
LOGO	---	entwickelt von S. Papert für Kinder
C	---	zur Systemprogrammierung

2.1.4 Computerspeicher

Neben dem Mikroprozessor benötigt ein Computer einen möglichst großen
Arbeitsspeicher, in dem sowohl Programme als auch Daten während des
Betriebs abgelegt werden können. Diesen Arbeitsspeicher kann man sich wie
ein großes Schubladenregal vorstellen.

Die Schubfächer sind durchnumeriert. In jedem Schubfach können Daten
abgelegt werden, d. h. in jedem Fach genau Informationen von einem Byte
Länge. Die Nummern der Schubfächer und die Daten selbst werden sedezimal angegeben. Der Speicherplatz $10 könnte also den Wert $09 haben.

Die Nummer der jeweiligen Speicherzelle bezeichnet man als Adresse, die
Anzahl aller Speicherzellen als Speicherkapazität. Diese Speicherkapazität
hängt nun auch von dem Mikroprozessor ab, denn ein 8-Bit-Prozessor kann
nur 256 Zustände unterscheiden, d. h. von 0 bis 255 zählen. Da dies nicht
ausreicht, benutzt man bei den Leitungen, die vom Mikroprozessor zum
Speicher führen, die doppelte Anzahl, also 16 Bit. Damit kann dieser Mikroprozessor maximal 2^{16}, d. h. $256*256 = 65\,536$ Speicherzellen direkt
adressieren. Dies wird auch als Adreßraum bezeichnet. Um jedoch nicht mit

so unhandlichen Zahlen arbeiten zu müssen, führt man noch eine neue Einheit ein: 2^{10} Bytes = 1024 Bytes sind ein Kilobyte (Kbyte). Wer das ausrechnet, wird sehen, daß ein üblicher 8-Bit-Computer maximal 64 Kbyte direkt ansprechen kann. Der IBM-PC verfügt über eine 20-Bit-Adreßleitung und kann damit 1 048 576 Bytes direkt adressieren.

Diesen Arbeitsspeicher kann der Computer jederzeit ansprechen, den Inhalt einer Speicherzelle auslesen oder ein anderes Byte (einen anderen Wert) hineinschreiben. Im Englischen nennt man diese Speicherart "random access memory" (Speicher für wahlweisen Zugriff) oder auch kurz RAM.

Wird der Computer ausgeschaltet, werden diese Speicherzellen alle gelöscht. Damit man einige wichtige Programme jedoch immer im Computer gespeichert hat, z.B. eine Computersprache wie BASIC oder ein Programm, das Buchstaben auf dem Bildschirm ausgibt, gibt es Speicher, die der Computer nur lesen kann. Dies sind die ROM-Speicher (engl. read only memory). Es gibt allerdings ROM-Speicher, die man selbst programmieren und auch wieder löschen kann (z.B. mit UV-Licht). Diese Speicher nennt man EPROM (engl. erasable programmable ROM). Da diese Programme in den ROM-Bausteinen fest zum Computer gehören, bezeichnet man sie auch als Firmware.

2.2 Betriebssysteme

Nachdem wir nun die wichtigsten Begriffe geklärt und etwas über die Hardware und Software des Computers erfahren haben, wollen wir uns nun allgemein mit dem eigentlichen Thema des Buches beschäftigen, dem Betriebssystem.

2.2.1 Der Monitor

Um die Funktionen des Diskettenbetriebssystems DOS 3.3 zu verstehen, scheint es sinnvoll, vorher ein Betriebssystem auf einer quasi niedrigeren Ebene kennenzulernen.

Dazu überlegen wir uns, was der Benutzer nach dem Einschalten des Computers von ihm erwartet:

Der Computer soll Eingaben von der Tastatur entgegennehmen und verarbeiten können, z.B. auf dem Bildschirm ausgeben. Der Computer soll sich also in einem festgelegten Anfangszustand befinden und einen Dialog ermöglichen.

Diese Fähigkeiten erscheinen uns zwar selbstverständlich und banal, müssen aber im Computer selbst in kleinen Maschinensprachenprogrammen realisiert werden. Diese Programme sind meist in einem ROM installiert und bilden ein Betriebssystem auf Maschinensprachenebene, einen sogenannten Monitor (engl. für überwachen).

Wir halten fest:

Als Betriebssystem bezeichnet man im allgemeinen eine Sammlung von Programmen, die die Basis zur Abwicklung, Steuerung und Überwachung der eigentlichen Benutzerprogramme bildet.

Der Computer soll also mit Hilfe des Betriebssystems den Benutzer von Routineaufgaben entlasten (welche das sein können, werden wir gleich aufführen) und ihm auch Steuer- und Überwachungsmöglichkeiten geben.

Worin bestehen nun die Aufgaben eines Monitors?

— Eingeben und Ausgeben von Daten in sedezimaler Form
— Auflisten und Ändern von Speicher und Registerinhalten
— Vergleichen von Speicherinhalten
— Testhilfen zur Fehlerbeseitigung bei Programmen in Maschinensprache

Die Benutzung des Apple-Monitors wird im Anhang erläutert.

2.2.2 Aufgaben von Betriebssystemen

Da ein Benutzer meistens nicht in Maschinensprache programmiert und die Möglichkeiten des Monitors nicht sehr komfortabel sind, gibt es darüberhinaus ein „richtiges" Betriebssystem mit folgenden Aufgaben:

— komfortable Ein- und Ausgabe von Programmen, Daten und Dateien
— Datensicherung auf Massenspeichern z. B. auf Diskette
— Steuerung der Peripheriegeräte, wie Drucker, Modem etc.
— Bereitstellung von Programmiersprachen z. B. durch Interpreter oder Compiler
— Bereitstellung von Dienst- und Hilfsprogrammen
— Fehlerbehandlung und Testhilfen
— Speicherplatzverwaltung im Arbeitsspeicher
— Speicherplatzverwaltung der Massenspeicher

Man kann diese Liste bei Großcomputern mit Mehrbenutzersystemen noch fortsetzen:

— Datenschutz durch Zugangskontrolle
— Verteilung der Rechenzeit
— Anlegen von Programmbibliotheken usw.

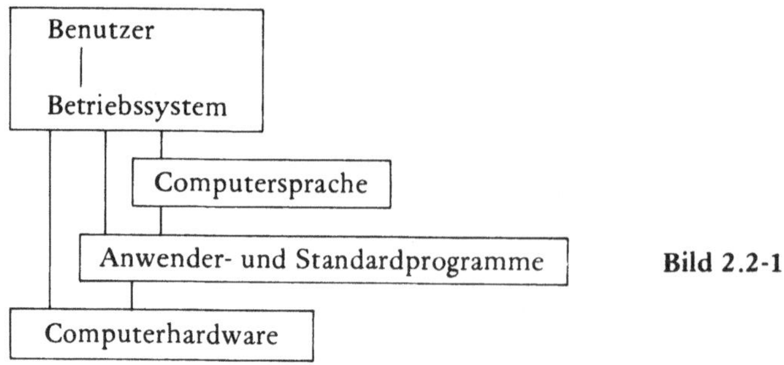

Bild 2.2-1

Ein Betriebssystem stellt den Kontakt zwischen Benutzer und dem Computer, d. h. der verwendeten Programmiersprache, den Anwenderprogrammen und der Hardware her.

Dabei kann es sein, daß ein Benutzer von der Existenz des Betriebssystems überhaupt nichts bemerkt. Das Anwenderprogramm (z. B. eine Datenbank oder ein Spiel) benutzt das Betriebssystem für seine Zwecke, versteckt aber dessen Funktionsweise vor dem Benutzer.

Apple-Geräte mit dem Autostartmonitor bieten die Möglichkeit, sich ein sogenanntes „Turnkey-System" aufzubauen, das nach Einlegen der Diskette und Einschalten des Gerätes das Betriebssystem lädt und ein bestimmtes Programm automatisch startet.

2.2.3 Zur Geschichte von Betriebssystemen

Die ersten Betriebssysteme wurden in den fünfziger Jahren für die damals verwendeten Großrechner entwickelt, um eine bessere Ausnutzung der Anlagen zu gewährleisten. Es handelte sich dabei um Systeme, die mehrere Programme hintereinander im sogenannten Stapelbetrieb verarbeiten. Anfang der sechziger Jahre begann man dann Systeme zu entwickeln, bei denen sich mehrere Programme gleichzeitig im Arbeitsspeicher befinden sollten (multiprocessing). Diese Betriebssysteme z. B. OS/360 gehörten zu den komplexesten Programmen der damaligen Zeit, deren Entwicklung mehrere hundert Millionen Dollar kostete. Mit der Entwicklung von kleineren Computern Mitte der siebziger Jahre entstanden bald auch Betriebssysteme für diese Rechner. Zu Beginn, wie bei den Großrechnern, waren es die reinen Monitorprogramme auf Maschinensprachenebene, dann aber bald auch komfortablere Betriebssysteme für die Arbeit mit Diskettenlaufwerken und anderen Geräten.

Für den Mikroprozessor Z80 setzte sich das Betriebssystem CP/M durch. Daneben gab es dann spezielle Systeme für die Rechner von Tandy, Commodore und Apple. Deren Hauptnachteil war und ist, daß sie nicht auf verschiedenen Geräten lauffähig sind, selbst wenn diese über den gleichen Mikroprozessor verfügen. Bei den nachfolgenden 16-Bit-Rechnern setzte sich in den achtziger Jahren dann mit dem Erfolg des IBM-PC das System MS-DOS durch. Für die neuen 32-Bit-Rechner sind jetzt vor allem UNIX und XENIX im Gespräch. Diese Systeme ermöglichen im Gegensatz zu den vorherigen eine echte Mehrplatzbenutzung und sind von der Größe und dem Komfort mit Systemen auf Großrechnern vergleichbar.

Die Entwicklung des Apple DOS fand in folgenden Schritten statt:

1978 DOS 3 (später DOS 3.1 genannt), noch mit vielen Fehlern
1979 DOS 3.2, Diskettenformat: 13 Sektoren und 35 Spuren
1980 DOS 3.3, Diskettenformat: 16 Sektoren und 35 Spuren
1983 DOS 3.3, geringfügig geändert (Befehl APPEND verbessert)

(1984 dann PRODOS, nicht kompatibel zu DOS 3.3, bietet aber die Möglichkeit, Dateien von DOS 3.3 auf PRODOS-Format umzustellen.)

2.2.4 Einteilung von Betriebssystemen

Die heutigen Betriebssysteme lassen sich nach folgenden Kriterien unterteilen:

— Zugang zum System

a) menüorientierte Systeme

Bei diesen gibt der Benutzer seine Befehle durch die Auswahl von Menüpunkten. Der Vorteil dabei liegt in einer leichteren Bedienung auch durch ungeübte Anwender. Beispiel dafür ist das UCSD-Betriebssystem. Andererseits sind solche Systeme auch manchmal recht umständlich, da man sich immer von einem Menü zum nächsten bewegen muß.

b) kommandoorientierte Systeme

Die kommandoorientierten Systeme ermöglichen jederzeit den Zugang zu allen Befehlen, bedürfen deshalb aber auch einer gewissen Übung und Erfahrung. Beispiele hierfür sind das schon genannte CP/M sowie auch DOS 3.3.

— Innere Struktur des Systems

Es gibt Betriebssysteme, die vollständig im Computerspeicher abgelegt sind. Bei anderen müssen für einige Befehle Programmteile von der Systemdiskette nachgeladen werden.

— Zugänglichkeit zu Programmiersprachen und Standardsoftware

Für den Benutzer ist natürlich von größter Bedeutung, welche Programme unter dem jeweiligen Betriebssystem laufen und dies ist natürlich auch von den verwendbaren Computersprachen abhängig. Für viele Mikrocomputer-Betriebssysteme ist allerdings nur BASIC zugänglich, so auch bei DOS 3.3, während z. B. unter CP/M fast alle Computersprachen verfügbar sind. Ein Grund hierfür liegt neben der zahlenmäßigen Verbreitung der jeweiligen Geräte auch in der Art, wie das jeweilige Betriebssystem von anderen Programmen (nichts anderes sind ja auch die Sprachinterpreter oder -compiler) her ansprechbar ist.

— Art der Dateiverwaltung

Darunter verstehen wir die möglichen Dateiformen, die maximale Größe der Dateien, die Geschwindigkeit der Diskettenoperationen und die Art des Dateizugriffes.

2.2.5 Betriebssysteme auf Mikrocomputern

Ein Betriebssystem ist eine Sammlung von Programmen. Nach DIN 4430 bezeichnet man damit alle Programme eines Rechners, die die Basis der möglichen Betriebsarten bilden und die Abwicklung von Programmen steuern und überwachen.

Aus diesen Definitionen folgt, daß die Grenze zwischen Betriebssystem und Hilfsprogrammen fließend sein kann und ein Benutzer Programme des Betriebssystems direkt für seine Zwecke ansprechen und mitbenutzen kann. Unter CP/M und MS-DOS unterscheidet man auch zwischen internen Befehlen und externen Befehlen, die als Programm von der Diskette aufgerufen werden.

Wie komfortabel und umfangreich ein solches System ist, wird eigentlich nur durch die Speicherkapazität des Rechners und der Disketten begrenzt. Aber es ist ja klar, daß die Entwickler von solchen Systemen immer einen Kompromiß eingehen müssen, denn was nützt das beste Betriebssystem, wenn dann kein Platz mehr für Anwenderprogramme im Speicher ist!

Bei Mikrocomputern haben folgende Betriebssysteme einen hohen Verbreitungsgrad:

Tabelle 2.2-1 Die wichtigsten Betriebssysteme für Mikrocomputer

Name des Betriebs- systems	Name des Prozessors	Prozessor- typ	Beschreibung
CP/M	Z-80 8080	8-Bit	Einplatz, portabel auf Z-80-Ebene
DOS	6502		Einplatz, nicht portabel (unterschiedlich bei Commodore und Apple)
MS-DOS (PC-DOS)	8088 8086	16-Bit	Einplatz, portabel auf 8088/8086-Ebene
CP/M-86	8088 8086		Einplatz, portabel auf 8088/8086-Ebene
UNIX	68000 80168	32-Bit	Mehrplatz

2.2.6 Betriebssysteme für den Apple II

Als Betriebssysteme, die auf dem Apple II laufen, sind folgende zu nennen:

1. DOS 3.3
2. verschiedene DOS-Varianten
3. PRODOS (normalerweise nur auf Original-Apple und nur mit 64 Kbyte)
4. CP/M (nur mit Z-80-Prozessor-Karte)
5. UCSD-Betriebssystem (nur 64 Kbyte)

Welche Unterschiede bestehen nun generell zwischen Apple DOS 3.3 und anderen Betriebssystemen?

Normalerweise ist die Ebene des Betriebssystems von den Anwenderprogrammen und den Programmiersprachen getrennt. Der Benutzer bemerkt dies auch daran, daß sich solch ein Betriebssystem mit einem anderen Hinweiszeichen („Prompt") meldet. Eine Computersprache muß vom Betriebssystem aus erst geladen werden.

Beim Apple II wird das DOS 3.3 zum BASIC dazugeladen und dasselbe Hinweiszeichen verwendet. Für den Benutzer ist die Ebene der Programmiersprache und des Betriebssystems gleich. Andere Programmiersprachen können nicht geladen werden. Bestimmte Kommandos sind nur aus BASIC-Programmen heraus möglich (Arbeiten mit Textdateien). Andererseits ist das DOS 3.3

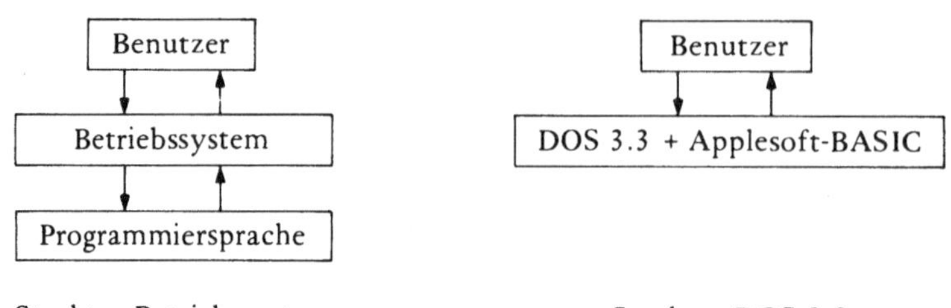

Struktur Betriebssysteme   Struktur DOS 3.3

Bild 2.2-2

deshalb auch für den Benutzer leicht erlernbar und zu bedienen, da es direkt vom BASIC angesprochen werden kann. Es gibt außerdem ein riesiges Softwareangebot mit vielen Hilfsprogrammen, die fehlenden Komfort im DOS 3.3 ersetzen.

Weitere Nachteile des DOS 3.3 sind unter anderem:

— keine Anzeige des freien Speicherplatzes auf der Diskette
— keine bequeme Anzeige der Speicherbelegung im RAM (HIMEN und LOMEM)
— kein Ausnutzen der 16 K-RAM-Erweiterung oder 64-K-Erweiterung
— kein auszugsweises Inhaltsverzeichnis
— keine direkte Ausgabe der Textdateien
— keine Angabe der Länge und Adresse eines Binärfiles
— relativ langsames Arbeiten bei Textdateien
— Arbeit mit Textdateien nur von BASIC-Programmen aus
— keine Angabe über benutzte Interfaces und Laufwerke

Für einige dieser Punkte sollen in diesem Buch durch kleine Hilfsprogramme Abhilfe geschaffen werden.

2.3 Diskettenbetrieb

Für die eingehende Beschäftigung mit einem Diskettenbetriebssystem müssen wir einige Kenntnisse über Disketten und Datenspeicherung auf Diskette besitzen.

2.3.1 Disketten

Das schon angesprochene DOS 3.3 als Diskettenbetriebssystem für den
Apple II organisiert die Datenspeicherung auf dem Datenträger „Diskette".
Die meisten Apple-Benutzer verwenden diese Möglichkeit zur Speicherung
ihrer Programme und Daten. Die von Apple auch vorgesehene Möglichkeit
der Benutzung von Kassetten wird wegen der langen Zeiten für Auffinden
und Laden bzw. Speichern von Programmen kaum genutzt.

Disketten sind dünne, runde Polyesterscheiben, die beidseitig mit einer
dünnen magnetisierbaren Schicht (meist Eisenoxid) überzogen sind. Im
Gegensatz zu der Festplatte (Harddisk) wird die Diskette wegen ihrer Bieg-
samkeit (Flexibilität) auch als Floppy-Disk bezeichnet. Jeder Benutzer
sollte seine Disketten dennoch so behandeln als könnten sie zerbrechen,
damit ihm nacher keine Programme „zerbröselt" sind.

Für den Apple werden Disketten mit einem Durchmesser von 5 1/4 Zoll
verwendet. Betrachtet man eine Diskette, so ist eigentlich nur die Schutzhülle zu sehen.

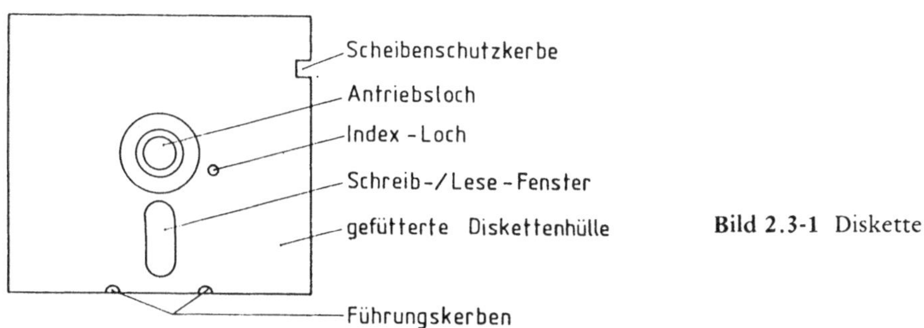

Bild 2.3-1 Diskette

Die Diskettenhülle aus Hartplastik schützt die empfindliche Diskettenober-
fläche gegen Beschädigungen. Sie gibt die Diskette nur dort frei, wo dies
unbedingt notwendig ist. Ein Mitnahmemechanismus, der die Diskette am
Antriebsloch erfassen kann, versetzt die Diskette bei Betrieb in Drehung. Am
Schreib-/Lesefenster ist die Diskette ebenfalls zu sehen. Dort muß ein
Magnetkopf Zugang zur magnetisierbaren Oberfläche haben, um Informationen zu schreiben oder zu lesen. Den prinzipiellen Ablauf kennt jeder
vom Bespielen und Abspielen von Tonbändern.
Da die magnetisierbare Beschichtung der Diskette sehr empfindlich ist,
sollte man die Hinweise der Disketten- und Gerätehersteller immer beachten.

Disketten sollten

— vorsichtig in die Laufwerke eingesetzt werden (Etikett oben, Schreib-
  schutzkerbe links)
— nicht geknickt werden
— keinem Druck ausgesetzt werden (nicht mit hartem Bleistift oder Kugel-
  schreiber beschriften)
— von magnetischen Feldern ferngehalten werden
— zwischen 10 Grad C und 60 Grad C gelagert werden
— immer in die Schutzhülle gesteckt werden (Schutz vor Staubteilchen)

2.3.2 Organisation der Disketten

Die längliche Form des Fensters in der Hülle gibt schon einen Hinweis auf
das Aufzeichnen der Daten. In radialer Richtung kann der Schreib-/Lesekopf
des Diskettenlaufwerkes in 35 verschiedene Positionen gefahren werden.
Diese 35 Stellungen ergeben bei der Datenaufzeichnung bei einer sich dre-
henden Diskette 35 konzentrische Kreise (Spuren), auf denen Daten abgelegt
werden können. Die 35 Spuren werden von 0 bis 34 durchnumeriert.

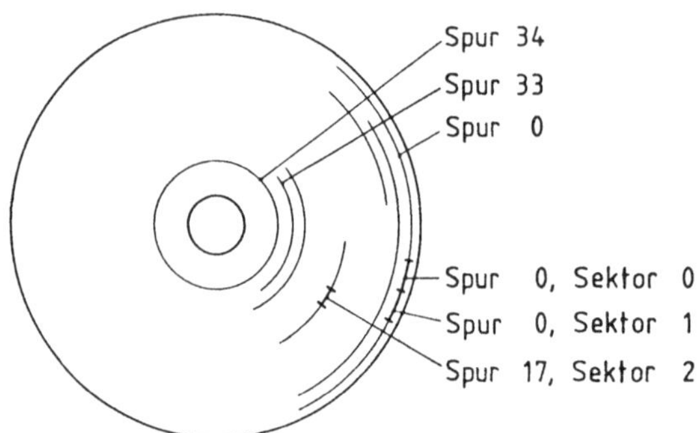

Bild 2.3-2

Spuren und Sektoren einer
DOS 3.3 Diskette

Pro Spur (engl. track) ergibt sich eine nutzbare Speicherkapazität von
4096 Kbyte. Da diese Blöcke für eine ökonomische Datenverarbeitung zu
groß sind, wird jede Spur in 16 Sektoren (beim alten DOS 3.2 = 13 Sektoren)
unterteilt. Das Betriebssystem kann somit durch Verwendung von Spurnum-
mer und Sektornummer einen Datenblock von 256 Byte lokalisieren.
Wie findet der Lesekopf Spur 7, Sektor 8?
Die Spuren und Sektoren sind auf der Diskette nicht physikalisch markiert.
Der Steuermechanismus des Diskettenlaufwerkes ist für die Positionierung
des Schreib-/Lesekopfes auf die richtige Spur verantwortlich. Beim Festlegen
der Sektoren auf der Diskette verwenden einige Diskettenbetriebssysteme

ein oder mehrere Indexlöcher, die abgetastet werden. Apple-DOS arbeitet jedoch unabhängig davon.

Jede neue Diskette für den Apple muß vor Gebrauch formatiert werden. Dabei wird durch Abspeichern bestimmter Bitfolgen für das DOS eine Aufteilung der Spuren in Sektoren vorgenommen. Im Gegensatz zu der vorgegebenen Sektorierung durch Indexlöcher (Hard-Sektorierung) wird dieses Verfahren als Soft-Sektorierung bezeichnet.

2.3.3 Verwaltung von Diskettendateien

Wie merkt sich das DOS, in welche Sektoren die Teile einer Datei oder eines Programmes abgespeichert wurden? Auf Spur 17 befindet sich eine Liste aller auf der Diskette gespeicherten Dateien. Zu jeder gespeicherten Datei wird der Dateiname, der Dateityp, die Anzahl der von der Datei belegten Sektoren und die Position der Spur-/Sektorliste (track/sector list = TSL) abgespeichert. In der TSL sind alle Sektoren vermerkt, die zu der jeweiligen Datei gehören. Dies ist notwendig, da unter DOS 3.3 Dateien nicht in aufeinanderfolgenden Sektoren gespeichert sein müssen. Zusätzlich ist die VTOC (Volume Table of Contents) auf Spur 17 angelegt. Hier wird notiert, welche Sektoren einer Diskette schon belegt sind.

Soll eine Datei gelesen werden, so wird als erstes der Eintrag im Inhaltsverzeichnis gesucht und die Position der TSL für diese Datei ermittelt. Mit der TSL wird dann die Lage der einzelnen Sektoren bestimmt. Jetzt erst können die Datensektoren gelesen werden. Bei anderen Operationen muß die VTOC-Liste auf den neuesten Stand gebracht werden. Dieses recht zeitaufwendige Verfahren führt zu einer optimalen Platzausnutzung der Diskette.

2.3.4 Disk-Operating-System

Das Diskettenbetriebssystem ist für die Steuerung der im letzten Kapitel beschriebenen Operationen verantwortlich. Auch das Erkennen der Befehle, Ausgabe von Fehlermeldungen und die Verknüpfung von DOS und BASIC sind seine Aufgaben. Aber wo befindet sich dieses Betriebssystem, das ja auch nur ein Programm ist?

Wenn man versucht, ein Programm auf Diskette zu speichern, ohne vorher das DOS geladen zu haben, kommt man nicht zum Ziel. Das DOS muß erst von der Diskette in den Speicher des Apple geladen werden. Im Inhaltsverzeichnis der Diskette ist es aber nicht eingetragen. Dennoch ist in Spur 0, 1 und 2 das DOS abgelegt. Das Betriebssystem wird automatisch beim Formatieren einer Diskette dort abgespeichert.

Das folgende Programm SEKTOR-PLAN zeigt auf dem Bildschirm einen
Belegungsplan der Diskette. Die durch ihre Spur- und Sektornummer (sedezimal) bestimmten Sektoren werden durch einen * als belegt gekennzeichnet. Da die dezimal-dual-Umwandlung in BASIC programmiert wurde, ist
das Programm relativ langsam. Die „Theorie" zu diesem Programm, die die
sogenannte VTOC-Tabelle auswertet, wird in Abschnitt 4.2.2 näher erläutert.

Programm 2.3-1 SEKTOR-PLAN

```
1000  DIM B(16)
1010  TEXT : HOME
1020  PRINT "DISKETTEN-SEKTOR-PLAN"
1030  PRINT "STECKPLATZ:"; PEEK (43626);" LAUFWERK:"; PEEK (43624)
1040  INPUT "DISKETTE EINLEGEN UND RETURN-TASTE:";F$
1050  CALL 45047: REM -------------------VTOC lesen,Spurenzahl TA
1060  VTC = 46011: REM   $B3BB
1070 TA =   PEEK (VTC + 52)
1080  HOME
1090  GOSUB 1380
1100 SUM = 0
1110  FOR I = 1 TO TA: REM  ---------Belegung in 2 Bytes speichern
1120 SH =   PEEK (VTC + 56 + (I - 1) * 4)
1130 SL =   PEEK (VTC + 57 + (I - 1) * 4)
1140 DEZ = SH * 256 + SL: REM ------------Belegung in DEZ
1150  GOSUB 1310: REM --------------------UP dez/dual Umwandlung
1160  FOR J = 1 TO 16
1170  VTAB J + 2: HTAB I: REM  ---*=belegt,belegte Sektoren summieren
1180  IF B(16 - J + 1) = 0 THEN SUM = SUM + 1: PRINT "*";: GOTO 1200
1190  PRINT " ";
1200  NEXT J
1210  NEXT I
1220  VTAB 22: HTAB 1: REM  ---------- Zahl belegt. Sektoren ausg.
1230  PRINT "Frei( ):";TA * 16 - SUM;
1240  PRINT " Belegt(*):";SUM
1250  PRINT "Weiter mit Taste (Ende mit ESC)";
1260  GET X$
1270  IF  ASC (X$) = 27 THEN 1290
1280  GOTO 1010
1290  END
1300  REM    DEZ-DUAL
1310  FOR K = 16 TO 1 STEP - 1
1320  IF DEZ / 2 =   INT (DEZ / 2) THEN B(K) = 0: GOTO 1340
1330 B(K) = 1
1340 DEZ =   INT (DEZ / 2)
1350  NEXT
1360  RETURN
1370  REM  -------------------------UP SEKTOR-PLAN-Rahmen ausg.
1380 S1$ = "00000000000000001111111111111111222222222"
1390 S2$ = "0123456789ABCDEF0123456789ABCDEF01234567"
1400 S3$ = "0123456789ABCDEF": REM  - Zahl d. Spuren u. Sekt. sedezimal
1410 S4$ = "                                        ": REM  - Leerstring
1420  INVERSE
1430  VTAB 1: HTAB 1: PRINT  LEFT$ (S1$,TA)
1440  VTAB 2: HTAB 1: PRINT  LEFT$ (S2$,TA)
1450  FOR I = 3 TO 18
1460  VTAB I: HTAB 1: PRINT  LEFT$ (S4$,TA);
1470  IF TA < 40 THEN  PRINT  MID$ (S3$,I - 2,1);
1480  NEXT
1490  VTAB 19: HTAB 1: PRINT  LEFT$ (S1$,TA)
1500  VTAB 20: HTAB 1: PRINT  LEFT$ (S2$,TA)
1510  NORMAL
1520  RETURN
```

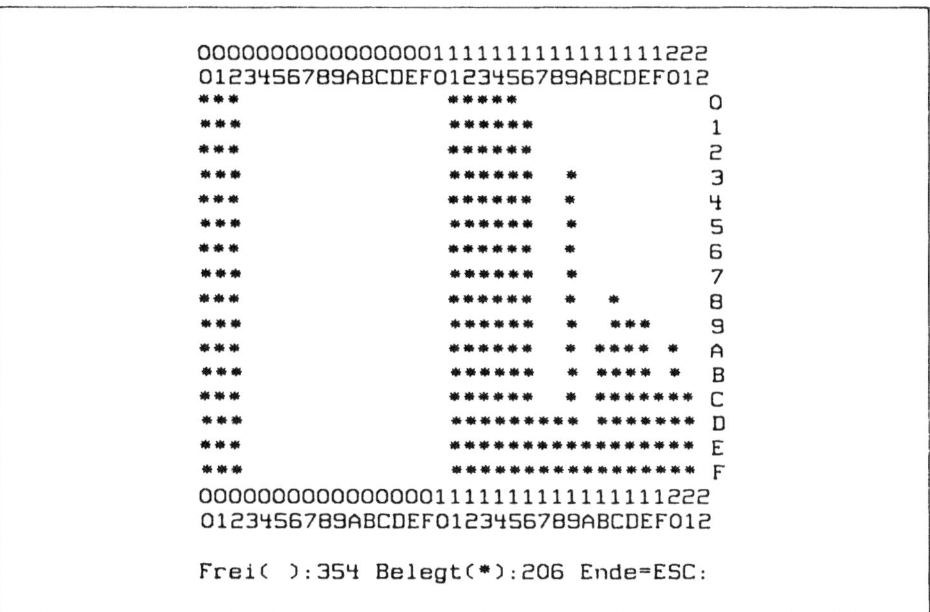

Bild 2.3-3 Bildschirmausdruck SEKTOR-PLAN

3 Die Apple II-Computer

3.1 Die Entwicklung der Apple II-Versionen

Der ursprüngliche Apple II wurde 1977 der Öffentlichkeit vorgestellt und besitzt damit für die schnellebige Computerkonjunktur ein enormes Alter. Damals hatte die Grundversion nur 16 Kbyte RAM. Als Massenspeicher wurde der Kassettenrecorder benutzt, als Programmiersprache eine ganzzahlige BASIC-Version (das sogenannte Integer-BASIC).

Erst 1978 wurden die Diskettenlaufwerke eingeführt. 1979 wurde eine verbesserte Version des Apple herausgebracht, der Apple II+. Dieses Modell wird heute von Apple selbst nicht mehr gebaut, wird in diesem Buch aber trotzdem noch ausführlich beschrieben, da die meisten kompatiblen Geräte Nachbauten des Apple II+ sind.

Die wichtigsten Verbesserungen waren eine neue BASIC-Version von der Firma Microsoft (das sogenannte Applesoft-BASIC), sowie ein neuer Monitor, der nach dem Anschalten des Gerätes sofort das Betriebssystem von der Diskette laden kann (ein sogenannter Autostartmonitor). Wenn in diesem Buch von BASIC die Rede ist, meinen wir diese Version.

Zu dem großen Erfolg des Apple II hat vor allem sein Konzept der Steckplätze (Slots) beigetragen, das es dem Besitzer ermöglicht, das Gerät seinen Bedürfnissen anzupassen und es nach und nach zu erweitern. Auch wenn dies vielleicht im Endeffekt für den Anwender teurer wird als ein komplettes Gerät zu kaufen, so hat es doch den Vorteil, daß man die Erweiterungen nach und nach kaufen kann und so auch nur das kauft, was sich als nötig herausstellt (das Computersystem wächst „organisch" mit der Zeit). In diesem Kapitel wird noch in einem eigenen Abschnitt auf dieses Konzept und die wichtigsten Karten eingegangen.

1982 kam dann der Apple IIe auf den Markt, der auch heute noch vertrieben wird. Die wichtigsten Neuerungen waren serienmäßig 64 Kbyte RAM, eine Tastatur mit Groß- und Kleinschreibung und wahlweise deutsche und ASCII-Tastatur, eine geänderte Grundplatine und die Möglichkeit, das Gerät mit einer Zusatzkarte auf 128 Kbyte zu erweitern.

Das neueste Modell, der IIc, ist eine Kompaktversion des IIe mit eingebautem Diskettenlaufwerk, serienmäßig 128 Kbyte, eingebauter 80-Zeichen-Karte (d. h. eine Textdarstellung von 24 Zeilen zu 80 Spalten). Es besitzt aber keine Steckplätze, sondern eine Reihe fertig eingebauter Anschlüsse, z. B. für Drucker und Modem.

Parallel zu dem großen Erfolg des Apple II und vor allem des Apple II+
kamen bald in den USA, aber auch in Japan, Korea, Taiwan und der BRD
Nachbauten des Apple II auf den Markt, die wesentlich billiger waren. Es
handelt sich hierbei meist um modifizierte II+-Nachbauten mit mehr oder
weniger großen Unterschieden zum Original. Inzwischen gibt es auch IIe-
Nachbauten, auf die wir mangels Erfahrung in diesem Buch nicht eingehen
werden.

Auf den folgenden Seiten finden sich tabellarische Überblicke über die
verschiedenen Versionen.

3.2 Unterschiede zwischen den Apple-Modellen

3.2.1 Kompatibilität

Unter Kompatibilität kann man ganz allgemein eine „Verträglichkeit" von
Software, aber auch Hardware (z. B. Steckkarten) bei verschiedenen Computern verstehen. Dies ist nicht nur ein Problem der Nachbauten, sondern
tritt auch bei verschiedenen Modellen derselben Firma auf, noch mehr natürlich bei verschiedenen Herstellern.

Wir wollen jetzt einige Kriterien der Kompatibilität vorstellen:

1. Prozessor-Kompatibilität: Der Maschinencode wird verstanden. Beispiel:
   In allen oben vorgestellten Apple-Computern wird der 6502-Code verstanden. Der neue 65C02-Prozessor enthält dessen Befehlssatz, aber nicht
   umgekehrt, d. h. ein spezielles 65C02-Programm auf dem IIc und dem
   neuen IIe wird nicht vom II+ und alten IIe verstanden (Aufwärtskompa-
   tibilität).
2. Datenträger-Kompatibilität: Der Computer kann Disketten der anderen
   Rechner lesen und schreiben. Alle oben aufgeführten Computer verwenden im Normalfall dasselbe Diskettenformat und Aufzeichnungsverfahren,
   also 35 Spuren zu 16 Sektoren. Nur diese Disketten sind voll kompatibel!
   Bei neuen Slimlinelaufwerken, die 40 Spuren benutzen können, sind von
   einem Original-Apple-Laufwerk die äußeren 5 oder 4 Spuren nicht mehr
   lesbar. Bei 80-Tracklaufwerken oder anderen Diskettenformaten (z. B.
   3 1/2 Zoll) sind die Disketten gar nicht mehr lesbar! CP/M, PRODOS und
   auch UCSD sowie DOS-Varianten verwenden alle dasselbe Format! Allerdings ist der Aufbau z. B. des Inhaltsverzeichnisses oder der Datensektoren
   verschieden.
3. Betriebssystem-Kompatibilität: Es wird dasselbe Betriebssystem, in unserem Fall DOS 3.3, verwendet.

4. BASIC-Kompatibilität: Es wird dasselbe BASIC, in unserem Fall Applesoft,
   verwendet. (Allerdings fehlen beim IIc die Kassettenrecorderbefehle.) Ein
   reines BASIC-Programm ist z. B. auch unter dem neuen Betriebssystem
   PRODOS lauffähig.
5. Andere Kriterien:
   — Bildschirmorganisation: Zeilen- und Spaltenzahl des Textbildschirmes,
     Auflösung, Farben, Befehle im Graphikmodus.
   — Zeichensatz und Tastatur: Deutscher oder ASCII-Zeichensatz; Sonder-
     zeichen; Umlaute etc.
   — Schnittstellen: Steckplätze für Erweiterungskarten, eingebaute serielle
     und parallele Schnittstelle, Anschlüsse für Joystick und Kassetten-
     recorder.

3.2.2 Original Apple II-Modelle

Wir wollen nun die Original-Apple-Modelle betrachten und uns dann den
Nachbauten zuwenden.

a) Der 6502-Maschinencode wird von allen Modellen verstanden.
b) Der 65C02-Prozessor ist nur im IIc und dem neuen IIe vorhanden.
c) Programme, die auf den Kassettenrecorder zugreifen, laufen nur auf II+
   und IIe, nicht auf IIc.
d) Jedes der Modelle verwendet ein geändertes Monitor-ROM. Die Einsprungadressen für die Monitorroutine sind allerdings gleich geblieben.
e) Der Zeichensatz ist bei allen drei Modellen verschieden:

      II+:   nur ASCII-Zeichensatz und Großbuchstaben
   IIe und IIc: zwei Zeichensätze und Klein-/Großbuchstaben und Sonder-
                 tasten
      IIc: anstelle der im zweiten Zeichensatz invers dargestellten
             Großbuchstaben gibt es spezielle Zeichen für die „Maus"

f) Was die Bauteile-Kompatibilität betrifft, fällt der IIc sofort heraus, weil
   es keine Slots gibt; aber auch bei IIe und II+ gibt es Unterschiede. So sind
   die 80-Zeichen-Karten für den jeweiligen Typ nicht austauschbar.
g) Der IIc und der neue IIe können auch Kleinbuchstaben als BASIC-Befehle
   interpretieren.

Bild 3.2-1 zeigt tabellarisch die Eigenschaften der unterschiedlichen Apple-
Modelle. Wichtig ist für uns auch die Aufteilung des Speicherbereichs. Eine
Übersicht über die verschiedenen Modelle gibt Bild 3.2-2.

Modell	II+	IIe	IIc
Mikroprozessor	6502	6502 (neu: 65C02)	65C02
ROM	12 Kbyte 10K: BASIC 2K: Auto- startmonitor	16 Kbyte (wie II+ und 4 Kbyte Video- ROM)	16 Kbyte (wie IIe, aber geändert)
RAM	48 Kbyte	64 Kbyte	128 Kbyte
Tastatur	nur Großbuch- staben(ASCII) 2 Cursor- tasten	Groß-/Klein- schrift (ASCII und deutsch) 4 Cursor-/ 2 Apfeltasten	wie IIe, aber nur deutsche Beschriftung auf den Tasten
eingebaute Anschlüsse		Kasettenrecorder Videoausgang Joystick oder Paddle	Video- und PAL-Monitor externes Lauf- werk 2 serielle Schnittstellen (Drucker und Modem) Joystick, Maus
Steckplätze	8	7	keine
Bildschirm- aufbau Text 　　　GR 　　　HGR	24 Z / 40 S 48 Z / 40 S 192 Z /280 S	wie II+	wie II+ 192 Z / 590 S möglich
Besonderheiten		Selbsttest	eingebautes Laufwerk

Bild 3.2-1 Kurzsteckbriefe der Apple-Modelle

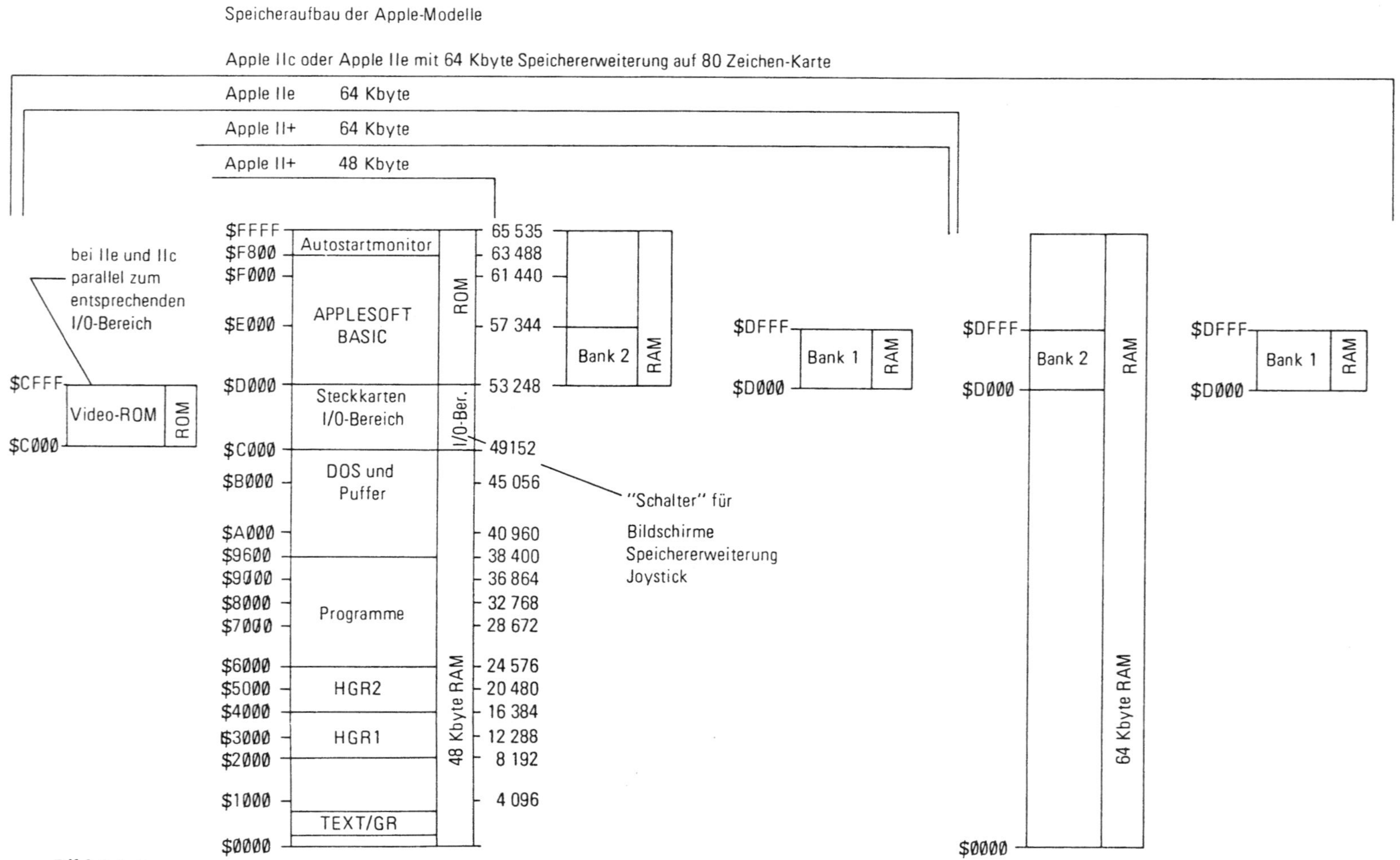
Speicheraufbau der Apple-Modelle
Apple IIc oder Apple IIe mit 64 Kbyte Speichererweiterung auf 80 Zeichen-Karte
Apple IIe 64 Kbyte
Apple II+ 64 Kbyte
Apple II+ 48 Kbyte
bei IIe und IIc parallel zum entsprechenden I/0-Bereich
$CFFF
$C000
Video-ROM
ROM
$FFFF
$F800
$F000
$E000
$D000
$C000
$B000
$A000
$9600
$9000
$8000
$7000
$6000
$5000
$4000
$3000
$2000
$1000
$0000
Autostartmonitor
APPLESOFT BASIC
Steckkarten I/0-Bereich
DOS und Puffer
Programme
HGR2
HGR1
TEXT/GR
ROM
I/0-Ber.
48 Kbyte RAM
65 535
63 488
61 440
57 344
53 248
49152
45 056
40 960
38 400
36 864
32 768
28 672
24 576
20 480
16 384
12 288
8 192
4 096
"Schalter" für
Bildschirme
Speichererweiterung
Joystick
Bank 2
RAM
$DFFF
$D000
Bank 1
RAM
$DFFF
$D000
$0000
Bank 2
RAM
64 Kbyte RAM
$DFFF
$D000
Bank 1
RAM

Bild 3.2-2

Erkennungsmöglichkeiten verschiedener Apple II-Modelle

Aufgrund der verschiedenen Monitor-ROMs und Applesoft-BASIC-Versionen ist es möglich, anhand des Inhalts verschiedener Speicherstellen zu entscheiden, um welches Modell es sich handelt. Ebenso kann man durch das Auslesen von 8 Speicherstellen feststellen, die den Namen "Apple" enthalten, ob es sich um einen Original-Apple oder um ein kompatibles Gerät handelt.

(Wer sein kompatibles Gerät mit einem EPROM betreibt, der die Original-Apple ROMs kopiert, hat in diesem Sinne dann einen "Original-Apple".)

Versions-Bytes:	$E006	$FBB3	$FBC0	$FD83
	57350	64435	64448	64899
Apple II	$85	$EA	$EA	$DF
	133	234	234	223
Apple II+	$00	$EA	$EA	$DF
	0	234	234	223
Apple II+ mit Groß-/ Kleinschrift	$00	$EA	$EA	$FF
	0	234	234	255
Apple IIe (alte ROMs)	$00	$06	$EA	$FF
	0	6	234	255
Apple IIe (neue ROMs)	$C4	$06	$E0	
	196	6	224	
Apple IIc	$89	$06	$00	
	137	6	0	

Bild 3.2-3 Versions-Bytes

Namen-Bytes:	$FB09						$FB10		"Name"
	64265						64272		
Apple II und Apple II+	$C1	$D0	$D0	$CC	$C5	$A0	$DD	$DB	APPLE
	193	208	208	204	197	160	221	219	
	"A"	"P"	"P"	"L"	"E"		" "	" "	
Apple IIe und Apple IIc	$C1	$F0	$F0	$EC	$E5	$A0	$DD	$DB	Apple ÜÄ
	193	240	240	236	229	160	221	219	
	"A"	"p"	"p"	"l"	"e"		"Ü"	"Ä"	
Kompatible	?	?	?	?	?	?	?	?	?????

Bild 3.2-4 Namen-Bytes

Bemerkung:

Im Apple IIc-ROM steht dort zwar "Apple ÜÄ", aber beim Booten meldet sich der Rechner mit "Apple //c".

Mit Hilfe dieser Tabelle läßt sich leicht ein Erkennungsprogramm schreiben. Die Arbeitsschritte dabei sind:

a) Abfrage des Namens und Test, ob Apple II oder II+ bzw. IIe oder IIc oder ein kompatibles Gerät
b) Test der Bytes $E006, $FBB3 und $FBCO.
c) Test der Kleinschreibung ($FD83) beim Apple II und Apple II+.

Programm 3.2-1 MODELL

```
1000  PRINT "TEST DES APPLE II - MODELLS"
1010 :
1020 T1 =  PEEK (57350)
1030 T2 =  PEEK (64435)
1040 T3 =  PEEK (64448)
1050 T4 =  PEEK (64899)
1060 :
1070 NAME$ = ""
1080  FOR I = 64265 TO 64272
1090 NAME$ = NAME$ +  CHR$ ( PEEK (I))
1100  NEXT
1110 :
1120  PRINT : PRINT "Bezeichnung: ";NAME$
1130  IF  LEFT$ (NAME$,5) = "APPLE" OR  LEFT$ (NAME$,5) = "Apple" THEN 1150
1140  PRINT : PRINT "Kompatibel zum Apple-Modell:";
1150  IF T1 = 133 AND T2 = 234 AND T3 = 234 THEN  PRINT "APPLE II": GOTO 1220
1160  IF T1 = 0 AND T2 = 234 AND T3 = 234 THEN  PRINT "APPLE II+": GOTO 1220
1170  IF T1 = 0 AND T2 = 6 AND T3 = 234 THEN  PRINT "Apple IIe": GOTO 1220
1180  IF T1 = 196 AND T2 = 6 AND T3 = 224 THEN  PRINT "Apple IIe  mit neuem ROM"
: GOTO 1220
1190  IF T1 = 137 AND T2 = 6 AND T3 = 0 THEN  PRINT "Apple //c": GOTO 1220
1200  PRINT "DAS GERAET WURDE NICHT IDENTIFIZIERT!"
1210 :
1220  IF T4 = 223 THEN  PRINT : PRINT "NUR GROSSBUCHSTABEN": GOTO 1240
1230  PRINT : PRINT "Gross- und Kleinbuchstaben"
1240  END
```

```
URUN
TEST DES APPLE II - MODELLS

Bezeichnung: COMPUTER

Kompatibel zum Apple-Modell:APPLE II+

Gross- und Kleinbuchstaben
```

Bild 3.2-5 Bildschirmausdruck zum Programm MODELL

Man kann die Programme MODELL, LC-TEST (3.5-2) und SLOT-TEST (3.5-1) verwenden, um bei einem Anwenderprogramm, das bestimmte Hardware benötigt (z. B. die 16-K-RAM-Erweiterung oder Groß-/Kleinschrift oder die 80-Zeichen-Karte usw.), eine Meldung auszugeben. Eine Meldung könnte sein: ,,Dieses Programm benötigt eine 80-Zeichen-Karte. Karte nicht vorhanden.''

3.2.3 Die Apple-Nachbauten

Bei den Nachbauten, die meistens II+-Nachbauten sind, muß man zwischen reinen Kopien und Weiterentwicklungen des II+ unterscheiden. Bei den ersten sind einfach dieselben Bauteile verwendet worden und ein anderes ,,Etikett'' wurde aufgeklebt. Bei den anderen wurden ,,neue'' Geräte konstruiert, die aber noch II+-kompatibel sind. Ein besonderes Problem stellt dabei die ‚Firmware‘ dar. Einige Nachbauten haben EPROMs mit Applesoft-BASIC und dem Autostartmonitor, die sich oft nur durch den Namen (z. B. PLATO, READY GO, ELITE, COMPUTER) unterscheiden. Die Firma Apple ist schon des öfteren gegen die Hersteller solcher Nachbauten vorgegangen. Andere Nachbauten werden mit anderem BASIC und Monitor geliefert, z. B. LAZAR IIe mit Integer-BASIC und ohne Autostart-ROM, so daß der Käufer durch Laden von Applesoft in die 16-K-Karte einen II+ ,,herstellt''. Schließlich gibt es auch die Möglichkeit, sich entsprechende EPROMs herzustellen. Bei dieser Variante trägt sozusagen der Käufer die Verantwortung für die illegale Kopie des Applesoft-BASIC und des Autostartmonitors.

Eine Reihe von Geräten (z. B. BASIC 108, PROMETRIC, aber auch LAZAR, SHERRY und ähnliche) haben nicht nur einen anderen Aufbau und andere Bauteile, sondern besitzen gegenüber dem Original Apple II+ eine Reihe von Verbesserungen (Groß-/Kleinschrift, eingebauten CP/M-fähigen Z-80-Prozessor ect.).

Bei den Steckkarten sieht es ähnlich aus. Auch dort gibt es Original-Karten (z. B. VIDEX-80-Zeichen, MICROSOFT-CP/M, EPSON-Parallel usw.) und entsprechende billige Nachbauten.

Jeder Käufer eines billigen Nachbaues und entsprechender Karten sollte sich darüber im klaren sein, daß er dafür eventuell Kompatibilitätsprobleme in Kauf nehmen muß. Meistens ist auch die Dokumentation miserabel, so daß es auch schwierig ist, Unterschiede und Fehler zu beheben.

Abschließend soll noch etwas ausführlicher auf die Diskettenlaufwerke eingegangen werden:

Apple verwendete zu Beginn ein Gerät der Firma Shugart, mit einem entsprechenden Anschluß (Shugart-Bus). Dieses Gerät ist normalerweise in der

Lage, 36 Spuren zu schreiben und zu lesen, also eine Spur mehr als das normale Apple-Format! Um Speicherplatz auf der Diskette zu gewinnen, kann man das DOS so ändern, daß es auch die 36. Spur lesen und schreiben kann (Kap. 5).

Die heute gebräuchlichen Slimline-Laufwerke (meist aus Japan oder Taiwan) besitzen demgegenüber die Fähigkeit, 40 Spuren oder sogar 80 Spuren zu lesen oder zu schreiben und sind in der Lage, die äußerste Spur (die sogenannte Spur 0) zu erkennen.

So lange man aber nur im Standard-Format mit 35 Spuren und 16 Sektoren arbeitet und einen normalen Disketten-Controller verwendet, treten keine Schwierigkeiten auf.

Hilfen für Apple II+-kompatible Geräte

Es gibt Geräte, die mit einer anderen BASIC-Version (oder ganz ohne BASIC) geliefert werden und dann meist auch nicht über einen Autostartmonitor verfügen. Bei diesen Geräten kann man den alten Apple II+ dadurch simulieren, daß von der DOS-Master-Diskette das Applesoft-BASIC (als Datei mit dem Namen FPBASIC) in die 16-K-Karte geladen wird. Wer noch über die „alte" DOS-Version 3.3 von 8/1980 verfügt, kann auf diese Art und Weise auch den Autostartmonitor dorthin laden. Bei der neuen DOS-Master-Diskette ist dieser jedoch nicht mehr in der Datei FPBASIC enthalten.

Andere Geräte werden mit einer mehr oder weniger geänderten Kopie des II+-ROM ausgeliefert. Bei diesen Geräten ist es interessant festzustellen, wie sehr der Inhalt der Kopie vom Original abweicht.

Wer über das FPBASIC der DOS-Master-Diskette von 1980 verfügt (erkennbar an der Länge von 50 Sektoren im Inhaltsverzeichnis), kann nicht nur das BASIC, sondern auch seinen Monitor vergleichen:

```
]BLOAD FPBASIC,A$1000
]CALL -151

*1000<D000.FFFFV
```

Dann erhält man eine Liste der abweichenden Bytes. Normal sind dabei wenigstens 7 oder 8 Bytes für den Namen, also „ZITRONE 1" anstelle von „APPLE ...", sowie meist ein Byte für die möglichen Kleinbuchstaben bei den meisten neuen Kompatiblen. Jedes weitere Byte kann Probleme bei Programmen aufwerfen.

Wer über das FPBASIC von der DOS-Master-Diskette von 1983 verfügt (mit 42 Sektoren im Inhaltsverzeichnis) der kann nur „sein" BASIC mit dem Original Applesoft-BASIC vergleichen:

```
UBLOAD FPBASIC,A$1000
UCALL -151

*1000<D000.F7FFU
```

Hier sollte sich am besten gar nichts unterscheiden.

Geräte, die ganz ohne Firmware ausgeliefert werden bzw. nur mit leeren EPROMs, sind dann ohnehin nur für einen Kundenkreis, der entweder eigenes Bastlertalent besitzt oder wenigstens genügend Hilfe von Freunden und Bekannten bekommt, um sich die entsprechenden EPROMs zu erstellen. (Von den Händlern wird damit das Copyright-Problem mit der Firma Apple bzw. Microsoft für den Inhalt der Firmware auf die Kunden abgewälzt.)

Was für die BASIC- bzw. Monitor-ROMs vorher gesagt wurde, gilt ebenfalls für Nachbauten von Steckkarten, z. B. der 80-Zeichen-Karte, des Disketten-Controllers usw. Auch hier sollte man am besten immer testen, ob diese Nachbauten problemlos laufen und notfalls die EPROM-Inhalte vergleichen.

Interessant für Besitzer von Nachbauten ist auch die neuere Entwicklung von 16-K-RAM-Erweiterungskarten mit eigenem Akku, die man dann als Pseudo-ROM verwenden kann.

3.3 Die Tastatur

Wir wollen hier keine Bedienungsanleitung Ihrer speziellen Tastatur liefern, sondern auf generelle Unterschiede aufmerksam machen.

Generell verfügen Computer-Tastaturen neben den normalen Schreibmaschinentasten über eine Reihe von Tasten für Sonderzeichen und speziellen Tasten. Wir unterscheiden hierbei:

— normale Schreibmaschinentasten; hierbei ist noch einmal zwischen dem deutschen DIN-Tastensatz mit Umlauten und der Tastenfolge QWERTZ und dem amerikanischen ASCII-Tastensatz mit anderen Symbolen und der Tastenfolge QWERTY zu unterscheiden. Auch verfügt der „alte" II+ nicht über Kleinbuchstaben. Die sogenannte CAPS LOCK-Taste dient zum Festhalten der Groß- bzw. Kleinschrift. Die RETURN-Taste entspricht schließlich dem Wagenrücklauf.
— Sondertasten: Dazu gehören CTRL, ESC, RESET, REPT, die „PFEIL"- oder CURSOR-Tasten, beim IIe und IIc auch noch die DELETE-Taste.
— die Apfeltasten des IIe und IIc sind schließlich nichts anderes als die Drucktasten des Joystick-Ausgangs.

— schließlich verfügen einige externe Tastaturen über ein gesondertes Zahlen-
  feld und über spezielle Funktionstasten, mit denen ganze Befehle aufgerufen werden können oder sogar frei programmierbar sind. Viele Nachbauten bieten auch den Komfort, daß die BASIC- oder DOS-Befehle durch
  Kombination einer speziellen Funktionstaste und einer anderen Taste
  verfügbar sind und beim Programmieren erhebliche Tipparbeit ersparen.
— beim IIe und IIc kann man schließlich noch zwischen deutscher und
  ASCII-Tastatur und Zeichensatz auf dem Bildschirm hin- und herschalten.

Schließlich sei noch einmal auf die Benutzung der Sondertasten hingewiesen,
z. B. bedeutet:

CTRL-C   →   gleichzeitig die Taste „CTRL“ und
                                    die Taste „C“ drücken
ESC E   →   erst die „ESCAPE“-Taste und dann
                                    die Taste „E“ drücken
CTRL-OFFENER APFEL-RESET →   alle drei Tasten gleichzeitig drücken

3.4 Der Bildschirm

Wir unterscheiden zwischen folgenden Darstellungen:

1. Text auf dem 40-Zeichen-Bildschirm mit 40 Spalten und 24 Zeilen
2. Text auf dem 80-Zeichen-Bildschirm mit 80 Spalten und 24 Zeilen
3. niedrigauflösende Graphik mit 40 Spalten und 48 Zeilen
4. hochauflösende Graphik mit 280 Spalten und 192 Zeilen
5. Beim IIc und beim IIe mit erweiterter 80-Zeichen-Karte, d. h. wenn das
   Gerät über 128 Kbyte verfügt, kann man die Graphikauflösung schließlich
   verdoppeln, bei der niedrigauflösenden auf 80 Spalten und 48 Zeilen, bei
   der hochauflösenden auf 560 Spalten und 192 Zeilen.
6. Weiterhin gibt es spezielle Karten, die eine noch größere Auflösung ermöglichen.

Es ist möglich, bei der niedrig- und hochauflösenden Graphik der Bildschirmseite 1 am unteren Bildrand vier Textzeilen auszugeben. Auf der Bildschirmseite 2 ist dies nicht möglich.

Bei den Textbildschirmen unterscheiden wir wie bei der Tastatur zwischen
dem deutschen und dem amerikanischen Zeichensatz (der von der Tastatur
und dem Zeichengenerator des Geräts abhängt). Außerdem sind verschiedene
Darstellungsformen möglich:

— normal   (NORMAL)
— invers   (INVERSE)
— blinkend   (FLASH)

3.5 Die Steckkarten

Bei der Auswahl der Steckplätze für Zusatzkarten ist man nicht ganz so frei, wie man es sich vielleicht wünscht.

3.5.1 Normale Vorgaben für die Slot-Belegung

Da von anderen Betriebssystemen wie CP/M und UCSD-Pascal bestimmte Steckkarten in festgelegten Slots erwartet werden, ist es sinnvoll, die wichtigsten Steckkarten in diese Slots zu stecken, auch wenn diese Karten unter DOS auch in anderen Slots funktionieren:

SLOT 0:   hier darf nur die 16-K-RAM-Erweiterung eingesteckt werden bzw. bei einigen Kompatiblen die ROMs bzw. EPROMs

SLOT 1:   hier befindet sich normalerweise das Drucker-Interface

SLOT 2:   frei (z. B. für Modem-Anschluß)

SLOT 3:   80-Zeichen-Karte; beim IIe in den speziellen Slot 3 einstecken

SLOT 4:   Z-80-Prozessorkarte („CP/M-Karte")

SLOT 5:   falls ein zweiter Disketten-Controller mit 3. oder 4. Laufwerk existiert, ist unter CP/M und Pascal dieser Slot vorgesehen

SLOT 6:   Disketten-Controller für das 1. und 2. Laufwerk

SLOT 7:   frei (z. B. für Maus-Interface)

3.5.2 Der Bereich der Steckkarten

Der Apple II+ und der Apple IIe bieten Platz für 6 Erweiterungskarten, und zwar nicht nur „hardware"-mäßig, sondern sie reservieren für jede Steckkarte einen bestimmten Adreßraum im Bereich von $C000-$CFFF. Erst damit ist es möglich, die Hardware mit einer entsprechenden Software in einem EPROM auf der Steckkarte zu nutzen.

Wenn „s" die Nummer des Steckplatzes ist, steht der Steckkarte der Bereich $Cs00-$CsFF zur Verfügung, also 256 Bytes.

Einige Steckkarten benötigen allerdings noch mehr Raum (entweder für Programme im EPROM oder einen eigenen RAM-Bereich wie die 80-Zeichen-Karten für den II+). Dafür wird noch einmal der Adreßraum von $C800-$CFFF also 2048 Bytes zur Verfügung gestellt. Dieser kann allerdings immer nur von einer Steckkarte genutzt werden, nicht von zwei Karten gleichzeitig.

Zum Zwischenspeichern von Werten stehen zwei kleine Bereiche bereit; einmal je 16 Bytes im Bereich von $C080-$C0FF und die sogenannten "Screenholes" im Bereich des Textbildschirms, die für jeden Steckplatz 8 Bytes

bereitstellen. Der Bereich \$C080-\$C08F enthält die „Schalter" (Softswitches)
für die 16-K-RAM-Erweiterung im Steckplatz 0 beim Apple II+.

Tabelle 3.5-1

Steckplatz 1	\$C090 – \$C09F
Steckplatz 2	\$C0A0 – \$C0AF
Steckplatz 3	\$C0B0 – \$C0BF
Steckplatz 4	\$C0C0 – \$C0CF
Steckplatz 5	\$C0D0 – \$C0DF
Steckplatz 6	\$C0E0 – \$C0EF
Steckplatz 7	\$C0F0 – \$C0FF

Tabelle 3.5-2

"Screenholes" im Textschirmbereich:	\$478 + s
(Wenn "s" der Steckplatz ist,	\$4F8 + s
dann sind für die Steckkarten	\$578 + s
diese Adressen frei)\$4F8 + s	\$5F8 + s
	\$678 + s
	\$6F8 + s
	\$778 + s
	\$7F8 + s

Betrachten wir das ganze noch einmal für den Fall, daß der Disketten-Controller im Steckplatz 6 steckt:

— dort steht ein Maschinenprogramm von \$C600—\$C6FF
— der Bereich von \$C800—\$CFFF wird von dieser Karte nicht genutzt
— Zwischenwerte werden im Bereich von \$C0E0—\$C0EF und im Bildschirmbereich abgelegt: \$47E, \$4FE, \$57E, \$5FE, \$67E, \$6FE, \$77E, \$7FE.
  Diese Screenholes sind auch der Grund, warum man nicht einfach den
  ganzen Bildschirmbereich mit einem Maschinenprogramm invertieren oder
  dorthin eine ganze Textseite laden sollte.

3.5.3 Die Erkennung der Steckkarten

Zur Erkennung der Steckkarten benutzen wir wie bei der Erkennung der
Apple-Modelle bestimmte „Erkennungsbytes" im Steckkartenbereich von
\$C000—\$CFFF.

In Tabelle 3.5-3 sind drei einfache Typen von Steckkarten mit ihren Erkennungsbytes aufgeführt.

Tabelle 3.5-3

	(s = Nummer des Steckplatzes)	
	$Cs05	$Cs07
Diskettenlaufwerk-Controller	$03	$3C
Paralleles Drucker-Interface	$48	$48
Serielle Karte	$38	$18

Für die sogenannten „Firmware-Karten" gibt es noch weitere Erkennungs-
möglichkeiten. Dies sind serielle Karten, bei denen zusätzlich das Byte in
Adresse $Cs0B gleich 1 ist (wobei „s" wieder die Nummer des Steckplatzes
bedeutet). Dann gibt das Byte in $Cs0C den speziellen Typ an. Dabei kommt
es nur auf den linken, „hohen" Teil der zweistelligen Sedezimalzahl an.

Tabelle 3.5-4

	$Cs0C	"Abfrage Dezimal"	
frei	$0n		< 16
Drucker	$1n	15 <	< 32
Joystick	$2n	31 <	< 48
serielle oder parallele			
INPUT-OUTPUT-Karte	$3n	47 <	< 64
Modem	$4n	63 <	< 80
Sprachkarte	$5n	79 <	< 96
Uhr	$6n	95 <	< 112
Massenspeicher	$7n	111 <	< 128
80-Zeichenkarte	$8n	127 <	< 144
Netzwerk	$9n	143 <	< 160
spezielle Karte	$An	159 <	< 178
frei	$Bn-$Fn	> 175	

('n' ist eine beliebige einstellige Sedezimalzahl)

Mit Hilfe der beiden Tabellen können wir nun ein kleines Programm schreiben, das testet, ob und welche Steckkarten in einem Gerät sind.

Bemerkung:

— Eine CP/M-Karte kann auf diese Weise nicht erkannt werden.
— Ist keine Karte im Steckplatz vorhanden, so sind die Erkennungsbytes
   entweder Null oder Zufallszahlen (also bei einer zweiten Abfrage anders).
— Beim Apple IIc erfolgt für Steckplatz 5 und 7 die Ausgabe: „Steckkarte
   nicht erkannt", obwohl diese Steckplätze nicht vorgesehen sind.

Struktur des Programms:

In einer Schleife über alle sechs Steckplätze werden die Erkennungsbytes
ausgelesen und in einer zweiten Schleife geprüft, ob es die gleichen Werte
sind, bzw. ob sie von Null verschieden sind. Im letzten Teil wird dann nur
in einer Schleife das Ergebnis ausgedruckt.

Programm 3.5-1 SLOT-TEST

```
1000  FOR I = 1 TO 7
1010 T1(I) =  PEEK (49152 + 5 + I * 256)
1020 T2(I) =  PEEK (49152 + 7 + I * 256)
1030 T3(I) =  PEEK (49152 + 11 + I * 256)
1040 T4(I) =  PEEK (49152 + 12 + I * 256)
1050  NEXT
1060 :
1070  FOR I = 1 TO 7
1080  IF  PEEK (49152 + 5 + I * 256) <  > T1(I) THEN SLOT$(I) = "-"
1090  IF  PEEK (49152 + 7 + I * 256) <  > T2(I) THEN SLOT$(I) = "-"
1100  IF  PEEK (49152 + 11 + I * 256) <  > T3(I) THEN SLOT$(I) = "-"
1110  IF  PEEK (49152 + 12 + I * 256) <  > T4(I) THEN SLOT$(I) = "-"
1120  IF (T1(I) = T2(I) AND T2(I) = T3(I) AND T3(I) = T4(I) AND T4(I) = T1(I) AN
D T1(I) = 0) THEN SLOT$(I) = "-"
1130  NEXT
1140 :
1150  FOR I = 1 TO 7
1160  IF SLOT$(I) = "-" THEN 1330
1170  IF T1(I) = 3 AND T2(I) = 60 THEN SLOT$(I) = "Diskettenlaufwerk-Karte": GOT
O 1330
1180  IF T1(I) = 72 AND T2(I) = 72 THEN SLOT$(I) = "Paralle Druckerkarte": GOTO
1330
1190  IF T1(I) = 56 AND T2(I) = 24 AND T3(I) <  > 1 THEN SLOT$(I) = "Serielle Ka
rte": GOTO 1330
1200  IF T1(I) = 56 AND T2(I) = 24 AND T3(I) = 1 THEN 1220
1210 SLOT$(I) = "Steckkarte nicht erkannt": GOTO 1330
1220  IF T4(I) < 16 OR T4(I) > 175 THEN SLOT$(I) = "Unbekannte Firmware-Karte":
GOTO 1330
1230  IF T4(I) > 127 AND T4(I) < 144 THEN SLOT$(I) = "80-Zeichen-Karte": GOTO 13
30
1240  IF T4(I) > 159 THEN SLOT$(I) = "Spezielle Karte": GOTO 1330
1250  IF T4(I) < 32 THEN SLOT$(I) = "Firmware-Drucker-Karte": GOTO 1330
1260  IF T4(I) < 48 THEN SLOT$(I) = "Firmware-Joystick-Karte": GOTO 1330
1270  IF T4(I) < 64 THEN SLOT$(I) = "Super-Serielle Karte": GOTO 1330
1280  IF T4(I) < 80 THEN SLOT$(I) = "Firmware Modem-Karte": GOTO 1330
1290  IF T4(I) < 96 THEN SLOT$(I) = "Firmware Sprachkarte": GOTO 1330
1300  IF T4(I) < 112 THEN SLOT$(I) = "Firmware Uhrkarte": GOTO 1330
1310  IF T4(I) < 128 THEN SLOT$(I) = "Firmware Massenspeicherkarte": GOTO 1330
1320  IF T4(I) > 143 THEN SLOT$(I) = "Firmware Netzwerkkarte"
1330  NEXT
1340 :
1350  FOR I = 1 TO 7
1360  PRINT "Steckplatz ";I;":";SLOT$(I)
1370  NEXT
```

```
          URUN
          Steckplatz 1:Firmware-Drucker-Karte
          Steckplatz 2:-
          Steckplatz 3:Serielle Karte
          Steckplatz 4:-
          Steckplatz 5:-
          Steckplatz 6:Diskettenlaufwerk-Karte
          Steckplatz 7:-
```

Bild 3.2-6 Bildschirmausdruck zum Programm SLOT-TEST

3.5.4 Die 16-K-RAM-Erweiterung

Diese Karte wird auch Language-Card (LC) genannt, weil sie erforderlich zur Benutzung von UCSD-Pascal war. Die Karte muß in Steckplatz 0 des Apple II+ eingesteckt werden. Bei IIe und IIc fehlt diese Karte, da diese Geräte von vornherein über 64 Kbyte verfügen (Slot 0 entfällt dann). Diese Geräte verhalten sich bezüglich ihrer Speicheraufteilung so wie ein Apple II+ mit 16-K-RAM-Erweiterung. Eine Besonderheit gibt es bei einigen II+-Kompatiblen, die ohne die Firmware im ROM geliefert werden, und die auf dem Motherboard über 64 Kbyte verfügen. Dort werden die ROMs oder EPROMs mit der Firmware in den Slot 0 gesteckt.

Wir wollen nun kurz auf einige Besonderheiten dieser Speicherplatzerweiterung eingehen. Die folgenden Ausführungen gelten dabei für alle Geräte, die über 64 Kbyte verfügen, also auch für den Apple IIe und den Apple IIc.

Der Adreßraum

Wenn wir uns das Schema des Speicherplatzaufbaues in Bild 3.2.2 ansehen, so stellen wir fest, daß der Adreßraum von $D000–$DFFF dreimal und der Bereich $E000–FFFF zweimal vergeben sind. Wir erinnern uns, daß ein 6502-Prozessor nur 2 hoch 16 = 65336 = $10000 Speicherplätze ansprechen kann. Andererseits werden der I/0-Bereich von $COOO–CFFF und der ROM-Bereich von $D000–$FFFF benötigt. Man behilft sich dadurch, daß im Bereich der Adressen $C080–$C08F Software-Schalter arbeiten, die nach Betätigen (das bedeutet ein Ansprechen durch einen Lesebefehl LDA oder PEEK) den jeweiligen Bereich zum Lesen oder Schreiben freigeben.

Der doppelt vorhandene RAM-Bereich von $D000–$DFFF wird in Bank 1 und Bank 2 unterschieden, der Bereich von $E000–$FFFF ist dabei jeweils identisch.

Wir werden später noch einmal ausführlicher auf die Speicherverwaltung zurückkommen (z. B. Zwischenspeichern von HGR-Bildern in der 16-K-RAM-Erweiterung). Zum Abschluß nun noch eine kleine Routine, die testet, ob eine entsprechende Karte im Gerät vorhanden ist. Sie können diese Routine z. B. an ihre Programme anfügen, falls diese die Erweiterung benutzen. Zu Beginn des Programmes kann dann getestet werden, ob eine 16-K-RAM-Erweiterung vorhanden ist.

Zum Aufbau des Programms

Der eigentliche Test wird von einem Maschinen-Programm erledigt, das jedes Mal beim Aufruf in den Speicher ab $02C0 (704) geladen wird. In diesem Maschinenprogramm wird der Speicherplatz $00FF mit 0 geladen. Dann wird die LC schreibfähig gemacht, und dort in die Speicherstellen ab $FE80 eine Routine geschrieben, die beim Aufruf eine 1 in die Speicherstelle $00FF schreibt. Das Programm macht die LC lesefähig und ruft das Programm ab $FE80 auf. Gibt es eine Speichererweiterung, dann wird eine 1 nach $00FF geschrieben. Gibt es keine LC, bewirken die „Schalter" gar nichts und die Routine im Monitor ab $FE80 wird ausgeführt, d. h. die Bildschirmwiedergabe auf inverse geschaltet. In diesem Fall ist in $00FF weiter eine 0 und der LC-Test negativ verlaufen. Das kleine Programm ab $FE80 ist allerdings notwendig, falls eine LC existiert, weil das System sonst beim Lesen dieses Bereichs abstürzen würde. Schließlich wird im Maschinenprogramm wieder der normale ROM-Bereich aktiviert. Das BASIC-Programm liest dann nur noch den Wert aus $00FF=255 und druckt die Meldung aus. (Der BASIC-Befehl NORMAL ist als zweite „Testmöglichkeit" zu gebrauchen. Wenn keine Erweiterung vorhanden ist, dann wird mit JSR $FE80 die Bildschirmausgabe invertiert.)

Programm 3.5-2 LC-TEST

```
1000   PRINT "LC-TEST"
1010   :
1020   IF  PEEK (704) - 169 AND  PEEK (747) - 192 THEN 1050
1030   PRINT  CHR$ (4)"BLOAD LC-TEST.OBJ,A704"
1040   :
1050   CALL 704
1060   NORMAL
1070 L -  PEEK (255)
1080   IF L - 0 THEN  PRINT "Keine 16-K-RAM-Erweiterung vorhanden!"
1090   IF L - 1 THEN  PRINT "16-K-RAM-Erweiterung vorhanden!"
1100   :
1110   END
```

Programm 3.5-3 LC-TEST.OBJ

```
02C0-   A9 00         LDA   #$00      ; $00 in Adresse $00FF
02C2-   85 FF         STA   $FF       ;
02C4-   AD 81 C0      LDA   $C081     ;
02C7-   AD 81 C0      LDA   $C081     ; ROM lesen und RAM schreiben
02CA-   A9 A9         LDA   #$A9      ;
02CC-   8D 80 FE      STA   $FE80     ;
02CF-   A9 01         LDA   #$01      ; — wenn 16-K-Karte vorhanden
02D1-   8D 81 FE      STA   $FE81     ;      dann  $FE80: A901       LDA # $01
02D4-   A9 85         LDA   #$85      ;            $FE82: 85FF       STA $FF
02D6-   8D 82 FE      STA   $FE82     ;            $FE84: 60
02D9-   A9 FF         LDA   #$FF      ;
02DB-   8D 83 FE      STA   $FE83     ;   sonst dort im ROM Programm, das
02DE-   A9 60         LDA   #$60      ;   Bildschirmausgabe auf INVERSE
02E0-   8D 84 FE      STA   $FE84     ;   schaltet
02E3-   AD 80 C0      LDA   $C080     ; springe zum Unterprogramm $FE80
02E6-   20 80 FE      JSR   $FE80     ; ROM lesen; RAM schreibgeschützt.
02E9-   AD 82 C0      LDA   $C082     ;
02EC-   60            RTS
```

4 Grundlagen des DOS

In diesem Kapitel wollen wir uns mit den Grundlagen des Betriebssystems beschäftigen und die meisten Befehle (mit Ausnahme der Textdateibefehle) erklären.

Vorher soll aber noch kurz der Unterschied von DOS-Befehlen im Direktmodus und aus BASIC-Programmen erläutert werden. Im Direktmodus kann der Benutzer die Befehle direkt von der Tastatur aus eingeben, z. B.

> CATALOG

In einem BASIC-Programm kann der Befehl nur im Rahmen eines PRINT-Befehls mit vorhergehendem CTRL-D oder CHR$(4) erfolgen, z. B.

> 10 PRINT CHR$(4) "CATALOG"

Wir werden im Kapitel 6 noch ausführlich auf die Besonderheiten dieser Befehlsart eingehen.

In diesem Kapitel werden wir einfache Techniken bei der Direkteingabe von DOS-Befehlen, aber auch kleine Programmteile erarbeiten. Es empfiehlt sich, eine leere Übungsdiskette (wie im Kapitel 5 beschrieben) zu erstellen.

Auf eine weitere Besonderheit sei hier hingewiesen:

Während es in BASIC erlaubt ist, mehrere Befehle in eine Zeile (Direkteingabe oder auch im Programm) zu schreiben, z. B.

> HOME : PRINT "5": PRINT "4"

ist dies bei DOS-Befehlen nicht möglich:

> CATALOG : CATALOG   ergibt   SYNTAX ERROR

Die Eingabe erzeugt also einen Fehler.

Anzumerken ist noch, daß die Eingabe nicht nur vom BASIC, sondern auch vom Monitor aus möglich ist (Kap. 4.7).

Wir beginnen nun mit dem Laden des Betriebssystems.

4.1 Das Laden des Betriebssystems DOS 3.3

In diesem Abschnitt soll erläutert werden, wie das Laden des Betriebssystems vor sich geht. Man spricht in diesem Zusammenhang auch vom „booten" (engl.: "by one's own bootstrap": sich am eigenen Schopfe herausziehen).

4.1.1 Das Booten bei den unterschiedlichen Systemen

Im ROM des Computers befindet sich ja nur der Monitor (und das BASIC), so daß wir das Betriebssystem, das wir zur Arbeit mit den Diskettenlaufwerken benötigen, erst noch von der Diskette in den Arbeitsspeicher laden müssen. Dieser Vorgang geht schrittweise vor sich. Der Ausgangspunkt ist ein kurzes Maschinenspracheprogramm auf einem EPROM der Steckkarte des Diskettenlaufwerkes.

Wir wollen nun verschiedene Formen des Ladens unterscheiden:

a) Computer mit Autostartmonitor (II+, IIe, IIc und einige Kompatible)

1. Schritt:
Nach dem Einschalten des Computers wird das Programm auf dem Diskettenlaufwerks-Controller gestartet (durch einen Sprung zur Adresse $C600, wenn der Controller im Slot 6 steckt), welches nun den Motor vom Laufwerk 1 des höchsten Slots startet und den Sektor 0 der Spur 0 in den Speicher ab Adresse 2048 ($0800) lädt. Ein Sprung zur Adresse 2049 ($0801) startet nun dieses Programm, das je nach Art fortfährt:

2. Schritt:
— Handelt es sich um eine DOS-Master-Diskette (oder eine Diskette, die mit MASTER CREATE erstellt wurde (Kap. 9); so wird das Betriebssystem nach und nach ab Adresse 6912 ($1B00) geladen und dann im Speicher nach oben bis ans Ende verschoben, so daß es die Adressen 38400 bis 49151 belegt ($9600 bis $BFFF). Außerdem wird noch das alte Integer-BASIC in die 16-K-Karte geladen.
— Handelt es sich um eine normale DOS-Diskette, die mit INIT erstellt wurde (Kap. 5), so wird das Betriebssystem direkt ans Speicherende geladen.

3. Schritt:
Schließlich belegt DOS noch einige Adressen im Bereich der sogenannten Nullseite von 0 bis 255 ($0000 bis $00FF) und im Bereich 976 bis 1023 ($03D0 bis $03FF). Dann wird das HELLO-Programm ausgeführt (Kap. 5). Anschließend meldet sich das Gerät normalerweise mit dem üblichen BASIC-Prompt:] oder Ü.

b) Computer ohne Autostartmonitor (der Apple II und einige dazu Kompatible)
Nach dem Einschalten des Gerätes befindet man sich im (Integer-) BASIC oder im Monitor. Das Diskettenlaufwerk wird dann aus dem BASIC durch den Befehl PR#6 (oder IN#6) oder aus dem Monitor durch C600G (oder 6 CTRL-P) gestartet.

Das DOS wird dann wie oben beschrieben von der Diskette geladen, mit dem einzigen Unterschied, daß nun auch noch das Applesoft-BASIC in die 16-K-RAM-Erweiterung geladen wird (Programmname auf der DOS-Master-Diskette FPBASIC).

c) Das Gerät war schon eingeschaltet und man will aus einem der folgenden Gründe das Betriebssystem neu laden, dann gibt man wie unter 2. in BASIC PR#6 oder im Monitor C600G ein und der Ladeprozeß erfolgt wie gewohnt.

Gründe für das Neuladen des Betriebssystems:

- Sie haben mit Maschinenprogramm gearbeitet und dabei das DOS im Speicher zerstört (z. B. erhalten Sie bei korrekter Befehlseingabe SYNTAX ERROR oder Sie befinden sich auf einmal im Monitor).
- Sie wollen eine Diskette initialisieren.
- Sie haben mit einer DOS-Variante gearbeitet und wollen wieder mit dem normalen DOS 3.3 arbeiten.

Es kann auch nach einem Spiel oder speziellen Programmen mit Kopierschutz passieren, daß Ihr Gerät auf keine Tastatureingabe mehr reagiert. Für Besitzer von II+ und kompatiblen Geräten bleibt dann nur noch die Möglichkeit, den Apple aus- und wieder einzuschalten; beim IIe und IIc kann man dagegen immer mit der Tastenkombination CTRL-OFFENER APFEL-RESET das Diskettenlaufwerk neu starten.

d) Das Laden des Betriebssystems klappt nicht.

Dies kann verschiedene Gründe haben:

- Sie haben gar keine Diskette im Laufwerk! (Beim IIc erscheint dann allerdings nach einigen Sekunden der Hinweis CHECK DISK DRIVE).
- Es befindet sich eine Diskette im Laufwerk, aber Sie haben die Klappe nicht geschlossen bzw. den Hebel nicht herumgelegt.
- Sie haben eine Diskette korrekt im Laufwerk, aber es stoppt nicht und Sie sehen auf dem Bildschirm nur die Meldung APPLE II (bzw. entsprechendes bei Kompatiblen). Dann kann es sein, daß das Betriebssystem auf der Diskette zerstört worden ist oder es sich um eine DOS-lose Diskette handelt (Kap. 5), die unliebsamerweise über keine entsprechende Meldung und einen Befehl zum Motorausschalten verfügt.

In jedem dieser Fälle können Sie mit CTRL-RESET das Laufwerk stoppen. Mit PR#6 (oder C600G im Monitor) ist das Betriebssystem von einer intakten Diskette z. B. Ihrer Master-Diskette neu zu laden. Dabei ist zu beachten, daß dieses Vorgehen ein BASIC-Programm im Speicher zerstört.

4.1.2 Anwendungen

Es folgen jetzt einige Anwendungen zu diesem Kapitel:

a) Hochauflösende Graphikbilder bleiben beim Neuladen des Betriebssystems
   erhalten!

Aus dem Ladeprozeß geht hervor, daß beim Laden des Betriebssystems der
Speicherbereich von 16384—38399 ($4000—$95FF) nicht berührt wird. Da
die Seite 2 der hochauflösenden Graphik bei 16384 beginnt, bleibt ein vorher im Speicher stehendes Bild erhalten.

```
⌂NEW
⌂10 HGR2
⌂20 HCOLOR=7
⌂30 HPLOT 0,0 TO 279,191
⌂RUN
.........die Linie erscheint auf dem Bildschirm
⌂PR#6
.........die Diskette wird gebootet
⌂POKE 49239,0:POKE 49237,0:POKE 49232,0
.........die Linie erscheint wieder auf dem Bildschirm
```

Handelt es sich um eine Master-Diskette, dann wird das HGR-Bild auf
Seite 1 (8192-16383) zerstört. Wenn Sie aber eine Diskette wie in Abschnitt
5.1 mit INIT erstellt haben, so bleibt sogar die Graphikseite 1 erhalten.

```
⌂NEW
⌂10 HGR
⌂20 HCOLOR=7
⌂30 HPLOT 0,0 TO 279,191
⌂RUN
.........die Linie erscheint auf dem Bildschirm
⌂PR#6
.........die Diskette wird gebootet
⌂POKE 49239,0:POKE 49236,0:POKE 49232,0
.........die Linie erscheint wieder auf dem Bildschirm
```

Auf diese Weise kann man z. B. auch Graphiken aus Spielen für den eigenen
Gebrauch verwenden: Häufig sind nämlich Programme so konstruiert, daß
Sie bei Unterbrechung (z. B. CTRL-C oder CTRL-RESET oder unerlaubte
Eingabe) die Diskette neu starten. Befindet sich also das gewünschte Bild
auf dem Schirm, so wechselt man die Diskette gegen eine eigene aus und
drückt z. B. CTRL-RESET. Nach dem nun folgenden Laden des DOS ist das
Bild noch im Speicher und kann wie in Abschnitt 4.4 (BSAVE) beschrieben
abgespeichert werden. (Einige Programme löschen aber vor dem Neustart
den gesamten Speicher!)

b) Auch kann man auf diese Art und Weise feststellen, ob es sich bei dem
   betreffenden DOS um eine DOS-Master-Diskette handelt. Wird nämlich
   beim Laden ein Bild auf Seite 1 zerstört, so ist dies der Fall.

Weitere Anmerkungen:

- Bei nur einem Laufwerk ist es egal, in welchem Slot (außer Slot 0) der
  Controller steckt, wenn nur das Kabel „oben", d. h. für Laufwerk 1, ange-
  schlossen ist.
- Bei einem Controller und zwei Laufwerken leuchtet beim Laufwerk 1 nach
  Einschalten des Computers die Lampe auf und der Motor läuft.
- Bei zwei Controllern (der erste befindet sich z. B. in Slot 7, der zweite in
  Slot 6), liest der Computer das Startprogramm vom Laufwerk 1 des Con-
  trollers in Slot 7, also immer von der Steckkarte mit der höchsten Steck-
  platznummer.

Wichtig:

Es ist zwar egal, in welchem Slot der Controller steckt, aber viele Programme
erwarten ihn im Slot 6.

4.2 Inhaltsverzeichnis der Diskette

4.2.1 Der CATALOG-Befehl

So wie man als Leser eines Buches oft erst einmal ins Inhaltsverzeichnis
sieht, so sieht man als Computerbenutzer ins Inhaltsverzeichnis der Diskette.
Der Befehl dazu in DOS 3.3 lautet:

    CATALOG,Ss,Dd

Dabei ist s die Nummer des Steckplatzes des Disketten-Controllers und d
die Nummer des Laufwerkes.

Gehen wir vom einfachsten Fall aus: Sie haben den Computer angeschaltet,
eine DOS 3.3-Diskette eingelegt, die irgendein HELLO-Programm ausgeführt
hat und sehen nun das BASIC-Prompt (] oder Ü). Dann geben Sie ein:

    CATALOG

und erhalten eine ähnliche Meldung wie die folgende:

```
                DISK VOLUME 002

         *A 006 HELLO
         *I 018 ANIMALS
         *T 003 APPLE PROMS
         *I 006 APPLESOFT
         *I 026 APPLEVISION
         *I 017 BIORHYTHM
         *B 010 BOOT13
         *A 006 BRIAN'S THEME
         *B 003 CHAIN
         *I 009 COLOR DEMO
         *A 009 COLOR DEMOSOFT
         *I 009 COPY
         *B 003 COPY.OBJ0
         *A 009 COPYA
         *A 010 EXEC DEMO
         *B 020 FID
         *B 050 FPBASIC
         *B 050 INTBASIC
         *A 028 LITTLE BRICK OUT
         *A 003 MAKE TEXT
         *B 009 MASTER CREATE
         *B 027 MUFFIN
         *A 051 PHONE LIST
         *A 010 RANDOM
         *A 013 RENUMBER
         *A 039 RENUMBER INSTRUCTIONS
         *A 003 RETRIEVE TEXT
          T 004 DO'ER
          A 002 EVEN MORE RECENT PROGRAM!!
```

Bild 4.2-1 Inhaltsverzeichnis der alten DOS-Master-Diskette

Nach achtzehn angezeigten Dateien wartet der Cursor (unten links) darauf,
daß Sie irgendeine Taste drücken, um die nächsten achtzehn Dateien anzuzeigen (wenn soviele auf der Diskette sind).

Welche Information enthält nun das Inhaltsverzeichnis?

Als erstes liefert das Inhaltsverzeichnis eine Überschrift: Es erscheint DISK
VOLUME und eine dreistellige Zahl, die beim Formatieren der Diskette
vergeben wird. Da diese Nummer aber meist nicht praktisch relevant ist,
wird sie beim Formatierungsbefehl INIT weggelassen, mit dem Resultat, daß
eine solche Diskette die Nummer 254 erhält (Kap. 5). Später werden wir
zeigen, wie man diese Überschrift ändern bzw. weglassen kann.

Das Inhaltsverzeichnis liefert pro Datei Informationen über

1. die Zugriffsmöglichkeiten auf die Datei: Lesen und Schreiben/nur Lesen,
   schreibgeschützt (vgl. LOCK/UNLOCK),

2. den Dateityp: A = Applesoft-BASIC
                  I = Integer-BASIC
                  B = Binärdatei
                  T = Textdatei;

3. die Anzahl der belegten Sektoren; allerdings mit der Einschränkung, daß
   von der Anzahl der Sektoren, die in zwei Bytes gespeichert ist, nur ein
   Byte ausgegeben wird. Dies ist andererseits keine große Einschränkung, da
   nur sehr wenige, und dann auch nur Textdateien mehr als 255 Sektoren
   umfassen können.

4. den Dateinamen; dieser Name darf bis zu 30 Zeichen lang sein, darf Zahlen, Sonderzeichen und Leerzeichen sowie CTRL-Zeichen enthalten. Er
   muß aber mit einem Buchstaben beginnen.

   Dabei seien jedoch hier drei Tips gegeben:
   - aussagekräftige, aber nicht zu lange (nicht mehr als 10 Zeichen) Namen
     sind gut zu behalten und lassen sich noch relativ schnell eintippen (zum
     Vergleich: PRODOS erlaubt nur 15 Zeichen, CP/M sogar nur 8 Zeichen
     + 3 Zeichen für Dateityp);
   - man verwende keine Leerzeichen, denn dies verursacht oft eine Fehlein-
     gabe (außerdem ist dies bei anderen Betriebssystemen wie PRODOS
     oder CP/M auch nicht erlaubt und früh übt sich ...);
   - zur besseren Kennzeichnung verwende man zusätzliche Anhänge wie
     z.B. .BIN für Binärdateien, .TXT für sequentielle Textdatei, .DAT z.B.
     für Random-Access Datei usw. (.ASM .PIC .LOGO).

Das Verwenden von CTRL-Zeichen im Dateinamen, die nicht ausgedruckt
werden, stellte früher ein einfaches Mittel zum Programmschutz dar.

Nach diesen Ausführungen folgen nun einige Punkte, die zeigen, was dem
DOS-Inhaltsverzeichnis fehlt: Am schmerzlichsten vermißt man eine Angabe
der freien und der benutzten Sektoren auf der Diskette. Auch fehlt die Möglichkeit eines auszugsweisen CATALOG. Man kann z.B. nicht nur die Textdateien oder alle Dateien, die mit der Buchstabenkombination BAS ... beginnen, anzeigen.

Im folgenden nun kleine BASIC-Unterprogramme, die verschiedene Möglichkeiten zeigen, den CATALOG-Befehl zu ändern. Dabei werden wir die Änderungen hinterher immer wieder rückgängig machen, um ein normales DOS im
Speicher zur Verfügung zu haben.

Diese CATALOG-Varianten funktionieren nur mit Original-DOS 3.3! Außerdem ist es nicht immer möglich, verschiedene Varianten zu kombinieren.
Auch ist es z.B. nicht immer möglich, einen modifizierten CATALOG (wie
z.B. bei den AUGE-Disketten) auf dem 80-Zeichen-Bildschirm darzustellen.

1. CATALOG ohne Pause: Dieser POKE ersetzt den normalen Sprung zur Routine, in der nach 18 Dateien eine Tastatureingabe abgewartet wird, durch ein RTS in Maschinensprache ($60=96). Wenn man das Inhaltsverzeichnis auf den Drucker gibt, ist es sinnvoll, dies ohne Pause zu tun.

Programm 4.2-1 CATALOG ohne Pause

```
1010    PRINT "CATALOG OHNE PAUSE:"
1020    POKE 44601,96
1030    PRINT   CHR$ (4)"CATALOG "
1040    POKE 44601,32
```

2. Bei gelöschten Dateien wird nur der Eintrag im Inhaltsverzeichnis geändert, so daß man sich mit diesen Änderungen die gelöschten Dateien ansehen kann:

Programm 4.2-2 CATALOG mit gelöschten Files

```
1080    PRINT "CATALOG MIT GELOESCHTEN FILES:"
1090    PRINT "(ANZEIGE RECHTS MIT INVERSEM ZEICHEN)"
1100 A1 =   PEEK (44505): REM   NORMAL 48
1110 A2 =   PEEK (44506): REM   NORMAL 74
1120    POKE 44505,234: POKE 44506,234
1130    PRINT   CHR$ (4)"CATALOG"
1140    POKE 44505,A1: POKE 44506,A2
```

Bemerkung:

Werden neue Dateien auf der Diskette abgespeichert, so werden diese Namenseinträge endgültig überschrieben (Abschnitt 4.5.1).

3. Bei dieser Variante wird einmal die Länge der Dateinamen verändert (von 30 auf 13 Zeichen; POKE 44567,12 weil DOS von 0 bis 12 zählt!), zum anderen die Ausgabe von RETURN am Ende der Zeile unterdrückt (234=$EA=NOP in Assembler!).

Längere Dateinamen werden einfach abgeschnitten:

Programm 4.2-3 Zweispaltiger CATALOG/40Z

```
1170    PRINT "ZWEISPALTIGER CATALOG AUF 40 ZEICHEN-"
1180    PRINT "BILDSCHIRM;NAME NUR NOCH 13 ZEICHEN LANG"
1190 A3 =   PEEK (44567): REM   NORMAL 29
1200 A4 =   PEEK (44578): REM   NORMAL 32
1210 A5 =   PEEK (44579): REM   NORMAL 47
1220 A6 =   PEEK (44580): REM   NORMAL 174
1230    POKE 44567,12: POKE 44578,234
1240    POKE 44579,234: POKE 44580,234
1250    PRINT   CHR$ (4)"CATALOG"
1260    POKE 44567,A3: POKE 44578,A4
1270    POKE 44579,A5: POKE 44580,A6
```

Der CATALOG auf dem Bildschirm ist folgendermaßen aufgebaut:

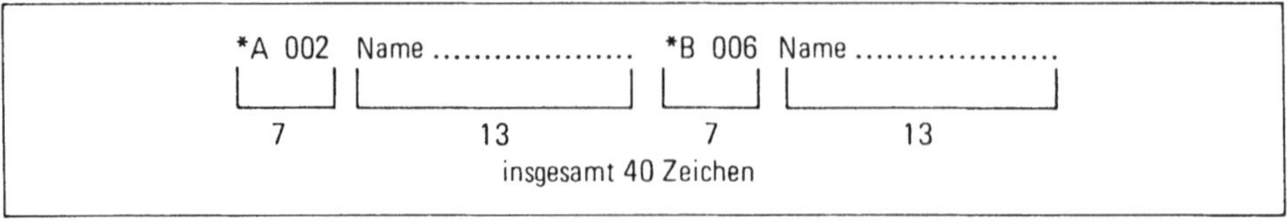

Bild 4.2.-2

Für Schreibschutz, Dateityp, Anzahl der Sektoren + 2 Leerzeichen werden
7 Stellen benötigt.

Bemerkung:

Wenn man diese Variante auf den 80-Zeichen-Bildschirm anwendet, erhält
man sogar einen vierspaltigen CATALOG.

4. Diese Variante ist für den 80-Zeichen-Bildschirm gedacht: Die POKE-
   Befehle bewirken, daß nach dem Dateinamen kein RETURN, sondern drei
   Leerzeichen ausgegeben werden (JSR $F948).

Programm 4.2-4 Zweispaltiger CATALOG/80Z

```
1300   PRINT : PRINT   CHR$ (4)"PR#3"
1310   PRINT "Zweispaltiger CATALOG auf 80 Zeichen-Bildschirm:"
1320 A4 -   PEEK (44578): REM   NORMAL 32
1330 A5 -   PEEK (44579): REM   NORMAL 47
1340 A6 -   PEEK (44580): REM   NORMAL 174
1350   POKE 44578,32: POKE 44579,72: POKE 44580,249
1360   PRINT   CHR$ (4)"CATALOG"
1370   PRINT "Weiter auf 40 Zeichen-Bildschirm mit irgendeiner Taste:"
1380   GET X$
1390   REM   PRINT CHR$(27)CHR$(17) :REM BEI IIE UND IIC
1400   PRINT   CHR$ (26) CHR$ (177): REM   BEI II+
1410   POKE 44578,A4: POKE 44579,A5: POKE 44580,A6
```

Bildschirmaufbau:

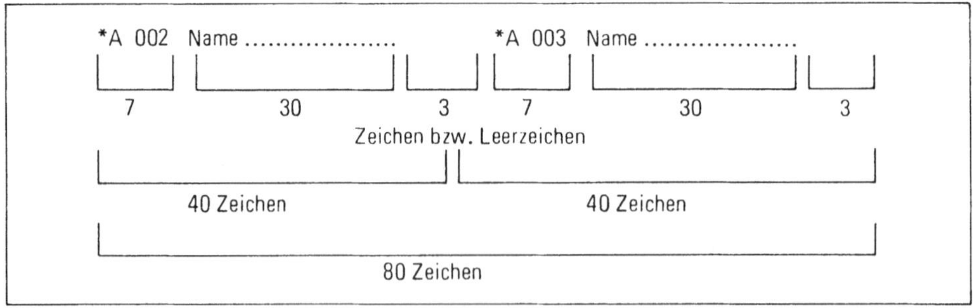

Bild 4.2-3

5. CATALOG mit Anzahl der Dateien auf der Diskette: Der POKE-Befehl
bewirkt, daß erst nach 255 Dateien eine Tastaturabfrage erwartet wird
(also noch ein CATALOG ohne Pause), und benutzt den Zähler in
Speicherstelle 44981 des DOS um die Dateien der Diskette zu zählen. Dieser Speicherplatz zählt nämlich die RETURN-Zeichen bei der CATALOG-
Ausgabe, so daß man nur noch die RETURN-Zeichen der Überschrift und
der Leerzeilen am Anfang abziehen muß. Es ist klar, daß andere POKE-
Befehle, die wie beim zweispaltigen CATALOG die RETURN-Ausgabe
ändern, nicht zusammen mit dieser Variante funktionieren.

Programm 4.2-5 CATALOG mit Anzahl der Dateien

```
1440    PRINT "CATALOG MIT ANZAHL DER DATEIEN:"
1450    POKE 44452,255: REM   NORMAL 22
1460    PRINT  CHR$ (4);"CATALOG"
1470 ANZ =   PEEK (45981)
1480    PRINT
1490 ANZ = 255 - ANZ - 4
1500    PRINT ANZ;" DATEIEN"
1510    POKE 44452,22
```

6. + 7. Ein auszugsweiser CATALOG aller schreibgeschützten Dateien ist
einfach zu realisieren, da DOS für die Ausgabe des * als Schreibschutz-
kennzeichnung im CATALOG eine Abfrage durchführt. Die CATALOG-
Varianten 6 und 7 benutzen diese Abfrage.

Programm 4.2-6 CATALOG nur von schreibgeschützten Dateien

```
1540    PRINT "CATALOG NUR VON SCHREIBGESCHUETZTEN     DATEIEN:"
1550 A7 =   PEEK (44513): REM   NORMAL 2
1560    POKE 44513,67
1570    PRINT  CHR$ (4)"CATALOG "
1580    POKE 44513,A7
```

Programm 4.2-7 CATALOG nur von nicht schreibgeschützten Dateien

```
1610    PRINT "CATALOG NUR VON"
1620    PRINT "NICHT SCHREIBGESCHUETZTEN DATEIEN:"
1630 A8 =   PEEK (44514): REM   NORMAL 160
1640 A9 =   PEEK (44515): REM   NORMAL 170
1650    POKE 44514,48: POKE 44515,65
1660    PRINT  CHR$ (4)"CATALOG "
1670    POKE 44514,A8: POKE 44515,A9
```

8. Bei dieser Variante wird mit einem Sprungbefehl zur Adresse $ADC6
(JMP $ADC6) die Ausgabe der Disk-VOLUME-Nummer übergangen:

Programm 4.2-8 CATALOG ohne Ausdruck von Disk-VOLUME

```
1700    PRINT "CATALOG OHNE AUSDRUCK VON DISK VOLUME:"
1710 A1 =   PEEK (44456): REM   NORMAL 32
1720 A2 =   PEEK (44457): REM   NORMAL 47
1730 A3 =   PEEK (44458): REM   NORMAL 174
1740    POKE 44456,76: POKE 44457,198: POKE 44458,173
1750    PRINT  CHR$ (4)"CATALOG "
1760    POKE 44456,A1: POKE 44457,A2: POKE 44458,A3
```

Fehlermeldungen bei CATALOG

a) I/0-ERROR: 1. Grund: Laufwerk nicht in Ordnung, z. B. Klappe geöffnet
2. Grund: Diskette nicht formatiert (noch neu)
3. Grund: Diskette mit Kopierschutz versehen
4. Grund: Diskette physisch zerstört
(Beim IIc meldet das Gerät auch: CHECK DISK DRIVE)

b) RANGE ERROR: 1. Grund: Die Drive-Nummer ist kleiner als 1 oder
größer als 2
2. Grund: Die Slot-Nummer ist kleiner als 1 und größer
als 7

c) — wenn Sie eine Slot-Nummer oder eine Drive-Nummer angeben, die nicht
vorhanden ist, so „stürzt das Betriebssystem ab", d. h. das Prompt-
Zeichen verschwindet und es passiert solange nichts, bis Sie CTRL-
RESET drücken.

— wenn Sie beim Befehl CATALOG eine VOLUME-Nummer angeben,
die im erlaubten Bereich von 0—255 liegt, so passiert weiter gar nichts:

        CATALOG, V 100

— man kann das Komma bei den Slot- oder Drive-Nummern auch weglassen:

        CATALOG S6 D1

(aber mit Komma ist es in Programmen leichter zu lesen!)
— man kann auch die Reihenfolge vertauschen:

        CATALOG,S6,D1 ist identisch mit
        CATALOG,D1,S6

4.2.2 Interner CATALOG-Aufbau bei DOS

In diesem Abschnitt wollen wir uns mit dem internen CATALOG-Aufbau
des DOS auf der Diskette beschäftigen.

Das Inhaltsverzeichnis liegt normalerweise auf der Spur 17 ($11) der Diskette.
Das ist genau die Mitte zwischen Spur 0 und 35 und hat den Sinn, die Bewe-
gungen des Diskettenkopfes möglichst klein zu halten, da bei einem Datei-
zugriff ja zuerst auf das Inhaltsverzeichnis zugegriffen wird.

Die Spur 17 hat 16 Sektoren (0 ... 15). Im Sektor 0 liegt die sogenannte
VTOC (Volume Table of Contents), die die belegten und freien Sektoren
der Diskette festhält. In Bild 4.2-4 ist der sedezimale Ausdruck eines VTOC-
Sektors festgehalten.

```
VTOC-AUFBAU-INFO                         00-00110F030000FE00  ......ß.
----------------------------------       08-0000000000000000  ........
Byte    - Bedeutung                      10-0000000000000000  ........
----------------------------------       18-0000000000000000  ........
$00     - unbenutzt                      20-000000000000007A  ........
$01+$02- Spur+Sektor vom CATALOG-Beginn  28-0000000000000000  ........
$03     - Versionsnummer des DOS         30-1701000023100001  ........
$04+$05- unbenutzt                       38-0000000000000000  ........
$06     - DISK-VOLUME-Nummer             40-FFF800001FFF0000  x.....
$07-$26- unbenutzt                       48-0000000000000000  ........
$27     - Zahl der Datensektoren je TSL  50-F8000000001F0000  x.......
$28-$2F- unbenutzt                       58-0000000000000000  ........
$30-$31- Werte z. Anlegen neuer Sektoren 60-000000001800000   ........
$32-$33- unbenutzt                       68-0000000000000000  ........
$34     - Anzahl der Diskettenspuren     70-C0000000000F0000  §.......
$35     - Anzahl der Sektoren je Spur    78-0000000000000000  ........
$36-$37- Anzahl der Bytes je Sektor      80-001F000039FF0000  .......
$38-$3B- Spurbelegungswerte fuer Spur 0  88-FCFF00001FE10000  ö ...a..
$3C-$3F- Spurbelegungswerte fuer Spur 1  90-FFFF00007FFF0000     ... ..
...    -   ...                           98-FFFF0000FFFF0000     .. . ..
$C0-C3 - Spurbelegungswerte fuer Spur 34 A0-FFFF00003FFF0000     ... ..
$C4-$FF- frei(weitere Spurbelegungswerte)A8-3FFF00003FFF0000  . ... ..
                                         B0-FFFF0000FFFE0000    .. ß..
                                         B8-0061000080070000  .......
                                         C0-3FFF000000000000  . ......
                                         C8-0000000000000000  ........
                                         D0-0000000000000000  ........
                                         D8-0000000000000000  ........
                                         E0-0000000000000000  ........
                                         E8-0000000000000000  ........
                                         F0-0000000000000000  ........
                                         F8-0000000000000000  ........

                                         Spur  :$11  Sektor:$0
                                         ----------------------------
```

Bild 4.2-4 VTOC-Sektor

Wenn DOS nun auf eine Datei zugreifen soll, wird zuerst die VTOC eingelesen. Das Byte $01 enthält die Spur und das Byte $02 den Sektor des ersten CATALOG-Eintrages (dies ist normalerweise Spur 17 Sektor 15).

Bild 4.2-5 enthält den sedezimalen Ausdruck eines CATALOG-Sektors und der wichtigsten Informationen, die vom Programmierer auch direkt genutzt werden können (z. B. um gelöschte Dateien „wiederzubeleben", vgl. Abschnitt 4.5.1).

Jeder CATALOG-Sektor kann maximal 7 Dateinamen aufnehmen, so daß auf eine Diskette maximal 105 = 15 * 7 Dateien gespeichert werden können. Will man mehr Dateien abspeichern, so erhält man die Fehlermeldung "DISK FULL", selbst wenn noch freie Datensektoren vorhanden sind. Man kann nun mit einem Sektoreditor mehr CATALOG-Sektoren schaffen, indem man

```
      CATALOG-AUFBAU-INFO               00-00110E0000000000 ........
  ------------------------------------  08-000000120F82C2C5 ......BE
  Byte    - Bedeutung                   10-C8D2C5CEC4D4AFCA HRENDT/J
  ------------------------------------  18-D5CEC7C8C1CED3BA UNGHANS:
  $00     - unbenutzt                   20-C1D0D0CCC5ADC4CF APPLE-DO
  $01+$02- Spur+Sektor des naechsten    28-D3B3AEB30300120C S3.3....
           CATALOG-Sektors             30-82C4C9D3CBC5D4D4 .DISKETT
  $03-$0A- unbenutzt                    38-C5CEADCDC5CED5A0 EN-MENU
  $0B-$2D- 1. Dateinameneintrag:        40-A0A0A0A0A0A0A0A0
    $0B+$0C- Spur+Sektor der TSL der 1. Datei  48-A0A0A0A0A0A0A003        .
    $0D    - Dateityp der 1. Datei      50-00120982CBC1D0C9 ....KAPI
    $0E-$2B- Dateinamen der 1. Datei    58-D4C5CCAEB2AEAEAE TEL.2...
    $2C-$2D- Anzahl der belegten Sektoren  60-AEAEAEAEAEAEAEAE ........
  $2E-$50- 2. Dateinameneintrag         68-AEAEAEAEAEAEAEAE ........
  ...     -  ...                        70-AEAE02000B0602DA .......Z
  $DD-$FF- 7. Dateinameneintrag         78-C1C8CCC5CED3D9D3 AHLENSYS
                                        80-D4C5CDC5A0A0A0A0 TEME
                                        88-A0A0A0A0A0A0A0A0
                                        90-A0A0A0A0A007000A        ...
                                        98-0F02D3C5CBD4CFD2 ..SEKTOR
                                        A0-ADD0CCC1CEA0A0A0 -PLAN
                                        A8-A0A0A0A0A0A0A0A0
                                        B0-A0A0A0A0A0A0A0A0
                                        B8-0700130A82CBC1D0 .....KAP
                                        C0-C9D4C5CCAEB3AEAE ITEL.3..
                                        C8-AEAEAEAEAEAEAEAE ........
                                        D0-AEAEAEAEAEAEAEAE ........
                                        D8-AEAEAE02000A0802 ........
                                        E0-CDCFC4C5CCCCCA0A0 MODELL
                                        E8-A0A0A0A0A0A0A0A0
                                        F0-A0A0A0A0A0A0A0A0
                                        F8-A0A0A0A0A0A00400        ..

                                        Spur  :$11  Sektor:$F
                                        ------------------------------
```

Bild 4.2-5 CATALOG-Sektor

z. B., wenn die Disketten-CATALOG-Spur voll ist, in den CATALOG-Sektor 1 Byte $01 und $02 einen neuen CATALOG-Sektor einträgt. Dieser sollte dann allerdings vorher frei sein und anschließend im VTOC als belegt vermerkt werden. Man kann auch umgekehrt den CATALOG auf z. B. 3 Sektoren also maximal 21 Dateien kürzen, indem man die anderen Sektoren der Spur 17 als frei einträgt, und so 12 zusätzliche Sektoren für Dateien schaffen. Normalerweise wird man allerdings mit dem normalen Inhaltsverzeichnis arbeiten.

Der CATALOG muß nicht auf der Spur 17 liegen. Aus Gründen des Kopierschutzes kann man z. B. beim Initialisieren eine andere Spur angeben. Mit einem normalen DOS läßt sich von einer solchen Diskette keine Datei laden oder ein Inhaltsverzeichnis ausgeben.

4.2.3 Wechsel des Laufwerkes oder der Steckkarte

Wer über ein zweites Diskettenlaufwerk verfügt, kann durch Anhängen von
,D 2 an den Befehl das Umschalten auf das zweite Laufwerk bewirken:

CATALOG ,D 2

Solange jetzt kein anderer D-Parameter eingegeben wird (also ,D 1) beziehen
sich alle weiteren DOS-Befehle auf das zweite Laufwerk.

Genauso funktioniert der Wechsel des Steckplatzes:

CATALOG ,S 5

schaltet auf den Diskettencontroller im Steckplatz 5. Bei dem Wechsel des
Steckplatzes bleibt die Laufwerksnummer erhalten. Sie bleibt 1 oder 2, je
nach dem, welches Laufwerk zuletzt angesprochen wurde.

(Für die meisten Benutzer wird allerdings nur der Wechsel des Laufwerkes
interessant sein, denn wer hat schon mehr als einen Controller.)

Zusammenfassung:

In DOS gibt es keinen direkten Befehl zum Wechsel des Laufwerkes. In
anderen Betriebssystemen ist es möglich, direkt das Laufwerk zu wechseln,
z. B. in CP/M mit B: vom 1. auf das 2. Laufwerk. Dies ist ja auch sinnvoll, da
man nicht immer einen CATALOG sehen oder einen anderen Befehl ausführen will, nur um die Laufwerke zu wechseln.

Für DOS kann man sich allerdings mit entsprechenden POKE-Zeichen Abhilfe
schaffen. In den folgenden Speicherstellen des DOS werden die derzeit gültigen Werte für VOLUME-Nummer, Steckplatz und Laufwerk gespeichert:

$AA66 = 43622   —   gültiges VOLUME
$AA68 = 43624   —   gültiges Laufwerk
$AA6A = 43626   —   gültiger Slot

Man kann also aus den obigen Speicherstellen mit dem PEEK-Befehl den derzeit gültigen Wert herauslesen bzw. mit dem POKE-Befehl die Parameter Slot
und Drive bei den DOS-Befehlen beeinflussen. Beim VOLUME-Parameter ist
dies nicht sinnvoll, da bei jedem Diskettenzugriff geprüft wird, ob die angegebene VOLUME-Nummer mit der tatsächlich beim Initialisieren vergebenen
Nummer übereinstimmt.

4.2.4 Berechnung der freien Diskettensektoren

Die VTOC enthält alle Daten über die Belegung der Sektoren auf der Diskette. Für jede Spur stehen 4 Bytes zur Verfügung, von denen aber nur die ersten beiden Bytes benutzt werden, z. B. für die Spur 17 die Bytes $7C bis $7F auf der Diskette (im Speicher die Adressen: $B437 bis $B43A). Um in 2 Bytes die Belegung von 16 Sektoren einer Spur zu verschlüsseln, verwendet man die 16 Bit der Dualzahldarstellung. Ist der Wert eines Bits 0, so ist der Sektor belegt; ist der Wert 1, ist der Sektor frei.

Beispiel:

Sedezimalzahl:			$F3				$08		
Dualzahl:	1 1 1 1		0 0 1 1		0 0 0 0		1 0 0 0		
Sektorzuordnung: F E D C		B A 9 8		7 6 5 4		3 2 1 0		

Also sind hier die Sektoren $F, $E, $D, $C, $9, $8 und $3 frei.

Zum Abschluß des Abschnittes stellen wir ein kleines BASIC-Programm vor, das die freien Sektoren einer Diskette berechnet.

In Zeile 1030 lesen wir die VTOC ein und bestimmen in Zeile 1040 daraus die Anzahl der Spuren der Diskette. Aus der VTOC-Tabelle, die jetzt im Speicher steht, lesen wir die Spurbelegungswerte aus und wandeln sie mit dem Unterprogramm in Dualzahlen um, deren 1 wir addieren.

In Abschnitt 7.5 stellen wir ein schnelleres Maschinenprogramm vor, das diese Berechnungen ausführt.

Programm 4.2-9 FREIE-SEKTOREN

```
1000    DIM B(16)
1010    PRINT "IN STECKPLATZ:"; PEEK (43626);" LAUFWERK:"; PEEK (43624)
1020    INPUT "DISKETTE EINLEGEN UND RETURN-TASTE:";F$
1030    CALL 45047
1040 TA = PEEK (46063)
1050 FR = 0
1060    FOR K = 46067 TO 46067 + ((TA - 1) * 4) STEP 4
1070    PRINT ".";
1080 N1 = PEEK (K)
1090 N2 = PEEK (K + 1)
1100 N = N1 + N2 * 256
1110 DEZ = N
1120    GOSUB 1220
1130 AN = 0
1140    FOR J = 1 TO 16
1150    IF  MID$ (DUAL$,J,1) = "1" THEN AN = AN + 1
1160    NEXT
1170 FR = FR + AN
1180    NEXT
1190    PRINT : PRINT "FREI:";FR
1200    END
1210    REM    DEZ-DUAL
1220    FOR I = 16 TO 1 STEP  - 1
```

```
1230  IF DEZ / 2 =  INT (DEZ / 2) THEN B(I) = 0: GOTO 1250
1240 B(I) = 1
1250 DEZ =  INT (DEZ / 2)
1260  NEXT
1270 DUAL$ = ""
1280  FOR I = 1 TO 16
1290 DUAL$ = DUAL$ +  STR$ (B(I))
1300  NEXT
1310  RETURN
```

4.3 LOAD, RUN, SAVE

In diesem Kapitel soll die Arbeit mit BASIC-Programmen behandelt werden. Dabei wollen wir uns auf einfache Fälle beschränken. Besonderheiten der Speicherplatzbelegung, der Verknüpfung u. ä. werden in einem späteren Kapitel behandelt.

Will der Benutzer ein BASIC-Programm von Diskette laden, so gibt er ein:

    LOAD name ,Ss ,Dd ,Vv

Dabei können die Parameter für Slot, Drive und Volume wie sonst auch weggelassen werden. Dann bezieht sich der LOAD-Befehl auf das zuletzt angesprochene Laufwerk im zuletzt angesprochenen Steckplatz. Nach der Eingabe von LOAD steht das BASIC-Programm im Speicher, kann mit LIST angesehen werden und es können Zeilen hinzugefügt oder entfernt werden. Gestartet wird das BASIC-Programm normal durch Eingabe von RUN.

Zusammenfassung:
Durch LOAD name wird ein BASIC-Programm in den Speicher geladen. Ein Programm, das vorher dort war, wird gelöscht. Gestartet wird das Programm durch RUN. Dieser RUN-Befehl wird dann nicht vom DOS, sondern vom BASIC-Interpreter ausgeführt.

Will man ein BASIC-Programm von Diskette sofort starten, so gibt man ein:

    RUN name ,Ss ,Dd ,Vv

Dieser RUN-Befehl mit Angabe einer BASIC-Datei auf der Diskette wird vom DOS ausgeführt. Das entsprechende Programm wird erst geladen (und damit ein vorher im Speicher befindliches gelöscht), und dann automatisch an den BASIC-Interpreter übergeben und gestartet.

Zusammenfassung:
Wenn man ein BASIC-Programm von Diskette sofort ausführen lassen will, so startet man es mit RUN name. Will man es z. B. vorher noch auflisten, dann lädt man es wie oben gezeigt mit LOAD name und startet es mit RUN ohne Angabe eines Dateinamens.

Schließlich wollen wir uns noch mit dem Abspeichern von BASIC-Programmen auf Diskette beschäftigen:

    SAVE   name ,Ss ,Dd ,Vv

Nach Eingabe des Befehles speichert das DOS das im Speicher befindliche BASIC-Programm auf Diskette ab.

Was passiert, wenn gar nichts im Speicher steht?

    NEW
    SAVE TEST
    RUN TEST
    Ü

Nun, es passiert nichts, da der BASIC-Interpreter nach dem Start des Programms auf keine ausführbare Anweisung trifft, das Programm beendet und das normale Eingabe-Prompt ausgibt. Trotzdem belegt dieses „leere" Programm zwei Sektoren auf der Diskette, einen für die TSL und einen Sektor für das Programm (weil das DOS nicht prüft, ob und wie das BASIC-Programm aussieht).

Wenn eine BASIC-Datei schreibgeschützt ist, kann man kein BASIC-Programm unter demselben Namen abspeichern (Abschnitt 4.5).

Wir fassen zusammen:

    LOAD name
    RUN name
    SAVE name

sind DOS-Befehle. Sie beziehen sich auf die Datei ‚name' auf der angesprochenen Diskette.

Die Befehle RUN, LOAD, SAVE ohne folgenden Programmnamen sind BASIC-Befehle, wobei sich RUN auf das BASIC-Programm im Speicher bezieht und LOAD und SAVE (ohne Programmnamen) Befehle für den Kassettenrecorder sind; ist keines angeschlossen, so „hängt" das System, d. h. es nimmt keine Befehle mehr entgegen und reagiert erst wieder nach CTRL-RESET.

4.4 Arbeit mit Maschinenprogrammen (BLOAD, BRUN, BSAVE)

Auch als Benutzer, der nicht in Maschinensprache oder Assembler programmiert, sollte man einige Kenntnisse über die Arbeit mit solchen Programmen und Dateien haben.

Einige Beispiele:

— ein Maschinenprogramm von Diskette starten
— ein Maschinenprogramm laden, das von einem BASIC-Programm benötigt
  wird
— ein Graphik-Bild auf Diskette abspeichern oder von Diskette laden

Geladen bzw. gestartet werden Binärdateien mit folgenden Befehlen:

```
BLOAD  dateiname  ,Ss  ,Dd  ,Vv
BRUN   dateiname  ,Ss  ,Dd  ,Vv
```

Nun gibt es aber bei Binärdateien für den Benutzer folgendes Problem: Ohne
Zusatzinformation ist es normalerweise nicht möglich herauszufinden, ob
diese Binärdatei mit BLOAD nur geladen werden kann, und dann z. B. von
einem BASIC-Programm aus benutzt wird, oder ob es ein abgeschlossenes
Maschinenprogramm ist, das mit BRUN direkt gestartet werden kann.

Hier ein einfaches Beispiel:

Auf der DOS-Master-Diskette befindet sich das Maschinenprogramm FID
zum Kopieren einzelner Dateien etc. Es wird gestartet mit:

```
BRUN FID
```

Was geschieht beim Laden eines Maschinenprogrammes?

DOS sucht auf der Diskette die von diesem Programm belegten Sektoren und
lädt sie in den Speicher, und zwar an die Stelle, an der das Maschinenprogramm begann, als es auf Diskette abgespeichert wurde. Diese Speicherstelle
und auch die Länge jeder Binärdatei wird von DOS auf Diskette notiert.

In den folgenden Speicherstellen wird festgehalten, wie die Startadresse und
die Länge der zuletzt geladenen Datei lautet:

```
Länge:         43616,  43617  bzw.  $AA60,  $AA61
Startadresse:  43634,  43635  bzw.  $AA72,  $AA73
```

Daraus kann man nun leicht die dezimalen Werte berechnen:

```
Länge:  PRINT PEEK (43616) + PEEK (43617) * 256
Start:  PRINT PEEK (43634) + PEEK (43635) * 256
```

Wer die sedezimalen Werte haben möchte, kann dies umrechnen oder mit
CALL -151 in den Monitor geben und sich mit AA60.AA61 die sedezimalen
Werte anzeigen lassen. Die Ausgabe AA60-01 und AA61-23 bedeutet dann
gerade eine Länge von $2301 Bytes.

Anmerkung:

Die Länge des Programmes wird auch bei BASIC-Programmen dort notiert.

Ein praktisches Beispiel:

BLOAD FID

Länge: 4687 $124F
Start: 2051 $0803

Da wir jetzt die Startadresse kennen, können wir es jetzt auch starten

— vom BASIC mit: CALL 2051
— vom Monitor mit: 803G

Genau dasselbe macht auch das DOS. Erst wird das Maschinenprogramm geladen und dann mit einem Aufruf der Startadresse gestartet.

Ein anderes Beispiel:

Man kann nicht nur Maschinenprogramme speichern und wieder laden, sondern auch Daten oder Bilder der hochauflösenden Graphik. Dies sind dann allerdings keine Maschinenprogramme und ein BRUN würde bei diesen Dateien keinen Erfolg haben. Während man es bei allgemeinen Datenfiles normalerweise nicht erkennen kann, daß es sich dabei nicht um ein Programm handelt, ist es möglich, durch abgespeicherte Länge und Startadresse bei Bildern oder Textseiten festzustellen, um was es sich handelt.

Wir notieren uns dazu nur die Anfangsadresse und Länge der entsprechenden Seiten:

Textseite 1
oder GR-Seite 1: $400—$7FF bzw. 1024—2047   Länge: $ 400=1024
Textseite2
oder GR-Seite 2: $800—$BFF bzw. 2048—3071   Länge: $ 400=1024
HGR-Seite 1: $2000—$3FFF bzw. 8192—16383   Länge: $2000=8192
HGR-Seite 2: $4000—$5FFF bzw. 16384—24575   Länge: $2000=8192

Auf der Diskette belegen diese Seiten binär abgespeichert:

Textseite oder GR-Seite: 6 Sektoren
HGR-Seite   34 Sektoren (oder 33 Sektoren)

Wir fassen zusammen:

1. Maschinenprogramme werden mit BRUN gestartet.
2. Man kann auch mit BLOAD laden, die Startadresse suchen und mit CALL starten.
3. Bei Daten (z. B. Bildern) kein BRUN, sondern nur BLOAD, da kein ausführbares Programm.

Wir wollen uns nun damit beschäftigen, wie man Binärdateien an eine andere Stelle in den Speicher lädt und wann dies sinnvoll ist.

Man muß bei Maschinenprogrammen zwei Arten unterscheiden:

1. Maschinenprogramme, die an jeder Stelle des Speichers lauffähig sind; diese nennt man verschiebbar oder relocierbar. Auf der TOOLKIT-Diskette von Apple (mit EDASM, APA, HRCG u. a.) ist dafür sogar ein neuer Dateityp geschaffen worden. Mit „R" anstelle von „B" werden diese frei verschiebbaren Maschinenprogramme im CATALOG angezeigt.
2. Andere Programme sind nur an einer festen Stelle lauffähig, d. h., wenn sie an eine andere Stelle geladen werden, so funktionieren sie nicht. Der Grund dafür liegt darin, daß im Programm ein Sprung (z. B. JMP) zu einer festen Adresse innerhalb des Maschinenprogramms (z. B. $6000) vorgenommen wird. Ist das Programm dort nicht gespeichert, treten Fehler auf.

Wenn es sich nur um Dateien (z. B. ein Bild) handelt, die nicht mit BRUN gestartet, sondern nur mit BLOAD in den Speicher geholt werden können, dann ist es möglich, diese Binärdatei auch an eine andere Stelle zu laden.

Die Befehle BLOAD und BRUN erlauben es uns, die Startadresse anzugeben, wohin das Programm geladen werden soll:

        BLOAD binärdatei, A$..... (sedezimal)
        BRUN   binärdatei, A$..... (sedezimal)

oder

        BLOAD binärdatei, A .... (dezimal)
        BRUN   binärdatei, A .... (dezimal)

Die übrigen Parameter S, D, V können wie üblich zusätzlich angegeben werden.

Beispiel

BLOAD BILD, A$2000   bzw.   BLOAD BILD, A8192
BRUN MPGR, A$1100,S6, D1 bzw.   BRUN MPGR, A4352,S6,D1

Achtung:

Das DOS wird durch ein Maschinenprogramm, das in den Bereich ab $9D00 geladen wird, zerstört! DOS prüft beim Befehl BLOAD nicht, ob das Maschinenprogramm in den Speicher geladen wird, den das DOS selbst belegt.

Zum Abschluß dieses Kapitels wollen wir uns noch damit beschäftigen, wie Maschinenprogramme und -dateien abgespeichert werden. Anders als bei BASIC-Programmen, wo DOS Anfang und Länge des abzuspeichernden Bereiches berechnet, muß hier der Benutzer selbst angeben, wo und wieviele Bytes abgespeichert werden sollen:

        BSAVE name ,Aa, Ll,Ss ,Dd ,Vv

oder

        BSAVE name ,Aa ,Ll ,Ss ,Dd ,Vv

Zusätzlich zur Startadresse a muß jetzt auch noch die Länge l angegeben werden. Die Angabe kann dabei entweder dezimal oder sedezimal (dann mit $-Zeichen) oder auch gemischt sein.

Beispiel
BSAVE BILD,A$2000,L$2000
oder
BSAVE BILD,A8192,L8192
oder
BSAVE BILD,A$2000,L8192

Ein kleiner Tip:

Man sollte darauf achten, daß man richtig zählt; gibt man z. B. ein Maschinenprogramm im Monitor ein und listet es auf:

300:20 58 FC 60

dann erscheint nach 300L

```
0300-    20 58 FC    JSR    $FC58
0303-    60          RTS
0304-    00          BRK
     .
     .
```

Will man dieses Maschinenprogramm abspeichern, so gibt man ein:

BSAVE TEST,A$300,L4

Achtung: Die Programmlänge ist 4 Bytes, denn die Speicherstelle 300 muß man mitzählen! Gerade Anfänger machen oft den Fehler, ein Byte zu wenig zu zählen.

Mehr zur Arbeit mit Maschinenprogrammen, vor allem in Zusammenarbeit mit BASIC-Programmen, finden Sie im Kapitel 6.

Als praktische Nutzanwendung dieses Kapitels nun noch ein kleiner Tip, wie man die Textseite 2 in seinen BASIC-Programmen nutzen kann:

Wir speichern den Text von Seite 1 als Binärfile ab:

BSAVE SEITE1,A$400,L$400

in einem BASIC-Programm entsprechend

100 PRINT CHR$ (4) "BSAVE SEITE1,A$400,L$400"

Wir könnten uns nun diese Seite jederzeit wieder auf den Bildschirm holen mit:

BLOAD SEITE1

und dort ansehen. Aber dort ,,verschwindet'' sie natürlich nach einiger Zeit wieder durch das Hochrollen des Bildschirms. Außerdem werden die nicht sichtbaren Speicherstellen für die Steckkarten verändert (''Screenholes''; vergl. Kap. 3).

Eine bessere Lösung ist deshalb das Laden auf die Textseite 2 des Apple II. Diese Seite kann man sich zwar ansehen (mit POKE 49237,0), aber man kann leider keine PRINT-Befehle dorthin schicken, sondern nur die Speicherstellen direkt adressieren. Außerdem liegt dort normalerweise der Anfang des BASIC-Programmes im Speicher, so daß für eine Benutzung auch noch der Zeiger auf den BASIC-Programmanfang in der Nullseite geändert werden muß. Dies wird in Kapitel 6 noch ausführlicher erklärt, deshalb hier nur das ,,Kochrezept''. Vor dem Laden des BASIC-Programms direkt eingeben:

> POKE 103,1 :POKE 104,12 :POKE 3072,0

Mit folgendem BASIC-Programm können wir uns dann die Textseite 2 ansehen:

```
100 PRINT CHR$(4)"BLOAD SEITE1,A$800"
110 POKE 49237,0: REM ansehen
120 GET X$        : REM auf Eingabe warten
130 POKE 49236,0: REM wieder normale Seite 1
```

Dies eignet sich gut zum schnellen Anzeigen von Befehlsübersichten oder Hilfstexten, die man vorher normal auf Seite 1 erzeugen kann.

4.5 Weitere DOS-Befehle

4.5.1 Der DELETE-Befehl

Dieser Befehl dient zum Löschen von Dateien auf der Diskette:

> DELETE name ,Ss ,Dd ,Vv

Er ist für alle Dateitypen (A, B, T) derselbe und die Angabe von Slot, Drive und Volume kann wie immer weggelassen werden, wenn man mit den bisherigen Werten weiterarbeiten will.

Da man mit dem DELETE-Befehl viel Arbeit zunichte machen kann, haben viele Programme und auch DOS 3.3 einen zusätzlichen Schutz eingebaut, so daß man nicht aus Versehen wichtige Dateien löscht. Wenn eine Datei schreibgeschützt ist (im Inhaltsverzeichnis mit einem Sternchen versehen), dann erhält man beim Versuch, sie zu löschen, die Fehlermeldung: FILE LOCKED (Abschnitt 4.5.2).

Mit SAVE können Programme unter einem Namen gespeichert werden, der schon einmal vergeben wurde. Das alte Programm mit gleichem Namen wird dabei überschrieben. Ist das neue Programm kürzer als das alte (z. B. jetzt 3 Sektoren und vorher 20 Sektoren), dann verschenkt man Speicherplatz auf der Diskette. Die vom neuen Programm nicht benutzten Sektoren (im Beispiel 17 Sektoren) werden vom DOS nicht freigegeben. Mit dem DELETE-Befehl kann man das vermeiden. Wird das alte Programm erst mit DELETE gelöscht und dann das neue gespeichert, werden nur die vom Programm wirklich belegten Sektoren ins Inhaltsverzeichnis eingetragen.

Wie bei den anderen Befehlen ist es auch hier manchmal lästig, daß man nicht mehrere Dateien (z. B. desselben Typs oder mit demselben Anfangsbuchstaben) mit einem einzigen Befehl löschen kann. In speziellen Programmen, wie z. B. in dem Kopierprogramm FID auf der DOS-Master-Diskette, kann man dies durch den Gebrauch von sogenannten „Wildcard"-Zeichen ermöglichen.

Wir wollen uns nun noch kurz damit beschäftigen, wie DOS im einzelnen bei dem Befehl DELETE vorgeht, um daraus eine Möglichkeit zu entwickeln, wie man gelöschte Dateien im Inhaltsverzeichnis anzeigen und schon gelöschte Dateien „wiederbeleben" kann.

Wenn eine Datei gelöscht wird, dann wird nicht der Inhalt der Datei auf der Diskette überschrieben. Von DOS wird statt dessen nur ein entsprechender Eintrag im Inhaltsverzeichnis erzeugt, der dazu führt, daß die Datei nicht mehr angezeigt wird. Zweitens werden die entsprechenden Sektoren auf der Diskette wieder zum Abspeichern durch einen Eintrag im Sektor 0 der Spur 17, der sogenannten VTOC freigegeben.

Alle Angaben über die Datei sind also im Inhaltsverzeichnis so lange noch vorhanden, wie dieser Platz nicht überschrieben wird, was erst passiert, wenn eine neue Datei abgespeichert wird.

Beispiel 1:

```
10 HOME
SAVE TESTD
CATALOG        ......es erscheint der CATALOG mit TESTD
DELETE TESTD
CATALOG        ......es erscheint der CATALOG ohne TESTD
```

Die Datei ist jetzt gelöscht:

Beispiel 2:
Wir nehmen jetzt die Diskette, auf der wir eben die Datei TESTD gelöscht haben und geben ein:

```
POKE 44505,234:POKE 44506,234
CATALOG
```

Auf dem Bildschirm müßte jetzt auch wieder die Datei TESTD angezeigt werden, allerdings rechts mit einem inversen Zeichen. Wir können die Datei aber immer noch nicht laden! Dazu ist es nötig, direkt auf das Inhaltsverzeichnis zuzugreifen und es zu manipulieren. Dies wird in Beispiel 3 durchgeführt.

— Anfänger sollten dies jedoch erst einmal überschlagen! —

Da wir eigentlich ungern mit solchen POKEs wie oben angegeben das DOS ändern, schreiben wir uns lieber dazu ein kleines Programm, das diese Eingriffe dann auch wieder rückgängig macht, um immer ein normales DOS vorliegen zu haben.

```
110 POKE 44505,234:POKE 44506,234
120 PRINT CHR$(4)"CATALOG"
130 POKE 44505,48:POKE 44506,74
140 END
```

Beispiel 3 (für Interessierte):
Um eine Datei wiederzubeleben, müssen wir uns etwas genauer mit der Struktur des Inhaltsverzeichnisses beschäftigen. Jeder Dateieintrag ist folgendermaßen aufgebaut:

```
Byte $00           : Nummer der Spur der Spur-/Sektorliste
Byte $01           : Nummer des Sektors der Spur-/Sektorliste
Byte $02           : Dateityp
Byte $03 bis $20   : Name der Datei und Leerzeichen
Byte $21 und $22   : Anzahl der belegten Sektoren
```

Wenn dieser Eintrag noch nie benutzt wurde, dann steht im 1. Byte eine Null (und ebenso in allen folgenden). Wird nun eine Datei gelöscht, wird in das 1. Byte die Sedezimalzahl $FF (255) eingetragen und die Nummer der Spur der Spur-Sektor-Liste glücklicherweise im 33. Byte gespeichert.

Wir können also folgendermaßen vorgehen:

1. Mit einem Diskettensektoreditor gehen wir nacheinander die Sektoren des Inhaltsverzeichnisses auf der Spur 17 durch, bis wir den Namen der gelöschten Datei gefunden haben.

2. Das dritte Byte vor Beginn des Dateinamens muß den Wert $FF haben. Wir suchen nun den Wert des 33. Bytes dieses Eintrages und schreiben seinen Wert in das erste Byte des Eintrages und überschreiben das 33. Byte mit dem Wert $A0 (d. h. dem Leerzeichen).

3. Wir speichern den geänderten Sektor auf der Diskette und beenden den Diskettensektoreditor. Beim Befehl CATALOG müßte nun die Datei ganz normal angezeigt werden.

4. Wenn in der Zwischenzeit die Sektoren dieser Datei nicht ganz oder teilweise überschrieben worden sind, dann kann man jetzt die Datei normal einlesen (LOAD, BLOAD oder READ, je nach Typ).

5. Da wir den Eintrag im VTOC nicht korrigiert haben, müssen wir nun die Datei noch einmal neu abspeichern, damit sie wieder normal auf der Diskette vorliegt. Die alte Datei können wir dann endgültig löschen.

Konzept für ein kombiniertes Maschinen- und BASIC-Programm zum Wiederbeleben gelöschter Dateien:

— Maschinenprogramm zum Einlesen aller CATALOG-Sektoren (Spur 17, Sektor 1—15)
— Die CATALOG-Sektoren stehen dann z. B. ab $2100 — $2FFF
— Jeder Sektor hat dann folgenden Aufbau
  Byte $00—$0A allgemein
  Byte $0B—$2D erster Dateinameneintrag
  usw.
— Durchsuchen Sie nun jeden CATALOG-Sektor nach dem 1. Byte jedes Dateinameneintrages. Ist dieses gleich $FF, dann ist die Datei gelöscht worden.
— Drucken Sie die Namen aus und fragen Sie, welche wiederbelebt werden sollen.
— Ändern Sie dies (Vertauschen des 33. Bytes mit 1. Byte des Dateinameneintrages) und schreiben Sie alle Sektoren auf Diskette zurück.
— Kopieren Sie nun diese wiederbelebten Programme z. B. mit FID auf eine andere Diskette und löschen Sie dann endgültig. (Dies ist nötig, weil die VTOC nicht entsprechend korrigiert wurde!) Überprüfen Sie auch noch, ob keine Dateisektoren überschrieben worden sind!!!

4.5.2 LOCK/UNLOCK

Bei der Arbeit mit Diskettendateien ist es schnell möglich, unabsichtlich die falsche Datei zu löschen oder eine Datei versehentlich mit einer neuen Version zu überschreiben.

Der Befehl LOCK ermöglicht es, sich davor zu schützen:

    LOCK dateiname, Ss , Dd , Vv (für alle Dateitypen)

Die Folgen 1. Im Inhaltsverzeichnis erscheint ein Stern *
           2. DELETE nicht mehr möglich
           3. RENAME nicht mehr möglich
           4. Abspeichern einer Datei mit gleichem Namen vom gleichen Dateityp nicht mehr möglich.

Beispiel:

```
U10 HOME

USAVE TEST
ULOCK TEST
UDELETE TEST

FILE LOCKED

URENAME TEST,NEU

FILE LOCKED

U20 END

ULIST

10   HOME
20   END

U10 HOME

USAVE TEST

FILE LOCKED
```

Wenn man auf einer schreibgeschützten Datei nochmal den LOCK-Befehl anwendet, passiert nichts:

```
ULOCK TEST
ULOCK TEST
U
```

Da durch den Befehl LOCK ein Eintrag ins Inhaltsverzeichnis der Diskette gemacht wird, darf die Diskette natürlich nicht schreibgeschützt sein:

```
ULOCK TEST

WRITE PROTECTED
```

(Fehlermeldung bei schreibgeschützter Diskette)

Zusammenfassend läßt sich sagen, daß der Befehl LOCK einen relativen Schutz für nicht schreibgeschützte Disketten darstellt. Wenn man eine Diskette neu formatiert (initialisiert) oder eine ganze Diskette darauf kopiert, stellt LOCK keinen Schutz dar.

Um den Befehl LOCK aufzuheben, gibt es den Befehl UNLOCK:

```
UNLOCK dateiname, Ss, Dd, Vv
```

Die Tatsache, daß Dateien auf der Diskette mit einem Schreibschutz versehen
sind, kann man zu einem auszugsweisen CATALOG ausnutzen:
Die beiden Beispielprogramme 4.2-6 und 4.2-7 geben jeweils nur die schreibgeschützten oder nicht schreibgeschützten Dateien aus. Dies kann man dazu
benutzen, dem Anwender beim Inhaltsverzeichnis einer Diskette nur die für
ihn relevanten Dateien zu zeigen.

4.5.3 VERIFY

Mit dem Befehl VERIFY ist es möglich, zu prüfen, ob die Daten auf der
Diskette fehlerhaft abgespeichert worden sind, z. B. wenn die Diskette dort
physisch defekt ist.

VERIFY dateiname , Ss , Dd , Vv (jeder Dateityp erlaubt)

Das DOS 3.3 führt nach jedem BSAVE, SAVE oder Textdatei-WRITE automatisch eine Überprüfung der Diskettendaten durch. Deshalb dauert SAVE
auch länger als LOAD. Wer dies unterbinden will, kann es mit folgender
Änderung einer Speicherstelle im DOS erreichen:

POKE 46732,76 (normaler Wert: 32)

Wenn die Daten auf der Diskette in Ordnung sind, passiert nach der Eingabe des Befehls gar nichts; bei einem Fehler bringt DOS die Fehlermeldung
I/0 ERROR (Fehlernummer: 8).

Man kann nun den VERIFY-Befehl benutzen, um festzustellen, ob eine
Datei auf der Diskette vorhanden ist (diese Idee verwenden wir im Programm
RENAME-NEU). Man benutzt dazu den ONERR-Befehl des BASIC und
prüft durch Auslesen der Speicherstelle 222, welcher Fehler vorliegt.

Beispiel:

```
10 ONERR GOTO 50
20 INPUT "Dateiname";N$
30 PRINT CHR$(4)"VERIFY";N$
40 GOTO 80
50 ERR=PEEK(222)
60 IF ERR=6 THEN PRINT"Datei nicht vorhanden":GOTO 80
70 PRINT "FEHLER NR:";ERR
80 END
```

Bemerkung:

1. Wenn man nicht alle Fehlermeldungen der ONERR-Routine abfängt, sollte
   man immer am Ende dieses Teiles die Fehlernummer ausdrucken lassen
   und das Programm beenden.

2. Wird der ONERR-Befehl in einem Unterprogramm verwendet, so steht man vor dem Problem, daß, wenn man das Unterprogramm hinterher fortsetzt, die Fehlermeldung RETURN WITHOUT GOSUB erhält, weil beim ONERR-Sprung die Rücksprungadressen gelöscht werden. Aus diesem Grund kann man den ONERR-Befehl nicht ohne weiteres in Unterprogrammen verwenden.

Zum Abschluß soll noch erwähnt werden, daß VERIFY nicht prüft, ob z. B. ein Programm korrekt läuft oder alle benötigten Daten korrekt sind. Auch bei kopiergeschützten Dateien kann es einen Fehler melden, obwohl die Programme korrekt laufen.

4.5.4 RENAME

Der Befehl RENAME dient zum Umbenennen von Diskettendateien:

    RENAME alter name, neuer name, Ss, Dd, Vv

Leider prüft DOS dabei nicht, ob der neue Name schon auf der Diskette benutzt wird, mit der Folge, daß zwei Dateien gleichen Namens existieren können. Da DOS immer den ersten CATALOG-Eintrag eines Namens berücksichtigt, ist es nicht mehr möglich, dann die zweite Datei gleichen Namens anzusprechen.

```
NEW
10 PRINT "PROGRAMM 1"
SAVE PROG1
NEW
10 PRINT "PROGRAMM 2"
SAVE PROG2
RENAME PROG2,PROG1
CATALOG
        ..........der ausgegebene CATALOG enthält zweimal ein
                PROG1
LOAD PROG1
LIST
10 PRINT "PROGRAMM 1"
```

Man kann das alte PROG2 erst ansprechen, wenn das „erste" PROG1 gelöscht oder umbenannt wird!

Wer diesen Fehler verhindern will, sollte vorher immer überprüfen, ob der neue Name auf der Diskette schon vergeben ist.

Wir fügen ein kleines Programm namens RENAME-NEU an, das folgende
Sicherheitsmaßnahmen ergreift:

1. Es wird überprüft, ob die Datei mit dem alten Namen überhaupt auf
   Diskette existiert.
2. Es wird geprüft, ob der neue Name schon vergeben ist.
3. Wenn die alte Datei mit Schreibschutz versehen war, wird trotzdem umbenannt, aber die neue Datei ebenfalls mit Schreibschutz versehen.
4. I/0-Fehler oder ein Schreibschutz der Diskette werden im Programm
   abgefangen.

Programm 4.5.-1 RENAME-NEU

```
1000   ONERR  GOTO 1200
1010   INPUT "ALTER NAME :";AN$
1020   REM   --------------------------------Datei vorhanden ?
1030 F1 = 1
1040   PRINT  CHR$ (4)"VERIFY";AN$
1050 F1 = 0
1060   INPUT "NEUER NAME :";NN$
1070   REM   -----------------Neuer Name schon vorhanden?
1080 F2 = 1
1090   PRINT  CHR$ (4)"VERIFY";NN$
1100 F2 = 0
1110   PRINT "DATEI MIT DIESEM NAMEN AUF DISKETTE!": GOTO 1060
1120   REM   --------------------Umbennen, evtl.Schreibschutz
1130 FL = 0
1140   PRINT  CHR$ (4)"RENAME";AN$;",";NN$
1150   IF FL = 1 THEN  PRINT  CHR$ (4)"LOCK";NN$
1160   PRINT : INPUT "NOCHMAL J/N ?";F$
1170   IF F$ = "J" THEN 1000
1180   GOTO 1360
1190   REM  *********************FEHLERBEHANDLUNG*********
1200 FE =  PEEK (222)
1210   REM   --------------------EINGABE/AUSGABE-FEHLER
1220   IF FE = 8 THEN  PRINT "I/O-FEHLER!": GOTO 1330
1230   REM   -----------------Fehler: Datei nicht vorhanden
1240   IF FE = 6 AND F1 = 1 THEN  PRINT "DATEI NICHT VORHANDEN!": GOTO 1010
1250   REM   ------------------Fehler: Disk schreibgeschützt
1260   IF FE = 4 THEN  PRINT "DISKETTE SCHREIBGESCHUETZT!:GOTO 995
1270   IF FE = 6 AND F2 = 1 THEN 1130
1280   REM   -------------------Fehler: Schreibschutz (S.aufheben
1290   REM                      heben u. umbenennen)
1300   IF FE = 10 THEN  PRINT  CHR$ (4)"UNLOCK";AN$:FL = 1: GOTO 1140
1310   REM   ----------------andere Fehler, Neustart
1320   PRINT "FEHLERNR:";FE
1330   PRINT "LEERTASTE DRUECKEN:":
1340   GET X$
1350   GOTO 1000
1360   END
```

Wann wird man den Befehl RENAME benötigen?

In der Entwicklungsphase eines Programmes kann man den unterschiedlichen Programmversionen kurze Arbeitstitel (P1, P2, ...) geben. Das fertige
Programm soll dann hinterher einen aussagekräftigen Namen erhalten.

4.6 Arbeit mit peripheren Geräten

In diesem Abschnitt wollen wir uns mit den DOS-Befehlen PR# und IN# beschäftigen. Wir haben damit die Möglichkeit, Peripheriegeräte wie z. B. einen Drucker, eine 80-Zeichen-Karte oder den Disketten-Controller anzusteuern. Dabei bewirkt PR# eine Änderung des Ausgabegerätes (normalerweise Bildschirm) und IN# eine Änderung des Eingabegerätes (normalerweise Tastatur). Von der Tastatur aus können die Kommandos ohne Probleme eingegeben werden. Bei der Verwendung in Programmen sind Besonderheiten zu beachten, wie weiter unten gezeigt wird.

    PR# slotnummer
    IN# slotnummer

Gültige Werte sind nur die Zahlen 0 bis 7, die der Zahl der Slots entsprechen. Gibt man eine Slotnummer kleiner als 0, eine Zahl größer als 65535 oder keine Zahl ein, so erhält man SYNTAX ERROR vom DOS. Allerdings bleibt das System hängen, wenn im entsprechenden Slot gar kein Interface steckt.

Beispiele:

PR#1   schaltet die Ausgabe auf den Drucker, wenn dessen Interface in Slot 1 steckt.
PR#0   schaltet wieder auf den normalen 40-Zeichen-Bildschirm.
PR#3   schaltet um auf die 80-Zeichen-Karte (immer im Slot 3).

aber:

Abschalten der 80-Zeichen-Karte:

Apple II+	: CTRL-Z 1
Apple IIe, IIc:	: ESC CTRL-Q
Apple IIc und neuer IIe	: PR#0
alle Modelle	: CTRL-RESET

PR#6 oder IN#6 startet das Laufwerk 1 am Disketten-Controller in Slot 6.

Gibt man in einem Programm Werte zwischen 8 und 16 ein, so erhält man SYNTAX ERROR. Dies ist ein Fehler im DOS. Bei Zahlen zwischen 17 und 65535 erkennt DOS einen RANGE ERROR, d. h. der zulässige Parameterbereich ist überschritten.

Der Unterschied zu den BASIC-Befehlen PR# und IN#:

Wer sein Gerät ohne DOS einschaltet (z. B. indem er keine Diskette einlegt und das Laufwerk mit CTRL-RESET stoppt), befindet sich im DOS-losen Zustand. Trotzdem kann er mit dem BASIC-Befehl PR#3 die 80-Zeichen-Karte anstellen oder auch mit PR#6 eine Diskette booten.

Wenn jedoch DOS geladen ist, dann gehen alle Befehle bei der Direkteingabe in den DOS-Kommando-Interpreter, der dies dann als DOS-Befehle interpretiert.

Beispiel:

Wir gehen im DOS-losen Zustand in den Monitor und geben dort PR#6 ein.

Resultat: Der Monitor meldet mit einem Piepsen die Fehleingabe.

Haben wir dagegen DOS geladen, so können wir im Monitor mit PR#6 das Diskettenlaufwerk starten, weil DOS-Befehle auch im Monitor erkannt werden.

Damit sind wir auch bei den Konsequenzen für die Verwendung in BASIC-Programmen. Da DOS in einem BASIC-Programm Befehle nur in einer PRINT-Anweisung mit CTRL-D (CHR$(4)) erkennt, führt die direkte Benutzung von PR# und IN# in BASIC-Programmzeilen dazu, daß das DOS vom weiteren Programmverlauf abgeschnitten wird. Es befindet sich zwar noch völlig intakt im Speicher, die Ein- und Ausgabe aber läuft am DOS-Kommando-Interpreter vorbei.

Erst mit dem Aufruf CALL 1002 ist das DOS wieder verfügbar.

Beispiel:

```
10 PR#0 : IN#0
20 PRINT CHR$(4) "CATALOG"
30 REM es wird ausgegeben das Wort CATALOG
40 CALL 1002
50 PRINT  CHR$(4) "CATALOG"
60 REM es wird der CATALOG ausgegeben
```

Wer also in Programmen einen Drucker ansteuern will, verwendet PR#1 innerhalb eines PRINT-Befehles:

```
10 PRINT CHR$(4)"PR#1"
20 PRINT CHR$(4)"CATALOG"
30 PRINT CHR$(4)"PR#0"
```

Eine andere Möglichkeit:

```
10 PR#1
20 CALL 1002, REM DOS anhängen
30 PRINT CHR$(4) "CATALOG"
40 PR#0
50 CALL 1002: REM DOS anhängen
```

DOS-Eingabe- und -Ausgabe-Vektoren
In der Nullseite befinden sich die Adressen der gerade gültigen Ausgabe- und
Eingabe-Routine:

Bei DOS-losem BASIC: $36-F0 $37-FD d. h. Bildschirmausgabe $FDF0
$38-1B $39-FD d. h. Tastatureingabe $FD1B
Bei DOS: $36-BD $37-9E Sprung zum DOS-Kommando-Interpreter $9EBD
$38-81 $39-9E Sprung zum DOS-Kommando-Interpreter $9E81

von dort Sprung zu den eigentlichen Routinen, deren Adressen in
$AA53 und $AA54 für die Ausgabe und $AA55 und $AA56 für
die Eingabe gespeichert sind. Normalerweise steht dort $FDF0
und $FD1B, d. h. Standardausgabe und -eingabe.

Es ergibt sich also folgendes Bild:

ohne DOS	mit DOS
Ausgaberoutine	Ausgaberoutine
↓	↓
Sprung zur Adresse, die bei $36 und $37 steht	Sprung zur Adresse, die bei $36 und $37 steht
↓	↓
dies ist das Maschinenprogramm ab $FDF0	Sprung zum DOS-Kommando-Interpreter ab $9EBD
	↓
	Sprung zur Ausgaberoutine, deren Anfangsadresse bei $AA53 und $AA54 steht
	↓
	dies ist normalerweise das Programm ab $FDF0

Ein analoges Bild erhält man bei der Eingaberoutine, auch dort schaltet sich
das DOS zwischen den Sprung von $38 und $39 zur Tastatureingaberoutine
ab $FD1B.

Angenommen, wir wollen die Ausgabe des DOS beim CATALOG umleiten,
z. B. vom Bildschirm in einen reservierten RAM-Bereich (Kap. 8 Programm
CATALOGE-DATEI), so kann man folgendermaßen vorgehen:

Methode 1
— mit POKE 54,0: POKE 55,3 wird die Startadresse der neuen Ausgaberoutine (hier $300, also 768) in den Zeiger der Nullseite geschrieben

— mit CALL 1002 wird diese Änderung dem DOS mitgeteilt, das nun wieder seine Ausgabeadresse ($9EBD) nach $36 und $37 und die neue Ausgabeadresse nach $AA53 und $AA54 schreibt. (Die Umleitung über den DOS-Kommando-Interpreter gewährleistet, daß die DOS-Befehle im Programm wieder erkannt werden.)

Methode 2
— man schreibt die Änderung der Ausgaberoutine nur in die DOS-Adresse bei $AA53 und $AA54 und verändert den Zeiger in der Nullseite gar nicht.

Will man die Ausgabe wieder normalisieren, hat man auch diese zwei Möglichkeiten:

Bei Methode 1 ruft man entweder mit PRINT CHR$(4) ''PR#0'' eine DOS-Routine auf, die die Zeiger wieder normalisiert (was natürlich voraussetzt, daß das DOS nicht abgehängt worden ist) oder normalisiert mit dem BASIC-Befehl PR#0 im Programm den Zeiger in der Nullseite und hängt dadurch das DOS ab. Anschließend überträgt man die normale Adresse mit CALL 1002 wieder ins DOS (und schaltet dabei den DOS-Kommando-Interpreter wieder ein!).

Bei Methode 2 kann man ebenso verfahren oder die richtigen Werte mit POKE nach $AA53 und $AA54 übertragen. Bei jedem BASIC-Programmende wird automatisch ein CALL 1002 durchgeführt, so daß anschließend das DOS wieder mit Ein- und Ausgabe verbunden ist.

Das Programm TEXTSCHIRMDRUCK

Dieses Programm soll folgende Bedingungen erfüllen:

— Ausdruck des ganzen Textbildschirmes oder von Teilen im 40-Zeichen-Modus
— Cursorposition wieder herstellen, kein Hochrollen des Bildschirmes (Problem der Bildschirmzeile 24)
— Umwandeln von inversen und blinkenden Zeichen (da sie andernfalls nicht auf dem Drucker ausgegeben werden).

Bei der Programmierung in BASIC können wir keine hohe Geschwindigkeit erwarten. Da wir alle Bildschirmzeichen mit dem PEEK-Befehl auslesen und auch noch eine umständliche Umcodierung von inversen und blinkenden Zeichen vornehmen müssen, dauert ein Ausdruck einer ganzen Textseite circa 35 Sekunden. Andererseits ist dieses Programm leicht als Unterprogramm in andere Programme einzubinden. (In Kapitel 7 über die Textdateien werden wir zeigen, wie man damit alternativ den Bildschirm in einer Textdatei ablegen kann.)

Kommentar:

- Falls das Unterprogramm noch nicht aufgerufen wurde, werden die benützten Felder dimensioniert.
- Es wird die Cursorposition gerettet und die ASCII-Werte der Bildschirmzeile 1 im Feld Z1 ( ) abgespeichert.
- Die Zeilen 8110–8300 enthalten den Hauptteil des Programms. Es werden die Adressen der Bildschirmzeilen berechnet und in der inneren Schleife über J die Werte ausgelesen. Dabei werden die angegebenen Werte für TR, UR, LR und RR berücksichtigt. Es folgt eine Umcodierung bei inversen und blinkenden Zeichen. Schließlich wird die Bildschirmzeile BZ in dem Element BA$(BZ) abgelegt.
- Wenn der ganze bzw. der gewünschte Teil des Bildschirms im Feld BA$( ) gespeichert ist, wird der Drucker angesprochen und die entsprechenden Elemente von BA$( ) der Reihe nach jeweils in der ersten Bildschirmzeile und auf dem Drucker ausgegeben.
- Zum Schluß wird die Bildschirmzeile 1 wieder richtig aus dem Feld Z1 ( ) hergestellt und die Variable LAUF mit dem Wert 1 belegt, damit bei einem neuen Aufruf keine neue Dimensionierung erfolgt.

Abschließende Bemerkung:

- Der Aufbau des 40-Zeichen-Bildschirms erfordert die beiden Schleifen über I und K und die Berechnung der Bildschirmzeile BZ.
- Man beachte, daß den DOS-Befehlen immer ein RETURN vorangeht. Man kann nicht direkt die einzelnen Zeilen auslesen und auf dem Drucker ausgeben, da nach dem notwendigen RETURN nach Ausgabe der Zeile 24 der Bildschirm hochrollt (Zeile 1 verschwindet).

Das Programm wird zur Ausgabe des ganzen Bildschirms folgendermaßen aufgerufen:

```
10 TR = 1: REM   OBERER RAND
20 UR = 24: REM   UNTERER RAND
30 LR = 1: REM   LINKER RAND
40 RR = 40: REM   RECHTER RAND
50  GOSUB 8010
60  END
```

Nach dem Programmlauf ist der Bildschirmmodus auf „NORMAL" eingestellt. Der Benutzer muß also selbst dafür sorgen, daß ein anderer Bildschirmmodus („INVERSE" oder „FLASH") wiederhergestellt wird.

Programm 4.6-1 TEXTSCHIRMDRUCK

```
8000   REM       Druckprogramm
8010   IF LAUF = 1 THEN 8040
8020   DIM BA$(24),Z1(39)
8030   :
8040 HC =  PEEK (36)
8050 VC =  PEEK (37)
8060   :
8070   FOR I = 0 TO 39
8080 Z1(I) =  PEEK (1024 + I )
8090   NEXT
8100   :
8110   FOR K = 0 TO 2
8120   FOR I = 0 TO 7
8130 BZ = K * 8 + I + 1
8140   IF BZ < TR OR BZ > UR THEN 8290
8150 BA = 1024 + I * 128 + K * 40 + LR - 1
8160 BB$ = ""
8170   :
8180   FOR J = 0 TO RR - LR
8190 WERT =  PEEK (BA + J)
8200   IF WERT = 255 THEN WERT = 160: GOTO 8250
8210   IF WERT > 127 THEN 8250
8220   IF WERT < 32 THEN WERT = WERT + 192: GOTO 8250
8230   IF WERT > 95 THEN WERT = WERT + 64: GOTO 8250
8240 WERT = WERT + 128
8250 BB$ = BB$ +  CHR$ (WERT)
8260   NEXT
8270   :
8280 BA$(BZ) = BB$
8290   NEXT
8300   NEXT
8310   :
8320   VTAB 1: PRINT
8330   NORMAL
8340   PRINT  CHR$ (4)"PR#1"
8350   :
8360   FOR JJ = TR TO UR
8370   VTAB 1: PRINT BA$(JJ)
8380   NEXT
8390   :
8400   PRINT  CHR$ (4)"PR#0"
8410   :
8420   FOR I = 0 TO 39
8430   POKE 1024 + I,Z1(I)
8440   NEXT
8450   VTAB VC + 1
8460   HTAB HC + 1
8470 LAUF = 1
8480   RETURN
```

Abschließende Bemerkungen zu Druckprogrammen:
Der 40-Zeichen-Bildschirm ist bei allen Apple-Modellen gleich aufgebaut.
Deshalb ist das obige Textschirmdruckprogramm auf allen Modellen lauf-
fähig.
Beim 80-Zeichen-Bildschirm ist die Speicheraufteilung beim II+-Modell völlig
anders als beim IIe- und IIc-Modell.

Natürlich kann man bei einem Druckprogramm für die 80-Zeichen-Karte im Prinzip genauso vorgehen wie bei unserem Programm. Allerdings muß man dazu die Bildschirmadressen ermitteln und zwischen verschiedenen Speicherbereichen hin- und herschalten. Außerdem wird ein solches Programm in BASIC dann wirklich zu langsam (es muß ja die doppelte Menge von Speicherstellen mit dem PEEK-Befehl ausgelesen werden).

Bei Druckprogrammen für die hochauflösende Graphik kommt hinzu, daß erstens nicht alle Drucker graphikfähig sind und sich zweitens im Ausdruck der Graphik sehr unterscheiden. Solche Programme sind nur in Maschinensprache und abgestimmt auf das jeweilige Druckerinterface möglich.

Entsprechende Programme findet man in den Computer-Zeitschriften oder sie sind als Hilfsprogramme der Hardware beigefügt (z. B. beim APPLE-Imagewriter) oder käuflich zu erwerben. Einige Interfacekarten haben solche Programme sogar einprogrammiert, so daß sie auf Tastendruck eine Bildschirmkopie der Graphikseite erstellen.

Für die niedrigauflösende Graphik, die allerdings auch weniger benutzt wird, kann man sich im Prinzip so behelfen, daß man sie mit einem Umwandlungsprogramm auf die hochauflösende Graphikseite kopiert und dann mit einem normalen Graphik-Druckprogramm ausgibt.

4.7 DOS im Speicher

Im Arbeitsspeicher belegt das DOS 3.3 nach dem Laden den Bereich 38400-49151 ($9600-$BFFF), dazu einige Adressen in der Nullseite (0-255 bzw. $0000-$00FF) und den Bereich von 976-1023 ($03D0-$03FF). Falls man also Maschinenprogramme ab Adresse 768 ($0300) ablegt, dürfen sie nicht länger als 208 Bytes ($D0) sein.

Wir wollen nun die Aufteilung des DOS im einzelnen untersuchen.

Man unterscheidet insgesamt 4 verschiedene Teile:

— die DOS-Puffer, normalerweise 3;
— den Kommando-Interpreter und andere DOS-Teilprogramme;
— den File-Manager zum Verwalten der Dateien;
— das RWTS-Programm zum Lesen und Schreiben der Diskette.

Es folgt eine kurze Beschreibung dieser Teile:

4.7.1 Die Puffer

Sie dienen zum Aufnehmen von Daten, die von der Diskette kommen
oder auf die Diskette geschrieben werden sollen, da dies immer nur sektorweise möglich ist, d. h. 256 Bytes auf einmal. Jeder Puffer umfaßt 595
Bytes, die sich wie folgt aufteilen:

Puffer 1:
256 für die Daten   39590-39845 $9AA6-$9BA5
256 für die Track-Sector-Liste   39846-40101 $9BA6-$9CA5
 45 für den File-Manager   40102-40146 $9CA6-$9CD2
 30 für den Dateinamen   40147-40176 $9CD3-$9CF0
  8 für die Startadressen dieser vier Teile   40177-40184 $9CF1-$9CF8

Diese Zahlen gelten für den ersten Puffer, entsprechende Zahlen gelten für
die anderen beiden. (Puffer 2: $9853-$9AA5, Puffer 3: $9600-$9852)

Für jeden Zugriff auf die Diskette wird vorübergehend ein Puffer benutzt,
also auch für CATALOG, VERIFY, LOAD und SAVE, so daß man bei der
Arbeit ohne Textdateien mit einem Puffer auskommt. Für jede geöffnete
Textdatei benötigt man einen weiteren Puffer.

Bei der Arbeit ohne Textdateien kann man MAXFILES 1 setzen und gewinnt
so 1190 Bytes Speicher (HIMEM liegt dann bei 39590 oder $9AA6). Für
jede geöffnete Datei benötigt man einen weiteren Puffer, z. B. bei 4 geöffneten Dateien MAXFILES 5 (bei 4 könnte man keinen anderen Diskettenzugriff mehr ausführen).

Die drei Puffer reichen also von 38000 bis 40184. Da das eigentliche DOS
erst bei 40192 beginnt, verbleiben 7 freie Speicherplätze, die man zum Ablegen von Daten benutzen kann, weil sie dort weder vom BASIC und normalerweise auch nicht von Maschinenprogrammen überschrieben werden.

Intern verfügt DOS noch über zwei weitere Puffer (im Bereich des File-
Managers):

- die sogenannte VTOC (zum Festhalten der
  Diskettenbelegung) $B3BB-$B4BA
- einen Systempuffer, der immer den zuletzt eingelesenen
  CATALOG-Sektor des Diskettenzugriffs erhält $B4BB-$B5BA

Auch auf diese beiden Pufferbereiche werden wir bei kleinen Hilfsprogrammen zugreifen.

4.7.2 Der Kommando-Interpreter

Dieser Teil schaltet sich nach dem Laden des Betriebssystems zwischen Tastatur- oder BASIC-Programmbefehle und untersucht, ob es sich um einen DOS-Befehl handelt. Dies läuft nach folgendem Schema ab:

Eingabe
  ↓
Kommando-Interpreter
  ↓
DOS-Befehl? → nein → BASIC-Interpreter
  ↓
korrekt? → nein → SYNTAX-ERROR
  ↓
Ausführung

Ob ein DOS- oder BASIC-SYNTAX ERROR vorliegt, erkennt man an der Fehlermeldung:

CATTALOGG   ?SYNTAX ERROR
CATALOG, S, DR   SYNTAX ERROR

Bei DOS-Fehlermeldungen erscheint kein Fragezeichen. Ein DOS SYNTAX ERROR kann nur dann auftreten, wenn das Befehlswort korrekt eingegeben wurde. Sonst wird es von DOS nicht erkannt und an den BASIC-Interpreter weitergegeben (der es dann auch nicht erkennt und eine Fehlermeldung ausgibt).

Auf eine weitere Besonderheit sei hingewiesen: Man kann in einem Programm einem String ein Befehlswort zuweisen (dies ist mit BASIC-Befehlen nicht möglich), z. B.

```
10 A$="CATALOG,S6,D1,V0"
20 PRINT CHR$(4);A$
```

Die DOS-Befehle und Fehlermeldungen

Im Unterschied zum BASIC stehen die DOS-Befehle und Fehlermeldungen im RAM-Speicher, so daß man Sie jederzeit ändern und, wenn man möchte, beim Formatieren neuer Disketten, die Änderungen fest im DOS verankern kann. Die Befehlswörter stehen im Bereich von 43140-43272 ($A884-$A908) und die Fehlermeldungen im Bereich von 43377-43582 ($A981-$AA3E). Mit dem Programm 4.7-1 kann man sich die Befehlswörter und Fehlermeldungen des DOS ausgeben lassen.

Programm 4.7-1 DOS-WOERTER

```
100   PRINT "--------- DOS-Befehle ----------------"
110   I - 43140
120   PRINT "Adresse: ";I;"    ";
130   X -   PEEK (I)
140   IF X - 0 THEN  PRINT "(BYTE $00)": GOTO 190
150   PRINT   CHR$ (X);
160   I - I + 1
170   IF X < 127 THEN 130
180   PRINT : GOTO 120
190   PRINT : PRINT "--------- DOS-Fehlermeldungen --------"
200   I - 43380
210   PRINT "Adresse: ";I;"    ";
220   X -   PEEK (I)
230   IF X - 0 THEN  PRINT "(BYTE $00)": GOTO 280
240   PRINT   CHR$ (X);
250   I - I + 1
260   IF X < 127 THEN 220
270   PRINT : GOTO 210
```

Normalerweise sollte man diese Definitionen nicht ändern, weil man dadurch
inkompatible DOS-Versionen schafft. Hat ein Benutzer z. B. CATALOG in
CAT abgekürzt, so erhält ein nichtinformierter Benutzer nach Eingabe von
CATALOG immer die Fehlermeldung (vom BASIC) „?SYNTAX ERROR",
weil DOS den unbekannten Befehl ans BASIC weitergibt, das ihn auch nicht
kennt. Nicht ganz so folgenschwer sind Änderungen der Fehlermeldungen.
Zum Ändern sowohl der DOS-Befehlswörter als auch der Fehlermeldungen
gibt es ein komfortables Programm der BEAGLE BROTHERS: „DOS
BOSS".

Bei jeder Änderung sollte man aber genau überlegen, wer mit dieser geänderten DOS-Version arbeiten muß und wie man die Änderung dokumentieren
kann. Mit dem Programm 4.7-1 kann man sich zusätzlich Kenntnis über die
aktuellen Befehlswörter und Fehlermeldungen verschaffen, so daß man
mögliche Änderungen entdecken kann.

Wer die Befehle oder Fehlermeldungen ändern möchte, muß beachten, daß
die anschließenden Befehle oder Meldungen bei einem kürzeren Befehl nach-
gezogen werden müssen. Bei einem längeren Befehlswort muß der folgende
Teil der Tabelle erst verschoben werden, um Platz zu schaffen.

Beispiel: Änderung des Befehls CATALOG in CAT

Programm 4.7-2 NEUES-DOS-WORT

```
100   POKE 43218,67: REM  C
110   POKE 43219,65: REM  A
120   POKE 43220,212: REM  T mit BIT 7-1
130   I - 43221:IN - I + 4: REM  naechstes Befehlswort
140   X -   PEEK (IN)
150   POKE I,X
160   IF X - 0 THEN 190: REM  Byte $00 - Ende
170   I - I + 1:IN - IN + 1
180   GOTO 140
```

Beispiel: Änderung der Fehlermeldung SYNTAX ERROR in DOS 3.3
ERROR

```
1.  Beginn : 43497
2.  POKE 43497,68  :  REM  D
    POKE 43498,79  :  REM  O
    POKE 43499,83  :  REM  S
    POKE 43500,51  :  REM  3
    POKE 43501,46  :  REM  .
    POKE 43502,51  :  REM  3
```

Bemerkung: Die restlichen Bytes der Fehlermeldung lassen wir gleich. Da die
Länge der Meldung nicht verändert wird, muß der Rest der Tabelle nicht
verschoben werden.

Eine Tabelle mit den DOS-Befehlswörtern und DOS-Fehlermeldungen befindet sich im Anhang.

Auf eine weitere Tatsache bei den DOS-Befehlen (und ebenso bei den BASIC-
Befehlen) sei hingewiesen:

Leerzeichen vor, innerhalb und nach den DOS-Befehlen werden ignoriert.
Also z. B.

CATALOG

wird korrekt ausgeführt, ebenso wie

```
10 N$="CA T A LO G"
20 PRINT CHR$(4)N$
```

Dies hat seinen Grund darin, daß der DOS-Befehlsinterpreter diese Leerzeichen nicht berücksichtigt.

Dies gilt nur für die Befehlsnamen! Bei den Dateinamen sind die Leerzeichen
innerhalb des Namens von Bedeutung.

Exkurs: BASIC-Befehle und Fehlermeldungen

Wer will, kann mit dem Programm 4.7-2 auch die Befehlswörter des Applesoft-BASIC auslesen. Da diese aber im ROM-Speicher stehen, kann man sie
dort nicht ändern. Immerhin ist es aber möglich, den ganzen ROM-Bereich
in die 16-K-RAM-Erweiterung zu kopieren und dort dann die Wörter zu
ändern. Aber auch hier gilt wieder die Regel, daß man inkompatible DOS-
bzw. BASIC-Versionen nach Umständen möglichst meiden sollte.

Hier ein Programm zum Auslesen der Applesoft-Befehlswörter und Fehler-
meldungstexte:

Programm 4.7-3 BASIC-WOERTER

```
100    PRINT "-----BASIC-Befehle----------"
110    PRINT "Adresse: ";53456;"     ";
120    FOR I - 53456 TO 54108
130    X -   PEEK (I)
140    PRINT   CHR$ (X);
150    IF I - 53854 THEN   PRINT : PRINT "-----BASIC-Fehlermeldungen--"
160    IF X > 127 THEN   PRINT : PRINT "Adresse: ";I + 1;"     ";
170    NEXT
```

4.7.3 Der File-Manager

Dieser Teil des DOS ist für die ganze Verwaltung der Dateien im Speicher
und auf der Diskette zuständig. Beim Abspeichern einer neuen Datei werden
die entsprechenden Sektoren im VTOC als belegt eingetragen. Normalerweise
sollte man diese Arbeit auch dem DOS überlassen. Nur in Ausnahmefällen
kann es sinnvoll sein, diese Arbeit selbst zu erledigen (mit eigenen Programmen).

4.7.4 Die READ-WRITE-TRACK-SECTOR-Routine (RWTS)

Wenn der File-Manager seine Verwaltungsarbeit erledigt hat, ruft er die
RWTS-Routine auf, die dann das Schreiben und Lesen der Daten übernimmt.
Dazu werden die Daten in einem internen Pufferbereich abgelegt, die nötigen
Parameter im sogenannten INPUT-OUTPUT-BLOCK (IOB) gesetzt und dann
die RWTS-Routine aufgerufen. Dies kann auch vom Benutzer selbst unter
Umgehung des DOS gemacht werden. Wir werden dazu im Kapitel 8 eigene
Anwendungen, z. B. einen Sektoreditor, entwickeln.

4.7.5 Interne Verarbeitung eines DOS-Befehls

Wir wollen in diesem Abschnitt einmal den internen Ablauf bei der Ausführung eines einfachen Befehls nachvollziehen, dies jedoch nur in recht groben
Zügen.

Wir geben beispielsweise den Befehl zum Laden eines BASIC-Programms ein:
LOAD TEST,D1
In welchen Schritten wird der Befehl ausgeführt?

1. Der Kommando-Interpreter prüft die Eingabe anhand seiner DOS-Befehlstabelle (Abschnitt 4.7.2) darauf, ob ein DOS-Befehl vorliegt. Dies ist der
   Fall. Also wird auch noch die korrekte Syntax untersucht, z.B. ob die
   Parameter im erlaubten Bereich sind (in diesem Fall der Parameter für D).

2. Es werden die entsprechenden Parameter aus der Voreinstellung bzw.
   der Neueinstellung an den File-Manager übergeben. Dieser Teil des DOS
   übernimmt nun die weitere Steuerung und Verwaltung der Datei, da beim
   Abspeichern auch die belegten Sektoren im VTOC nachgetragen werden
   müssen. Wenn diese Arbeit erledigt ist, ruft der File-Manager zu den
   einzelnen Disketten-Operationen die RWTS-Routine auf.

3. Die RWTS-Routine spricht zum Laden des BASIC-Programms nacheinander (vom File-Manager gesteuert) folgende Sektoren der Diskette an:
   a) Die VTOC wird geladen und daraus die Positionen des ersten CATA
      LOG-Sektors bestimmt. Auch wird auf korrekte VOLUME-Nummer
      geprüft. In unserem Fall: Keine VOLUME-Nummer, also ignorieren.
   b) Der erste CATALOG-Sektor wird eingelesen und nach dem Dateinamen
      'TEST' abgesucht. Wenn er dort nicht gefunden wird, so wird der nächste CATALOG-Sektor eingelesen und durchsucht. Dies geschieht so
      lange, bis die Datei gefunden wird. Falls dies nicht möglich ist, erhält
      man später die Fehlermeldung FILE NOT FOUND.
   c) Ist der richtige Dateiname gefunden worden, wird überprüft, ob es sich
      auch um den richtigen Dateityp handelt (in unserem Fall um ein BASIC-
      Programm).
   d) Anschließend wird der Sektor und die Spur der zur Datei gehörenden
      Track-Sector-Liste bestimmt und diese dann geladen.
   e) In der TSL finden sich nun die Lage der Sektoren, in denen die BASIC-
      Datei abgespeichert ist.
   f) Es werden nun der Reihe nach die einzelnen Datensektoren geladen und
      vom File-Manager in den entsprechenden Bereich des Arbeitsspeichers
      geschoben. Im ersten Datensektor befindet sich auch die Angabe der
      Länge der BASIC-Datei, so daß der File-Manager feststellen kann, wann
      das Ende erreicht ist.

4. Wenn diese ganze Arbeit im Zusammenspiel von File-Manager und RWTS-
   Routine erledigt ist, wird wieder der Kommando-Interpreter aufgerufen,
   der das gültige Prompt (in unserem Fall Ü vom BASIC) ausgibt und auf
   eine neue Eingabe wartet.

Hier noch einmal der Vorgang im Schema:

Ü Benutzereingabe   Ü (warten auf neue Eingabe)
   ↓   ↑
Kommando-Interpreter — — — — — —┘
   ↓ ↑
FILE-MANAGER — — — — — — → BASIC-Programm im Speicher
   ↓ ↑
RWTS-Routine
   ↓ ↑
Diskette

Verarbeitung eines DOS-Befehls mit den Stufen der Diskettenoperationen an
einem Beispiel:

Arbeitsstufen	Spur	Sektor
VTOC Laden, Lage des 1. Sektors des CATALOGs bestimmen	17 ($11)	0 ($00)
1. Sektor des CATALOGs	17 ($11)	15 ($0F)
2. Sektor des CATALOGs; hier soll sich für dieses Beispiel der gesuchte Programmname befinden	17 ($11)	14 ($0E)
TSL (hier nur eine)	18 ($12)	15 ($0F)
1. Datensektor	4 ($04)	1 ($01)
2. Datensektor	5 ($05)	7 ($07)

4.7.6 Wichtige Adressen im DOS

Wir wollen die Übersicht über das DOS im Speicher mit zwei Tabellen
schließen. In der ersten werden Adressen angegeben, die für das Arbeiten
mit DOS 3.3 interessant sind. In der zweiten Tabelle sind die Speicherbereiche den entsprechenden Sektoren der Systemspuren zugeordnet, d. h. man
kann damit das DOS auf Diskette mit Hilfe eines Sektoreditors (oder mit
einem kleinen Maschinenprogramm) direkt ändern.

Dadurch kann man Änderungen des DOS festschreiben, nicht nur beim Formatieren neuer Disketten, sondern auch auf bereits angelegten Disketten.

Tabelle 4.7-1 Wichtige Adressen des DOS 3.3

Sedezimal	Dezimal	Beschreibung
$3D0	976	"Warmstart" (BASIC-Programm im Speicher bleibt erhalten)
$3D3	979	"Kaltstart", entspricht dem Befehl 'FP'(BASIC-Programm wird gelöscht)
$3D9	985	Aufruf der RWTS-Routine
$3EA	1002	verbindet DOS wieder mit dem aktuellen Ein- oder Ausgabegerät
$9600	38400	Beginn des DOS-Puffers Nr. 3
$9853	38995	Beginn des DOS-Puffers Nr. 2
$9AA6	39590	Beginn des DOS-Puffers Nr. 1
$9D00	40192	eigentlicher Beginn des DOS
$9D1E-$9D83	40222-40323	Adressen der internen DOS-Routinen
$9D84	40324	DOS-"Kaltstart"
$9DBF	40383	DOS-"Warmstart"
$A56E	42350	Beginn der CATALOG-Routine
$A884-$A908	43140-43272	Tabelle der DOS-Befehlswörter
$A971-$AA3E	43377-43582	Tabelle der DOS-Fehlermeldungen
$AA57	43607	Anzahl der DOS-Puffer
$AA60-$AA61	43616-43617	Länge des BASIC- oder Binär-programms
$AA66-$AA67	43622-43623	VOLUME-Nummer
$AA68-$AA69	43624-43625	Laufwerksnummer
$AA6A-$AA6B	43626-43627	Steckplatznummer
$AA6C-$AA6D	43628-43629	L-Parameter bei Textdateien
$AA6E-$AA6F	43630-43631	R-Parameter bei Textdateien
$AA70-$AA71	43632-43633	B-Parameter bei Textdateien
$AA72-$AA73	43634-43635	Startadresse des Binärprogramms
$AA74	43636	Parameter C, I oder O bei 'MON' und 'NOMON'
$AA75-$AA92	43637-43666	enthält den letzten Dateinamen
$AA93-$AAB0	43667-43696	Puffer für den zweiten Namen bei 'RENAME'!
$AE42	44791	Beginn der Routine, die das Byte in $44 als dreistellige ASCII-Zahl aus-gibt
$AFF7	45047	Beginn von: Lies VTOC
$AFFB	45051	Beginn von: Schreibe VTOC
$B3AF-$B3BA	45999-46010	hier steht "DISK VOLUME" (rückwärts)
$B3BB-$B4BA	46011-46266	VTOC-Puffer
$B4BB-$B5BA	46267-46522	Systempuffer für letzten CATALOG-Sektor
$B600-$B65C	46592-46684	Abbild des Sektors 0 der Spur 0 für 'INIT'
$B7E8	47080	Beginn der IOB-Tabelle
$B7FB	47099	Beginn der DCT-Tabelle

Tabelle 4.7-2 Zuordnung DOS-Spuren/Sektor zu Speicherbereichen

```
Zuordnung  der Sektoren der DOS-Spuren und der entsprechenden
Speicherbereiche

Spur    Sektor

0         0      - $B600-$B6FF
0         1      - $B700-$B7FF
0         2      - $B800-$B8FF
          ...      usw.
          ...
0         9      - $BF00-$BFFF
0        10      - Maschinenprogramm zum Verschieben des DOS bei
0        11        DOS-Master-Diskette oder nicht benutzt
0        12      - $9D00-$9DFF
0        13      - $9E00-$9EFF
0        14      - $9F00-$9FFF
0        15      - $A000-$A0FF
1         0      - $A100-$A1FF
                 ... usw.
1        15      - $B000-$B0FF
2         0      - $B100-$B1FF
2         1      - $B200-$B2FF
2         2      - $B300-$B3FF
Der Rest  der Spur 2 wird nicht vom DOS benutzt. Im Bereich
von $B400 bis $B5FF werden  vom  DOS interne Puffer für den
File-Manager angelegt.
```

4.7.7 Eingabe von DOS-Befehlen aus dem Monitor

Für viele Benutzer ist es normal, die DOS-Direktbefehle nur vom BASIC aus einzugeben. Aber da das DOS, wenn es im Speicher vorhanden ist, jede Eingabe auf DOS-Befehle untersucht, ist die Befehlseingabe auch vom Monitor aus möglich.

Bei CATALOG werden nach der normalen Ausgabe des Inhaltsverzeichnisses im Monitor dabei allerdings noch die fünf Bytes von $B7FB-$B7FF ausgegeben.

Ebenfalls kann man alle anderen Direktbefehle des DOS vom Monitor aus eingeben. Handelt es sich dabei aber um Befehle für BASIC-Dateien (LOAD, RUN, SAVE oder auch FP), so werden diese ausgeführt. Danach befindet man sich jedoch nicht mehr im Monitor, sondern im BASIC.

Auch beim Auftreten eines Fehlers wie z. B. FILE NOT FOUND oder I/0-ERROR erfolgt ein Umschalten in den BASIC-Modus.

Wenn man DOS-Befehle in einem Maschinenprogramm verwenden will, so kann man zwischen zwei verschiedenen Methoden wählen:

a) Eine umständliche, bei der man aber keine internen Adressen des DOS kennen muß und bei der vom Maschinenprogramm aus ein DOS-Befehl gegeben wird.

b) Die kürzere Methode, bei der man die Werte der Parameter im DOS selbst setzt und das zuständige DOS-Maschinenprogramm mit einem JSR-Befehl aufruft.

Beispiel zu a):

Das Maschinenprogramm 4.7-4 gibt die Bytes ab $ 310 als Text aus. Das Textende wird durch das Byte $00 gekennzeichnet.

Programm 4.7-4 DOS-Befehle in Maschinenspracheprogrammen: MASCHDOS-1

```
*300L

0300-   A0 00          LDY     #$00
0302-   B9 10 03        LDA     $0310,Y
0305-   F0 06           BEQ     $030D
0307-   20 ED FD        JSR     $FDED
030A-   C8              INY
030B-   D0 F5           BNE     $0302
030D-   4C D0 03        JMP     $03D0
0310-   8D 84 C3 C1 D4 C1 CC CF
0318-   C7 AC D3 B6 AC C4 B1 8D
0320-   00
```

Wenn man nun dieses Programm startet vom BASIC mit CALL 768 oder vom Monitor aus mit 300G, dann wird der Text wegen des CTRL-D (= $84) nicht auf den Bildschirm ausgegeben, sondern vom DOS ausgeführt (also CATALOG,S6,D1).

Beispiel zu b):

Die Speicherstellen $AA6A für den Steckplatz und $AA68 für das Laufwerk werden mit den gewünschten Werten belegt und dann der Beginn der CATA-LOG-Routine des DOS angesprungen (= JSR $A56E).

Programm 4.7-5 MASCHDOS-2

```
0300-   A9 06           LDA     #$06
0302-   8D 6A AA        STA     $AA6A
0305-   A9 01           LDA     #$01
0307-   8D 68 AA        STA     $AA68
030A-   20 6E A5        JSR     $A56E
030D-   4C D0 03        JMP     $03D0
```

Wenn man dieses Programm mit CALL 768 (oder 300G im Monitor) startet, wird ein „CATALOG,S6,D1" durchgeführt.

5 Das Formatieren von Disketten

Nachdem wir jetzt die Grundbefehle des DOS-Betriebssystems kennengelernt haben, wollen wir uns in diesem Kapitel mit dem Formatieren von Disketten beschäftigen. Wie in Abschnitt 2.3 über Diskettenlaufwerke schon erklärt, verwendet das Apple DOS eine sogenannte Softsektorierung zur Einteilung der Spuren in Sektoren.

Wir wollen uns in diesem Buch allerdings nicht mit der Umcodierung der Daten auf Diskette beschäftigen, bei der DOS die Daten von 8-Bit-Länge auf 6-Bit-Länge umcodiert.

Das Ziel dieses Kapitels soll vielmehr sein:

— Erstellen von neuen Disketten,
— Beispiele für HELLO-Programme,
— Erstellen von DOS-losen Disketten,
— Erstellen von Disketten mit 36 oder 40 Spuren,
— ein Programm zum Ändern des HELLO-Programms auf Diskette.

Während viele Betriebssysteme (z. B. CP/M) das Formatieren von Disketten speziellen Hilfsprogrammen überlassen, verfügt DOS über einen eigenen Befehl dazu: INIT. Deshalb spricht man bei DOS auch vom „Initialisieren" von Disketten. Noch eine weitere Besonderheit weist das DOS gegenüber anderen Betriebssystemen auf. Beim Formatieren von Disketten wird gleichzeitig das Betriebssystem übertragen, so daß immer „bootfähige" Disketten entstehen. Das DOS startet beim Booten das sogenannte HELLO- oder Start-Programm der jeweiligen Diskette, so daß man über ein echtes Turnkey-System verfügt. Die Kehrseite dieser Möglichkeiten: Es ist im DOS nicht möglich, eine Diskette ohne DOS zu formatieren. Hierdurch wird eine Menge Speicherplatz verschenkt. Gerade Besitzer von zwei Diskettenlaufwerken möchten oft im zweiten Laufwerk mit einer DOS-losen Datendiskette arbeiten.

Ein zweiter Mangel: Der Benutzer kann bei einer Diskette nicht feststellen, welches Programm nach dem Booten ausgeführt wird. Schließlich und endlich verschenkt das DOS bei den neuen Laufwerken (z. B. Slimlinelaufwerke) die Möglichkeit, fünf zusätzliche Spuren zu benutzen, was den Speicherplatz auf der Diskette immerhin um über 14 % vergrößern würde.

5.1 Der INIT-Befehl

Die Syntax des Befehls lautet:

    INIT   name ,Ss ,Dd ,Vv

Die VOLUME-Nummer ist hier erlaubt im Bereich 0—254, da sonst ein RANGE ERROR ausgegeben wird.

Beispiel:

Wir nehmen eine neue Diskette (oder eine alte Diskette, die wir wirklich löschen wollen!) und legen sie in Laufwerk 1, Slot 6. Dann schreiben wir ein kleines BASIC-Programm z. B.

```
]NEW

]10 HOME

]20 END
```

Und geben nun ein:

```
]INIT HELLO
```

Das Diskettenlaufwerk rattert nun eine Weile, denn eine ganze Diskette wird nun neu in Sektoren eingeteilt und mit dem Byte $00 beschrieben. Anschließend meldet sich wieder das normale Prompt, wenn alles ohne Fehlermeldung funktioniert hat.

Wir sehen uns nun das Inhaltsverzeichnis der Diskette an:

```
]CATALOG

DISK VOLUME 254

 A 002 HELLO
```

Das kleine Programm ist beim Initialisieren unter dem Namen HELLO abgespeichert worden.

Daraus ergeben sich nun einige Fragen:

1. Muß das Programm "HELLO" heißen?
2. Kann ich das Programm anschließend ändern?
3. Was passiert, wenn ich das HELLO-Programm umbenenne oder lösche?
4. Muß es sich um ein BASIC-Programm handeln?

Zu 1: Muß das Start-Programm "HELLO" heißen?
Der Name des Programms, das beim Befehl INIT verwendet wird, ist völlig dem Benutzer überlassen; er kann das Programm benennen, wie er will.

Allerdings hat es sich eingebürgert, diese Programme mit dem Namen "HELLO" zu versehen, damit im Disketten-Inhaltsverzeichnis direkt sichtbar ist, welches Programm nach dem Laden des Betriebssystems ausgeführt wird. Andere gebräuchliche Namen sind auch "HALLO" oder "START". Wir werden am Ende des Kapitels eine kleine Routine zum Auffinden und Ändern des Namens des Boot-Programms entwickeln.

Zu 2: Änderungen des HELLO-Programms
Wie jedes andere BASIC-Programm kann man das HELLO-Programm auch wieder in den Speicher laden, ändern und wieder neu abspeichern.

Zu 3: Umbenennen oder Löschen des HELLO-Programms
Wenn man das HELLO-Programm umbenennt oder löscht, so erhält man in beiden Fällen beim "Booten" der Diskette die Fehlermeldung "FILE NOT FOUND". Ansonsten kann man ganz normal mit dieser Diskette arbeiten, es handelt sich also nur um einen „Schönheitsfehler".

Dieser Fehler passiert auch oft, wenn man nur das DOS von einer Diskette auf die andere kopiert (Kap. 8), und dabei auch den Namen des HELLO-Programms überträgt.

Beispiel:

Diskette 1 mit HELLO-Programm HELLO
Diskette 2 mit HELLO-Programm START
DOS-Kopie von Diskette 1 auf Diskette 2

Wenn es auf Diskette 2 eine Datei mit Namen "HELLO" gibt, wird diese nun beim Booten ausgeführt, ansonsten erscheint "FILE NOT FOUND"-Fehlermeldung.

Zu 4: Die DISK VOLUME-Nummer
Wenn beim Initialisieren keine VOLUME-Nummer angegeben wird, so wird von DOS die Nummer 254 vergeben, die dann jedesmal beim CATALOG erscheint.

Beispiel:

```
INIT HELLO,V1      ⟶   DISK VOLUME 001
INIT HELLO         ⟶   DISK VOLUME 254
INIT HELLO,V256    ⟶   RANGE ERROR
```

Die VOLUME-Nummer hat normalerweise keine Bedeutung.

Zu 5: Muß das HELLO-Programm ein BASIC-Programm sein?
Normalerweise ja. Für die meisten Anwendungsfälle ist dies auch völlig ausreichend. Wer allerdings aus Gründen des Programmschutzes z. B. ein Maschinenprogramm als Start-Programm benutzen will, erreicht dies nur auf Umwegen.

1. POKE 40514,52   :REM normal für BASIC-HELLO steht dort "6"
                         — ohne diesen POKE erhält man "FILETYP MIS-
                         MATCH"
2. INIT HELLO   :REM irgendein BASIC-Programm
3. DELETE HELLO
4. Jetzt das Maschinenprogramm schreiben z. B.
   CALL −151
   300:20 58 FC 4C D0 03
   300L
   300−20 58 FC   JSR $FC58   :HOME
   303−4C D0 03   JMP $03D0   :DOS-Warmstart
   dann abspeichern:
   BSAVE HELLO,A$300,L6

Bei einem EXEC-Programm (Abschn. 7.6) verfährt man wie folgt:

1. POKE 40514,20
2. + 3. wie oben
4. Erstellen Sie eine EXEC-Datei und schreiben Sie sie unter dem Namen
   HELLO auf diese Diskette.

Achtung:

Dieses DOS ist dann nicht „normal", d. h. wenn damit eine Diskette formatiert wird, erwartet das DOS beim Booten ein Maschinenprogramm bzw. eine
EXEC-Datei!

5.2 Beispiele für HELLO-Programme

In diesem Abschnitt wollen wir einige Beispiele für nützliche und sinnvolle
HELLO- oder Start-Programme geben.

a) HELLO-Programme vom einfachen Typ
Darunter verstehen wir Programme, die nur eine Information ausdrucken
z. B.

10 PRINT "DIESE DISKETTE WURDE INITIALISIERT AM 1.1.1985"

oder

nur den CATALOG der Diskette ausdrucken:

10 PRINT CHR$(4) "CATALOG"

oder

auf die 80-Zeichen-Karte umstellen:

10 PRINT CHR$(4) "PR#3"

Solche HELLO-Programme sind normalerweise nicht für einen fremden Benutzer gedacht, sondern eher für den „Programmierer" oder den Besitzer dieser Disketten.

Man kann nun auch hingehen und durch dieses HELLO-Programm oft benutzte Hilfsprogramme laden lassen. Das könnte ein komfortabler Editor, eine DOS- oder eine BASIC-Erweiterung sein, je nachdem welche Arbeiten der Benutzer mit dieser Diskette ausführen will.

b) HELLO-Programme für fremde Anwender

Eine andere Kategorie von HELLO-Programmen ist nötig, wenn man Disketten erstellt, die für ungeübte Benutzer gedacht sind. In diesem Fall ist es normalerweise nicht sinnvoll, den ganzen CATALOG der Diskette auszugeben und den Benutzer dann mit dem Prompt allein zu lassen. Vielmehr sollte es der Programmierer dem Benutzer ermöglichen, z. B. aus einem Programm-Menü das Gewünschte auszuwählen. Das Laden und Ausführen der Programme sollte dann von einem Programm übernommen werden. Bei den Eingaben des Benutzers sollte man darauf achten, möglichst alle Fehlermöglichkeiten abzufangen. Es sollte davon ausgegangen werden, daß ein unerfahrener Anwender immer alle Fehler macht, die möglich sind.

Das bedienerfreundliche HELLO-Programm ist für einen ungeübten Anwender gedacht, der nur weiß wie er den Computer anschaltet. Es könnte folgende Gestalt haben:

— Es wird ein auszugsweiser CATALOG ausgegeben, indem man z. B. alle Programme für den Benutzer mit einem Schreibschutz versieht und dann mit den entsprechenden POKE-Befehlen (Abschn. 4.2) nur diese ausgibt.
— Der Benutzer wird danach gebeten, den Titel des gewünschten Programms einzugeben und dann wird das Programm automatisch gestartet. Auf folgende Punkte sollte dabei geachtet werden:
 a) Der auszugsweise CATALOG sollte nicht mehr als 18 Programme ausgeben, damit der Benutzer erstens alle Wahlmöglichkeiten vor sich hat und zweitens nicht ohne Anweisungen vor dem unterbrochenen CATALOG sitzt.
 b) Die Eingabe sollte narrensicher sein, also mit GET und nicht mit INPUT vorgenommen werden.
 c) An andere Fehlermöglichkeiten sollte gedacht werden (z. B. der Anwender hat die Diskette schon wieder entnommen oder die Laufwerksklappe geöffnet oder ähnliches) und diese sollten mit der ONERR-Routine abgefangen werden.
 d) Damit nach Eingabe des gewünschten Programms nicht noch der Dateityp überprüft werden muß, sollten alle Start-Programme, deren Titel dem Anwender gezeigt werden, vom gleichen Typ — z. B. BASIC-Programme — sein.

Wir geben ein Beispielsprogramm (Programm 5.2-1) für diese Art von HELLO-Programmen an, das unter Berücksichtigung dieser Punkte universell einsetzbar ist.

Das Programm UNIVERSAL-HELLO

Die Programme für den Benutzer müssen aussagekräftige Namen haben, BASIC-Programme sein und vorher mit Schreibschutz versehen werden (LOCK-Befehl):

Programm 5.2-1 UNIVERSAL-HELLO

```
1000   REM   Vorbereitung
1010   :
1020   ONERR   GOTO 1540
1030   TEXT
1040   HOME
1050   HTAB 10
1060   PRINT "Benutzerstartprogramm"
1070   PRINT
1080   :
1090   REM   Nur CATALOG der gelockten Dateien
1100   REM   und keine Anzeige des DISK VOLUMEs
1110   :
1120 A1 -   PEEK (44513)
1130   POKE 44513,67
1140 A2 -   PEEK (44456):A3 -   PEEK (44457):A4 -   PEEK (44458)
1150   POKE 44456,76: POKE 44457,198: POKE 44458,173
1160   PRINT  CHR$ (4)"CATALOG "
1170   :
1180   REM   Loeschen bis auf die Namen
1190   :
1200   POKE 33,7
1210   HOME
1220   POKE 33,40
1230   :.
1240   REM   Wiederherstellen des normalen DOS
1250   :
1260   POKE 44513,A1
1270   POKE 44456,A2: POKE 44457,A3: POKE 44458,A4
1280   :
1290   REM   Eingabe des Benutzers
1300   :
1310   VTAB 20
1320   PRINT "Bitte geben Sie den Namen des Programms"
1330   PRINT "in Grossbuchstaben ein (am Ende RETURN)"
1340   PRINT "Eingabe:";
1350 N$ - ""
1360   :
1370   REM   Eingabeschleife
1380   :
1390   GET Z$
1400   IF Z$ -  CHR$ (13) AND  LEN (N$) > 0 THEN 1490
1410   IF  ASC (Z$) < 32 THEN 1390
1420   PRINT Z$;
1430 N$ - N$ + Z$
1440   GOTO 1390
1450   :
1460   REM   das gewuenschte Programm
1470   REM   wird gestartet
1480   :
1490   PRINT
```

```
1500   PRINT   CHR$ (4)"RUN";N$
1510 :
1520   REM   hier endet das Programm
1530   REM   wenn kein Fehler auftritt
1540 ERR - PEEK (222)
1550   HOME
1560   IF ERR - 6 THEN 1820: REM  FILE NOT FOUND
1570   IF ERR - 8 THEN 1660: REM  I/O ERROR
1580 :
1590   REM   andere Fehler sind nicht vorgesehen !
1600   REM   Neustart des Programms
1610 :
1620   GOTO 1020
1630 :
1640   REM  I/O-Fehlerbehandlung
1650 :
1660   PRINT "Ein Diskettenfehler ist aufgetreten!"
1670   PRINT
1680   PRINT "Ueberpruefen Sie bitte:"
1690   PRINT
1700   PRINT "-Ist das Laufwerk geschlossen ?"
1710   PRINT "-Liegt die Diskette im Laufwerk  ?"
1720   PRINT
1730   PRINT "Eventuell ist die Diskette defekt!"
1740   PRINT
1750   PRINT "Fuer einen neuen Versuch druecken Sie"
1760   PRINT "bitte irgendeine Taste:"
1770   GET X$
1780   GOTO 1020
1790 :
1800   REM  FILE NOT FOUND-Fehlerbehandlung
1810 :
1820   PRINT "Das ausgewaehlte Programm wurde nicht"
1830   PRINT "gefunden!"
1840   PRINT
1850   PRINT "Folgender Fehler kann vorliegen:"
1860   PRINT "-der Name wurde falsch eingegeben
1870   PRINT "-die Diskette wurde gewechselt
1880   PRINT
1890   PRINT "Fuer einen neuen Versuch druecken Sie"
1900   PRINT "bitte irgendeine Taste:"
1910   GET X$
1920   GOTO 1020
```

Bemerkung zum Programm 5.2-1:

— Die POKE-Befehle in Zeile 1200 und 1220 dienen dem Löschen des Datei-
  typs und der Dateigröße (die Bildschirmbreite wird auf 7 Zeichen gesetzt,
  der Schirm gelöscht und dann wieder die normale Breite gesetzt).
— Um Fehleingaben zu vermeiden, werden keine Kontrollzeichen angenommen und der INPUT-Befehl durch eine Schleife mit GET und RETURN
  simuliert.
— Als mögliche Fehler werden nur FILE NOT FOUND und I/0-ERROR
  berücksichtigt.

Das Programm MENU-DATA

Eine andere Methode ist das Festschreiben der Programmauswahl in einem
Menüprogramm. Die Namen der Programme für den Anwender werden als
Menü durch PRINT-Befehle auf dem Bildschirm ausgegeben. Durch Eingabe
einer Zahl kann der Anwender ein Programm wählen. Auch für diese Methode
ist ein Beispiel aufgeführt, wobei die Wahlmöglichkeiten mittels einer DATA-
Schleife eingelesen werden, um möglichst flexibel Änderungen vornehmen
zu können.

Programm 5.2-2 MENU-DATA

```
1000   HOME
1010   FOR I = 1 TO 5
1020   READ DA$(I)
1030   NEXT
1040   PRINT "Programmauswahl:": PRINT
1050   FOR I = 1 TO 5
1060   PRINT I, MID$ (DA$(I),5, LEN (DA$(I)) - 4)
1070   NEXT
1080   PRINT
1090   PRINT "Zahl eingeben:";
1100   GET X$
1110   I =  VAL (X$)
1120   PRINT : PRINT  CHR$ (4);DA$(I)
1130   DATA  RUN BASIC1
1140   DATA  BRUNSPIEL.OBJ
1150   DATA  EXECANFANG.TXT
1160   DATA  RUN BASPROG-NEU
1170   DATA  RUN MEINPROG
```

Wichtig ist hierbei, daß bei BASIC-Programmen ein Leerzeichen zwischen
den Befehl RUN und den Dateinamen gesetzt wird und bei den Befehlen
EXEC und BRUN kein Leerzeichen zwischen dem Befehl und dem Dateinamen steht.

Eine wichtige Bemerkung zum Initialisieren:

Da beim Befehl INIT immer das DOS im Speicher auf die Diskette geschrieben wird, sollte man sich vorher immer vergewissern, ob man auch ein intaktes Original-DOS im Speicher hat. Wir wollen hier im Buch darauf achten,
Änderungen im DOS wieder rückgängig zu machen, um so ein normales DOS
vorliegen zu haben. Alles andere führt nach unseren Erfahrungen oft nur
dazu, daß unbeachtete POKEs und Patches Programme aussteigen lassen oder
Disketten zerstört werden und ähnliches.

Andererseits kann es in bestimmten Fällen sinnvoll sein, eine Änderung des
DOS (z. B. auf 40 Spuren) auf neue Disketten zu übertragen. Auch in diesem
Fall sollte man allerdings vorher genügend Versuche durchführen, ob dies
auch funktioniert. Also: Entweder vor dem Initialisieren die DOS-Master-
Diskette starten, um sicherzugehen, daß das DOS auch intakt ist, und dann

erst eine neue Diskette formatieren, oder bei gewünschten Änderungen des
DOS mit großer Sorgfalt und vielen Tests sicherstellen, daß die Disketten
weiterhin mit diesem DOS auch funktionieren. Außerdem empfiehlt es sich,
die jeweilige DOS-Änderung zu notieren. Eine Möglichkeit: Ein BASIC-
Programm erstellen, daß mit PRINT-Befehlen die vorgenommene Änderung
beschreibt und unter einem sinnvollen Namen abspeichern z. B.

    SAVE DISKETTE.MIT.40.SPUREN,

so daß die Information auch schon im Inhaltsverzeichnis erscheint.

5.3 Das Erstellen von DOS-losen Datendisketten

Bei anderen Betriebssystemen wird wie oben erwähnt normalerweise zwischen
einer System-Diskette und einer systemlosen Diskette unterschieden. Will
man dort eine Diskette formatieren, so wird das Betriebssystem normalerweise nicht mit übertragen. Bei DOS 3.3 wird mit dem Formatieren gleichzeitig auch das Betriebssystem auf die Diskette geschrieben. Dadurch ist
zwar gewährleistet, daß man bootfähige Disketten hat, aber andererseits
wird Speicherplatz auf der Diskette verschenkt. Vor allem bei zwei Diskettenlaufwerken ist es üblich, im ersten Laufwerk eine bootfähige Diskette mit
Betriebssystem und im zweiten Laufwerk eine Datendiskette ohne Betriebssystem zu verwenden, da man ja sowieso nur vom 1. Laufwerk starten kann.
Wie kann man nun im DOS eine DOS-lose Datendiskette herstellen?
Direkt gibt es keine Möglichkeit. Einige Hilfsprogramme bieten jedoch die
Möglichkeit, DOS-lose Disketten zu erstellen (z. B. COPY II PLUS). Es gibt
auch Apple-Benutzer, die gehen mit einer „brutalen" Methode vor: Im VTOC
des Inhaltsverzeichnisses werden einfach die Spuren 1 und 2 als frei eingetragen und können somit zum Abspeichern von Programmen genutzt wer-
den. Diese Methode birgt allerdings einen Nachteil. Wer eine solche Diskette
zum Booten benutzen will, erlebt, daß sich das Diskettenlaufwerk endlos
dreht; eine nicht sehr gute Methode, da der Benutzer nicht weiß, ob die
Diskette defekt ist oder ähnliches.
Wie kann man diesen Mißstand beheben?
Eigentlich recht einfach, indem man ein kleines Maschinenprogramm in den
Sektor 0 der Spur 0 schreibt, das folgende Befehle ausführt:

- Motor des Laufwerkes ausschalten und normale Bildschirmausgabe ein-
  stellen,
- eine Meldung ausgeben (z. B. 'DOS-lose Datendiskette'),
- zum Diskettenwechsel auffordern ('DOS-Diskette einlegen') und nach
  einem Tastendruck wieder neu starten.

Dieses kleine Maschinenprogramm (Programm 5.3-1) wird nun beim Booten ausgeführt, informiert den Benutzer über die Art der Diskette und ermöglicht ein Laden des Betriebssystems mit einer anderen Diskette (z. B. der DOS-Master-Disk).

Das Maschinenprogramm erwartet den Disketten-Controller in Steckplatz 6. Es wird hier mit dem Text der Meldung zur DOS-losen Diskette abgedruckt. Dieser Text findet sich auch in dem BASIC-Programm DOSLOS zur Erstellung einer DOS-losen Diskette in Zeile 1220 bis 1250.

Programm 5.3-1 DOSLOS

```
1000   TEXT
1010   HOME
1020   :
1030   REM   Das Maschinenprogramm wird aus
1040   REM   den DATA-Zeilen eingelesen und
1050   REM   dann in den Bereich geschrieben
1060   REM   wo im DOS der Sektor 0 der Spur 0
1070   REM   steht (ab 46592=$B600)
1080   READ AA: REM   Anfangsadresse
1090   READ EA: REM   Endadresse
1100   FOR I = 1 TO EA - AA + 1
1110   READ DA
1120   POKE AA + I - 1,DA
1130   NEXT
1140   :
1150   REM   Hier wird die Boot-Meldung im
1160   REM   Anschluss an das Maschinenprogramm
1170   REM    in den Speicher geschrieben
1180 Z1$ =  CHR$ (13) + "KEIN DOS!"
1190 Z1$ = Z1$ +  CHR$ (13) + "DOS-Diskette in S6, D1!"
1200 Z1$ = Z1$ +  CHR$ (13) + "Taste druecken!" +  CHR$ (13)
1210   IF  LEN (Z1$) > 60 THEN Z1$ =  LEFT$ (Z1$,60)
1220   FOR I = 1 TO  LEN (Z1$)
1230   POKE 46622 + I, ASC ( MID$ (Z1$,I,1)) + 128
1240   NEXT
1250   POKE 46622 +  LEN (Z1$) + 1,0
1260   :
1270   PRINT "ACHTUNG!NUR NEUE DISKETTE ODER SOLCHE,"
1280   PRINT "DIE GELOESCHT WERDEN SOLLEN, VERWENDEN!"
1290   PRINT
1300   PRINT "Diskette in SLOT 6 , Laufwerk 1 legen"
1310   PRINT "und eine Taste druecken:"
1320   PRINT "(Abbruch des Programms mit ESC)"
1330   GET X$
1340   IF X$ =  CHR$ (27) THEN 1540
1350   PRINT
1360   PRINT  CHR$ (4)"INIT HELLO,S6,D1"
1370   PRINT  CHR$ (4)"DELETE HELLO"
1380   :
1390   CALL 45047: REM   VTOC lesen
1400   :
1410   REM  Spur 1 und 2 im VTOC
1420   REM  als frei eintragen
1430   :
1440   POKE 46071,255
1450   POKE 46072,255
1460   POKE 46075,255
```

```
1470   POKE 46076,255
1480   :
1490   CALL 45051: REM  VTOC schreiben
1500   :
1510   PRINT
1520   INPUT "Nochmal (J/N)?";F$
1530   IF F$ = "J" THEN 1010
1540   PRINT "DOS-Diskette in Slot 6,Drive 1"
1550   PRINT "legen und eine Taste druecken:"
1560   GET X$
1570   PRINT
1580   PRINT  CHR$ (4)"PR#6"
1590   END
1600   REM  Anfangs- und Endadresse:
1610   DATA  46592,46622
1620   REM  Daten des Maschinenprogramms
1630   DATA 1,173,232,192,32,137,254,32
1640   REM  Zwischensumme 1053
1650   DATA 147,254,162,0,189,31,8,240
1660   REM  Zwischensumme 1031
1670   DATA  6,32,237,253,232,224,60,208
1680   REM  Zwischensumme 1252
1690   DATA 243,32,12,253,76,0,198
1700   REM  Zwischensumme 814
1710   REM  gesamtsumme:4150
```

Programm 5.3-2 DOSLOS.OBJ

```
B600-   01                                 Motor ausschalten
B601-   AD E8 CO    LDA    $COE8              Bildschirmausgabe
B604-   20 89 FE    JSR    $FE89                 normalisieren
B607-   20 93 FE    JSR    $FE93             Schleife zum Ausgeben des
B60A-   A2 00       LDX    #$00              Textes ab $861F bis Byte 00
B60C-   BD 1F 08    LDA    $081F,X           oder mehr als 13C = 60
B60F-   F0 06       BEQ    $B617             Zeichen
B611-   20 ED FD    JSR    $FDED
B614-   E8          INX
B615-   E0 3C       CPX    #$3C
B617-   D0 F3       BNE    $B60C             auf Tastendruck warten
B619-   20 0C FD    JSR    $FD0C             booten vom Steckplatz 6
B61C-   4C 00 C6    JMP    $C600


B61F-   8D
B620-   CB C5 C9 CE AO C4 CF D3              KEIN DOS
B628-   A1 8D C4 CF D3 AD C4 E9              !.DOS-Di
B630-   F3 EB E5 F4 F4 E5 AO E9              skette i
B638-   EE AO D3 B6 AC AO C4 B1              n S6, D1
B640-   A1 8D D4 E1 F3 F4 E5 AO              !.Taste
B648-   E4 F2 F5 E5 E3 EB E5 EE              druecken
B650-   A1 8D 00                             !<<>>
```

Das Programm nutzt die Möglichkeit, die Verwendung einer eigenen RWTS-Routine zu umgehen. Dies funktioniert aber nur bei neuen Disketten, die initialisiert werden. Man ändert dazu zeitweise im DOS den Bereich $B600–$B64C, der beim Initialisieren nämlich in den Sektor 0 der Spur 0 geschrieben wird und legt dort die eigene Bootmeldung ab. Anschließend muß man nur noch das HELLO-Programm löschen und die VTOC ändern. Um ein

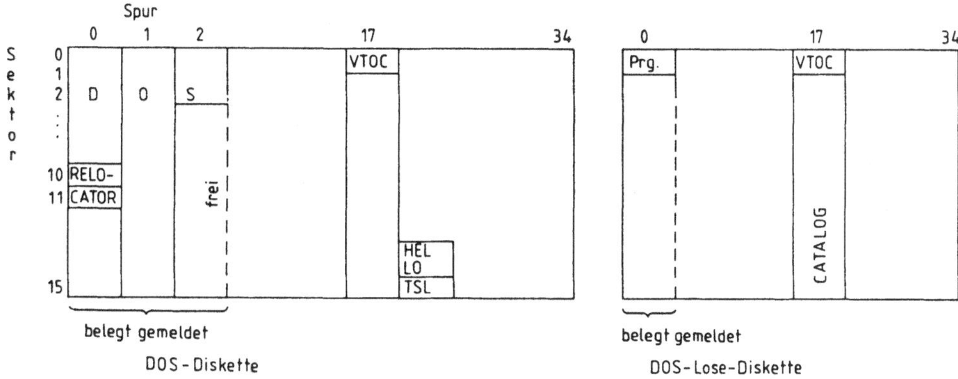

Bild 5.3-1 Diskettenbelegung im Vergleich

intaktes DOS wieder zur Verfügung zu haben, startet man entweder nach dem Erstellen der DOS-losen Datendiskette neu oder schreibt die richtigen Werte wieder in den Speicher.

In Bild 5.3-1 ist die Belegung einer DOS- und einer DOS-losen Diskette zu sehen. Es fällt auf, daß die Sektoren 3 bis 15 der Spur 2 vom DOS nicht benutzt werden, aber in der VTOC-Tafel als belegt markiert werden.

Mit folgendem kleinen BASIC-Programm kann man sie als frei kennzeichnen und gewinnt 3328 Bytes freien Speicherplatz:

Programm 5.3-3 SPUR-2-FREI

```
10   PRINT "IN STECKPLATZ:"; PEEK (43626);" LAUFWERK:"; PEEK (43624)
20   INPUT "DISKETTE EINLEGEN UND RETURN-TASTE:";F$
30   CALL 45047: REM  VTOC lesen
40   POKE 46075,255: REM  Spur 2 Sektor 3 bis
50   POKE 46076,248: REM          15 freigeben
60   CALL 45051: REM  VTOC schreiben
70   END
```

Die Sektoren 10 und 11 der Spur 0 werden bei Disketten, die mit dem INIT-Befehl erstellt wurden, ebenfalls nicht benötigt, dort befindet sich bei einer Master-Diskette das Programm, das das DOS ans Speicherende verschiebt, der RELOCATOR. Da die Spur 0 aber nur vom RWTS-Maschinenprogramm beschrieben werden kann, ist es nicht sinnvoll, sie als frei im VTOC zu kennzeichnen.

Das gleiche gilt für eine DOS-lose Datendiskette, wie sie mit dem Programm 5.3-3 erstellt werden kann. Obwohl nur noch der Sektor 0 der Spur 0 benutzt wird, sollte normalerweise die ganze Spur als belegt im VTOC eingetragen werden.

5.4 Erhöhen der Spurenanzahl

Die normale Anzahl von Spuren ist im DOS 3.3 mit 35 festgelegt. Allerdings sind die Original-Apple-Laufwerke in der Lage, noch eine Spur mehr, also 36 Spuren zu benutzen. (Man sollte dies aber vorher einmal ausprobieren; es gibt Laufwerke bei denen dies nicht funktioniert!)

Da ein normales DOS Dateien, die auf der 36. Spur liegen, nicht benutzen kann, sollte man eine Änderung auf 36 Spuren nur vornehmen, wenn sie wirklich notwendig ist, da der Gewinn von 4 Kbyte nicht sehr groß ist.

Anders verhält es sich mit den Slimlinelaufwerken, die in der Lage sind, 40 oder 41 Spuren zu benutzen. Hier kann es bei Programm- oder Datendisketten sinnvoll sein, den zusätzlichen Speicherplatz zu nutzen. Allerdings sollte man dies dokumentieren (auf der Diskette und auch im Inhaltsverzeichnis) und berücksichtigen, daß diese Diskette auf normalen Apple-Laufwerken nur eingeschränkt benutzt werden kann.

Eine normale DOS-Diskette besitzt 35 Spuren zu 16 Sektoren, d.h. insgesamt 560 Sektoren oder 140 Kbyte. Davon gehen aber noch die 3 Spuren für das DOS und 1 Spur für das Inhaltsverzeichnis ab, so daß für den Benutzer nur 496 Sektoren oder 124 Kbyte übrig bleiben. Wenn wir für ein vollbeschriebenes DIN-A4-Blatt mit 60 Anschlägen und 50 Zeilen rechnen, so entspricht dies in etwa 40 bis 45 DIN-A4-Seiten.

Ein modernes Laufwerk, das 40 Spuren ansteuern kann, erweitert diese Kapazität auf 640 Sektoren oder 160 Kbyte. Wenn wir auch noch eine DOS-lose Datendiskette mit dieser Spuranzahl erstellen, bleiben für den Benutzer immerhin noch 608 Sektoren oder 152 Kbyte.

Wenn man also eine normale Diskette mit 35 Spuren mit DOS und eine 40-spurige Diskette ohne DOS in Bezug auf ihre Speicherkapazität vergleicht, so gewinnt man immerhin 112 Sektoren oder 28 Kbyte oder in Prozent ausgedrückt immerhin fast 23 % mehr Speicherplatz.

Wie werden nun die zusätzlichen Spuren installiert?

Für die Initialisierung neuer Disketten müssen dazu im DOS nur drei Adressen geändert werden:

	35 Spuren	36 Spuren	40 Spuren	41 Spuren
48894 = $BEFE	23	24	28	29
46063 = $B3EF	23	24	28	29
44725 = $AEB5	8C	9C	A0	B0

Anschließend erstellt man ein kleines HELLO-Programm und initialisiert die Diskette mit diesem geänderten DOS.

Hier ein Programm zum Ändern der Spurenzahl:

Programm 5.4-1 SPUR-36-40

```
1000    REM    TEIL 1:Auswahl der gewuenschten Spurenzahl
1010    :
1020    TEXT : HOME
1030    PRINT "Steckplatz:"; PEEK (43626);" Laufwerk:"; PEEK (43624)
1040    PRINT "Diskette mit 35,36 oder 40 Spuren"
1050    PRINT "formatieren.": PRINT
1060    INPUT "Wieviele Spuren (35,36,40) ?";A$: PRINT
1070    IF A$ = "35" THEN 1290
1080    IF A$ = "36" THEN 1190
1090    IF A$ = "40" THEN 1110
1100    GOTO 1020
1110    PRINT : PRINT "ACHTUNG:40 SPUREN NICHT MIT ORIGINAL-"
1120    PRINT "APPLE-LAUFWERKEN MOEGLICH !!!"
1130    INPUT "WEITER J/N ?";F$: PRINT
1140    IF F$ = "N" THEN 1020
1150    POKE 48894,40
1160    POKE 46063,40
1170    POKE 44725,140 + (4 * 5)
1180    GOTO 1290
1190    PRINT "NORMAL SIND 35 SPUREN !"
1200    INPUT "WEITER J/N ?";F$: PRINT
1210    IF F$ = "N" THEN 1020
1220    POKE 48894,36
1230    POKE 46063,36
1240    POKE 44725,140 + (4 * 1)
1250    :
1260    REM       TEIL 2:Initialisieren der Diskette mit der gewuenschten
1270    REM              Spurenzahl und Abspeichern des geaenderten DOS
1280    :
1290    PRINT "BITTE JETZT LEERE DISKETTE "
1300    PRINT "INS ANGEGEBENE LAUFWERK LEGEN UND DIE"
1310    PRINT "RETURN-TASTE DRUECKEN!"
1320    PRINT "(ABBRUCH MIT ESC-TASTE)"
1330    GET F$: PRINT
1340    IF F$ = CHR$ (27) THEN 1400
1350    IF F$ < > CHR$ (13) THEN 1330
1360    PRINT "DISKETTE WIRD INITIALISIERT"
1370    PRINT : PRINT  CHR$ (4)"INIT HELLO"
1380    PRINT : PRINT  CHR$ (4)"DELETE HELLO"
1390    PRINT "FERTIG!"
1400    PRINT : INPUT "Nochmal (J/N)?";F$: PRINT
1410    IF F$ = "J" THEN 1020
1420    :
1430    REM  Anmerkung: Das HELLO-Programm muss ausgetauscht werden,da
1440    REM  sich SPUR-36-40 nicht als HELLO-Programm eignet
1450    :
1460    INPUT "Normales DOS herstellen(J/N)";F$
1470    IF F$ = "N" THEN 1510
1480    POKE 48894,35
1490    POKE 46063,35
1500    POKE 44725,140
1510    PRINT : PRINT "Auf der neuen Diskette muss noch das "
1520    PRINT "BOOT-Programm mit dem Namen 'HELLO'"
1530    PRINT "abgespeichert werden!!!"
1540    END
```

Anmerkung:

Will man alte Disketten um mehr Spuren erweitern, müßte man ein kurzes Maschinenprogramm einsetzen, das nur diese neuen Spuren formatiert. Es sei nochmals darauf hingewiesen, daß nicht alle Programme mit diesem DOS mit 40 Spuren funktionieren (z. B. FID, COPYA, ...).

5.5 Die Bedeutung der VOLUME-Nummer

Im Abschnitt 4.2 wurde schon angedeutet, daß die Vergabe der VOLUME-Nummer normalerweise keine größere Bedeutung hat. Das liegt daran, daß das DOS nicht selbständig die Disketten in den verschiedenen Laufwerken, falls mehrere vorhanden sind, nach der richtigen VOLUME-Nummer absuchen kann. Der zweite Nachteil besteht darin, daß die VOLUME-Nummer nur einmal beim Initialisieren vergeben wird, dabei in den Vorspann jedes Datenfeldes geschrieben wird und hinterher nie mehr geändert werden kann. Alles in allem ist also die VOLUME-Nummer für eine praktische Nutzung nicht flexibel und wird normalerweise nicht benutzt.

Somit kann man sie einmal, wie im CATALOG-Abschnitt gezeigt, in der Auflistung des Inhaltsverzeichnisses überspringen oder auch durch einen eigenen Diskettennamen ersetzen, die das DOS nach einer kleinen Änderung aus der VTOC der jeweiligen Diskette herauslesen und die man dann auch jederzeit ändern bzw. weglassen kann. Ein Schema zur Erstellung eines solchen Programms findet sich am Ende dieses Abschnitts.

Die VOLUME-Nummer wird übrigens beim Diskettenzugriff immer als erstes geprüft.

Beispiel:

Die Datei TESTV existiert gar nicht auf einer Diskette mit der VOLUME-Nummer 254 und wir geben ein:

VERIFY TESTV,V123

Wir erhalten dann als Fehlermeldung nicht FILE NOT FOUND, sondern VOLUME MISMATCH.

Programm für einen eigenen Diskettennamen:

– Ab Adresse $ADAE der CATALOG-Routine wird der Text DISK VOLUME ausgegeben, der im DOS ab $B3AF steht (allerdings rückwärts gelesen). Wenn wir nun einen eigenen Diskettennamen ausgeben wollen, so müssen wir hier nur die Länge und die Anfangsadresse des Textes eintragen.

– Bei jeder Diskettenaktion, also auch dem CATALOG, wird der VTOC-Sektor (Spur 17, Sektor 0) eingelesen. Dort sind die Bytes $07 bis $26 nicht verwendet und bieten sich als Platz für den Diskettennamen an. Wir müssen jetzt nur noch ein kleines BASIC-Programm erstellen, das die VTOC einliest (mit CALL 45047) und dann den gewünschten Namen in die VTOC im Speicher und diesen VTOC-Sektor auf Diskette schreibt. Dazu gibt es im DOS eine Routine, die mit CALL 45051 aufgerufen wird.

Es folgt ein Programm zum Ändern der VOLUME-Nummer im Diskettenteil:

Programm 5.5-1

```
1000    REM   nicht DISK VOLUME ausgeben
1010    REM   sondern einen Text im VTOC
1020    POKE 44463,30
1030    POKE 44465,195
1040    PRINT "Diskettenname erstellen (J/N)?";
1050    GET F$: PRINT : PRINT
1060    IF F$ = "N" THEN 1260
1070    PRINT "In Steckplatz:"; PEEK (43626);" Laufwerk:"; PEEK (43624)
1080    INPUT "Diskette einlegen und RETURN-Taste:";F$: PRINT
1090    CALL 45047: REM   VTOC lesen
1100    INPUT "Name eingeben (max. 29 Zeichen)          ?";T$
1110 L =   LEN (T$)
1120    IF L > 29 THEN T$ =   LEFT$ (T$,29):L = 29
1130    REM   zuerst mit Leerzeichen fuellen
1140    FOR I = 0 TO 30
1150    POKE 46049 - I,160
1160    NEXT
1170    FOR I = 1 TO L
1180 WERT =   ASC ( MID$ (T$,I,1)) + 128
1190    POKE 46049 - I,WERT
1200    NEXT
1210    CALL 45051: REM   VTOC schreiben
1220    PRINT : PRINT "Nochmal (J/N)?";
1230    GET F$: PRINT : PRINT
1240    IF F$ = "N" THEN 1260
1250    GOTO 1070
1260    PRINT "Normalen CATALOG wiederherstellen(J/N)?";
1270    GET F$: PRINT : PRINT
1280    IF F$ = "N" THEN 1300
1290    POKE 44463,11: POKE 44465,175
1300    END
```

Erläuterungen zum Programm:

– Zeile 1030 ändert die Adresse des Textes, den das DOS sonst bei CATALOG ausgibt (nämlich DISK VOLUME). Weil wir längere Diskettennamen benutzen wollen, müssen wir auch noch die Länge ändern; dies geschieht in Zeile 1020.
– In Zeile 1090 wird die VTOC von der Diskette gelesen.
– In Zeile 1100–1120 wird ein maximal 29 Zeichen langer Diskettenname entgegengenommen.

— Zeile 1140–1160 schreibt an die freie Stelle der VTOC erst einmal 29
  Leerzeichen (= CHR$ (160)!).
— In Zeile 1170–1200 wird nun der Diskettenname in die freie Stelle der
  VTOC geschrieben und mit Zeile 1210 auf Diskette festgehalten.
— Am Ende des Programms kann man auch wieder einen normalen CATALOG
  herstellen. Wenn diese Änderung unterbleibt, wird bei jedem CATALOG
  der jeweilige Diskettenname ausgedruckt. Wird die Diskette nicht mit
  diesem Programm behandelt, werden inverse @ auf dem Bildschirm dargestellt.

Das Programm HELLONEU

Zum Abschluß dieses Kapitels stellen wir noch ein Programm zum Auffinden und gegebenenfalls zum Ändern des Namens des HELLO-Programms
einer Diskette vor.

Der Name des HELLO-Programms steht im Sektor 9 der Spur 1, also im
DOS-Bereich der Diskette und wird von einem kurzen Maschinenprogramm
direkt eingelesen. (Die Benutzung der RWTS-Routine wird in Kap. 8 ausführlich erklärt.)

Kommentar zum Programm:

— Zeile 1090–1140: Einlesen des Maschinenprogramms aus den Data-Zeilen.
— Zeile 1260: Das 13. Byte des IOB gibt den Befehl an; dabei bedeutet "1":
  Lesen des ausgesuchten Sektors.
— Zeile 1270–1280: Aufruf der RWTS-Routine über das eigene Maschinen-
  programm. Wenn dabei ein Fehler auftritt, so wird das BASIC-Programm
  beendet und die Fehlerart als Sedezimalzahl ausgegeben (z. B., wenn die
  Laufwerksklappe offen ist, erhält man "40", d. h. ein I/0-ERROR bei dem
  RWTS-Programm). Eleganter, aber auch aufwendiger ist das Abfangen der
  RWTS-Fehler im BASIC-Programm, wie z. B. beim DISKETTEN SEKTOR-
  EDITOR. Nach erfolgreicher Beendigung der RWTS-Routine wird eine 0
  an die Fehlercodestelle des IOB geschrieben (für den nächsten Aufruf).
— Zeile 1310–1330: Aus dem eingelesenen Sektor 9 der Spur 1, der jetzt im
  Speicher ab 38144 ($9500) steht, wird jetzt der Name des HELLO-Pro-
  gramms ermittelt.
— Es kann dann bei Bedarf ein neuer Name eingegeben werden und es wird
  überprüft, ob dieser nicht länger als 30 Zeichen ist.
— Zeile 1420–1530: Dieser neue Name wird nun anstelle des alten Namens
  in den Pufferbereich geschrieben und auf 30 Stellen mit Leerzeichen
  (=CHR$ (160)) aufgefüllt.
— Zum Abschluß wird das Kommando zum Schreiben eines Sektors, d. h.
  "2" in das 13. Byte des IOB geschrieben und mit der RWTS-Routine
  der Pufferbereich (mit dem geänderten Namen) auf die Diskette zurück-
  geschrieben.

Programm 5.5-2 HELLONEU

```
1000   HIMEM: 37888
1010   TEXT : HOME
1020   PRINT "Suchen und aendern des Namens des"
1030   PRINT "HELLO-Programms."
1040   PRINT
1050 :
1060   REM   Maschinenprogramm um Sektor 9
1070   REM      der Spur 1 einzulesen
1080 :
1090   READ AA: REM  Anfangsadresse
1100   READ EA: REM  Endadresse
1110   FOR I = AA TO EA
1120   READ DA
1130   POKE I,DA
1140   NEXT
1150 :
1160 RWTS = 37888
1170 IOB = RWTS + 23
1180 PUFFER = RWTS + 256
1190 NAME = PUFFER + 117
1200 :
1210   PRINT
1220   PRINT "Bitte Diskette in Slot 6, Drive 1"
1230   PRINT "legen und eine Taste druecken:"
1240   GET X$
1250   PRINT
1260   POKE IOB + 12,1
1270   CALL RWTS
1280   POKE IOB + 13,0
1290 :
1300   PRINT "NAME DES BOOT-PROGRAMMS:"
1310   FOR I = NAME TO NAME + 29
1320   PRINT  CHR$ (( PEEK (I) - 128));
1330   NEXT
1340   PRINT : PRINT
1350   INPUT "Name aendern (J/N)?";F$
1360   IF F$ <  > "J" THEN 1620
1370   PRINT
1380   INPUT "NEUER NAME:";NN$
1390 LN =  LEN (NN$)
1400 REST = 30 - LN
1410   IF REST < 0 THEN 1380
1420   FOR I = 1 TO LN
1430 WERT =  ASC ( MID$ (NN$,I,1))
1440 WERT = WERT + 128
1450   POKE NAME - 1 + I,WERT
1460   NEXT
1470 :
1480   REM  den Rest mit Leerzeichen auffuellen
1490 :
1500   IF REST = 0 THEN 1570
1510   FOR I = NAME + LN TO NAME + 29
1520   POKE I,160
1530   NEXT
1540 :
1550   REM  jetzt einen Sektor schreiben
1560 :
1570   POKE IOB + 12,2
1580   CALL RWTS
1590   POKE IOB + 13,0
1600 :
1610   PRINT
```

```
1620   INPUT "Nochmal (J/N)?";F$
1630   IF F$ = "J" THEN 1210
1640   END
1650   REM  Anfangs- und Endadresse:
1660   DATA 37888,37931
1670   REM  Daten des Maschinenprogramms
1680   DATA 169,148,160,23,32,217,3,169
1690   REM  Zwischensumme 921
1700   DATA 0,133,72,176,1,96,173,36
1710   REM  Zwischensumme 687
1720   DATA 148,32,218,253,76,208,3,1
1730   REM  Zwischensumme 939
1740   DATA 96,1,0,1,9,40,148,0
1750   REM  Zwischensumme 295
1760   DATA 149,0,0,1,240,254,96,1
1770   REM  Zwischensumme 741
1780   DATA 0,1,239,216
1790   REM  Zwischensumme 456
1800   REM   Gesamtsumme:4039
1810   :
1820   REM ----------PROGRAMM HELLONEUS.5-2
```

Programm 5.5-3 HELLONEU.OBJ

Maschinensprachlicher Teil zum Programm HELLO-NEU (in den DATA-Zeilen)

```
9400-   A9 94       LDA   #$94          Adresse des IOB
9402-   A0 17       LDY   #$17
9404-   20 D9 03    JSR   $03D9         Aufruf der RWTS-Routine
9407-   A9 00       LDA   #$00
9409-   85 48       STA   $48
940B-   B0 01       BCS   $940E         bei Fehler weiter bei $940E
940D-   60          RTS
940E-   AD 24 94    LDA   $9424         Fehlercode laden und
9411-   20 DA FD    JSR   $FDDA         ausgeben
9414-   4C D0 03    JMP   $03D0         DOS-Warmstart
```

Der IOB für die RWTS-Routine:

9417— 01   immer 1
9418— 60   Steckplatz 6
9419— 01   Laufwerk 1
941A—00   VOLUME-Nr. nicht auswerten
941B— 01   Spur 1
941C— 09   Sektor 9
941D—28   Adresse der DCT: $9428
941E— 94
941F— 80   Adresse des Puffers: $9500
9420— 95
9421— 00   —
9422— 00   —
9423— 01   Kommando: 1=Lesen   2=Schreiben
9424— 00   Fehlercode nach Beendigung der RWTS, wenn Carryflag gesetzt
9425— FE   bisherige VOLUME-Nummer
9426— 60   bisheriger Steckplatz
9427— 01   bisheriges Laufwerk
9428— 00   DCT
9429— 01
942A—EF
942B—D8

6 DOS und Programme

Nachdem wir nun die wichtigsten Grundbefehle von DOS 3.3 durchgegangen sind und auch schon einige kleine Programme entwickelt haben, soll sich dieses Kapitel vor allen Dingen damit beschäftigen, wie man aus einem BASIC-Programm heraus korrekt das DOS anspricht.

Des weiteren werden wir uns mit der Lage des BASIC-Programms im Speicher und auch allgemein mit der Speicherverwaltung auseinandersetzen. Da das DOS dazu wenig Hilfen bietet, werden wir einige kleine Hilfsprogramme entwickeln. In diesen Zusammenhang gehört dann auch der Abschnitt über die Verbindung von BASIC-Programmen und Maschinenprogrammen.

6.1 DOS und BASIC-Programme

In Kapitel 4 wurde schon auf eine Besonderheit des DOS hingewiesen. DOS-Befehle in BASIC-Programmen werden nur in PRINT-Anweisungen mit CTRL-D erkannt. Diese unglückliche und umständliche Methode ist bestimmt auf das Alter des Betriebssystems und die Bemühungen um möglichst große Nähe zum Applesoft-BASIC zurückzuführen. Andere BASIC-Dialekte wie z. B. das MBASIC kennen diese umständliche Programmierweise nicht.

Welche Probleme können beim Benutzen der DOS-Befehle in Applesoft-BASIC auftreten?

1. Manche Programmierer sind so „freundlich", das CTRL-D unsichtbar für den Leser des Programms einzugeben; CTRL-D ist ja ein nicht druckbares Zeichen und erscheint beim Listing nicht. CTRL-D wird erzeugt durch Drücken und Halten der CTRL-Taste und dazu drücken der D-Taste. Wir kennzeichnen das unsichtbare Zeichen im Beispiel durch $^\wedge$ D.

Beispiel:

```
UNEW

U10 PRINT "^DCATALOG"

ULIST

U10 PRINT "CATALOG"

URUN


DISK VOLUME 254

  A 002 BUCHSCNIPSEL II
```

Der Befehl wird zwar korrekt ausgeführt, aber der Benutzer des Programms kann nicht sofort erkennen, daß dies ein DOS-Befehl und keine normale PRINT-Anweisung ist. Wenn Sie das CTRL-D weglassen, dann druckt der Computer nur das Wort „CATALOG" auf den Bildschirm.

Schreibt man aus Versehen in einem BASIC-Programm nicht im Rahmen einer PRINT-Anweisung einen DOS-Befehl, so meldet das BASIC einen SYNTAX-ERROR. Ausnahmen sind die Befehle PR# und IN# (vgl. aber Abschn. 4.6).

Beispiel:

```
U10 HOME

U20 CATALOG

URUN

?SYNTAX ERROR IN 20
```

Als Konsequenz dieses Beispieles wollen wir zwei „saubere" Methoden festhalten:

a) Eingabe von CTRL-D als entsprechender CHR$(4)

Beispiel:

```
U10 PRINT CHR$(4)"CATALOG"
```

Jeder Eingeweihte erkennt sofort, das es sich hier um einen DOS-Befehl und keine normale PRINT-Anweisung handelt.

b) Zuweisung von CTRL-D an eine Stringvariable

Beispiel:

```
Ս10 DՏ=CHRՏ(4)

Ս20 PRINT DՏ"CATALOG"
```

Dies hat zwei Vorteile:

— Man spart Tipparbeit bei mehrfacher Verwendung des CTRL-D.
— Wenn man die allgemein übliche Zuweisung D$=CHR$(4) verwendet, so
   erkennt man am D$ auch, daß ein DOS-Befehl vorliegt.

2. Es gibt leider noch ein anderes sehr großes Problem! DOS erkennt einen
   Befehl nach CTRL-D nur, wenn der Cursor bei Verarbeitung des Befehls
   am Anfang einer Zeile stand, d. h. nach vorangegangenem RETURN.

Beispiel 1:

```
10   PRINT   TAB( 3)
20   PRINT   CHRՏ (4)"CATALOG"

ՍRUN
   CATALOG
```

Das Wort CATALOG wird auf den Bildschirm ab der 3. Spalte geschrieben. (Das CTRL-D wird auch ausgegeben, ist aber unsichtbar).

Beispiel 2:

```
10   PRINT "JETZT CATALOG DER DISKETTE";
20   PRINT   CHRՏ (4)"CATALOG"
```

So erhält man nach dem Druck der Programmzeile 20 wieder nur das Wort
'CATALOG'.

Diese Eigenart ist eine häufige Ursache für Programmierfehler! Faustregel:
Man achte auf alle HTAB-Befehle und PRINT-Anweisungen mit Semiko-
lon oder Komma vor den DOS-Befehlen. Ebenso muß man beim GET-
Befehl aufpassen:

```
10   PRINT "DRüCKE TASTE:";
20   GET TՏ
30   PRINT   CHRՏ (4)"CATALOG"
```

Auch hier wird kein CATALOG ausgegeben, sondern nur das Wort
CATALOG geschrieben.

Einige Programmierer umgehen das Problem, indem Sie vor jedem CTRL-D
ein RETURN durchführen:

```
10 D$ -  CHR$ (13) +  CHR$ (4)
20  PRINT D$"CATALOG"
```

Dies funktioniert zwar auch immer, hat aber zwei Schönheitsfehler:

- Man zerstört sich damit feste Bildschirmmasken.
- Bei Textdateien schafft man dadurch „leere" Einträge (Kap. 7).

Wer dies vermeiden will, kann sich also nicht die Mühe sparen, jeden
Einzelfall einer DOS-Anweisung im BASIC-Programm daraufhin zu
untersuchen.

3. Wie bei der Direkteingabe ist es verboten, im Programm zwei DOS-Befehle
   in eine PRINT-Anweisung zu schreiben:

```
10 PRINT CHR$(4)"CATALOG:CATALOG"
```

Erlaubt ist dagegen:

```
10 PRINT CHR(4)"CATALOG":PRINT CHR$(4)"CATALOG"
```

da dies zwei erlaubte BASIC-Anweisungen in einer Zeile sind.

4. Möglich ist in Programmen die Zuweisung von Befehlen des DOS (nicht
   des BASIC!) an eine Stringvariable. Ebenso ist die Zuweisung eines Dateinamens oder auch eines DOS-Parameters an eine Stringvariable möglich.
   Hierdurch wird ein elegantes und eingabesparendes Programmieren erreicht.

Beispiele:

```
10   INPUT  "DATEINAME: ";DN$
20   PRINT  CHR$ (4)"RUN";DN$
```

oder

```
100   INPUT  "NAME DES BILDES: ";PIC$
110   PRINT  CHR$ (4)"BSAVE";PIC$;",A$2000,L$2000"
```

(Man achte dabei auf die korrekte Syntax; also ...";PIC$;",A...")

oder

```
1000 A$ - "RUN TESTPROGRAMM"
1010  PRINT  CHR$ (4);A$
```

oder

```
2000 B$ - CHR$ (4) + "BLOAD PICTURE,A$4000"
2010  PRINT B$
```

6.2 BASIC-Programme und Maschinenprogramme

Es gibt verschiedene Möglichkeiten, BASIC-Programme mit Maschinenprogrammen zu verbinden:

Dazu erstellen wir zu Testzwecken ein kurzes Maschinenprogramm, das nur den Bildschirm löscht und dann einen Ton ausgibt.

Wir rufen vom BASIC mit CALL-151 den Monitor auf und geben ein:

```
0300- 20 58 FC 20 E4 60      (und RETURN)
```

Wir listen nun dieses kurze Programm mit dem Befehl 300L:

```
*300L

0300-    20 58 FC     JSR     $FC58
0303-    20 E4 FB     JSR     $FBE4
0306-    60           RTS
```

und starten es probeweise mit 300G: Der Bildschirm wird gelöscht, ein Ton ausgegeben, der Monitor gibt in der linken oberen Ecke einen Stern aus und wartet auf weitere Eingaben. Mit BSAVE MASCH, L$300, L7 speichern wir das Programm auf Diskette und gehen mit CTRL-C zum BASIC zurück.

Dort erstellen wir noch unser BASIC-Testprogramm, das nur das Maschinenprogramm aufrufen und dann die Meldung: „Fertig!'' ausdrucken soll.

```
20   CALL 768
30   PRINT "FERTIG!"
40   END
```

Wir wollen nun damit die verschiedenen Möglichkeiten der Kombination dieser Programme ausprobieren.

1. Wir laden das Maschinenprogramm mit BLOAD MASCH und starten dann das BASIC-Programm mit RUN. Maschinenprogramm und BASIC-Programm werden ausgeführt.
   Dasselbe Ergebnis erreichen wir, wenn wir eine EXEC-Datei mit dieser Befehlsfolge erstellen, so daß wir die Eingabe über die Tastatur sparen und nur noch einen Befehl eingeben müssen.

2. Wir schreiben in das BASIC-Programm eine Zeile, die das Laden des Maschinenteils übernimmt:

```
10 PRINT CHR(4)"BLOAD MASCH"
```

Wie im Fall 1 müssen wir dabei natürlich darauf achten, wohin das Maschinenprogramm geladen wird (ohne zusätzlichen A-Parameter an die Stelle, an der es bei BSAVE begann) und ob der Wert von HIMEM z. B. geändert werden muß.

Störend ist bei dieser Methode, daß bei einem zweiten Start des Programmes mit RUN jedesmal das Maschinenprogramm neu nachgeladen wird. Abhilfe schafft hier entweder Eingabe von RUN 20, wenn die Zeilen davor nicht benötigt werden, oder ein kleiner Test im Programm, der angibt, ob das Maschinenprogramm schon geladen ist.

Dazu prüft man mit dem PEEK-Befehl nach, ob die ersten beiden Speicherplätze z. B. schon mit den entsprechenden Werten belegt sind:

Wir testen z. B. die ersten beiden Speicherstellen:

768=$300 Inhalt 32=$20
769=$301 Inhalt 88=$58

```
9    IF  PEEK (768) - 32 AND  PEEK (769) - 88 THEN 20
10   PRINT CHR & (4)"BLOAD MASCH"
20   CALL 768
30   PRINT "FERTIG!"
40   END
```

Diese Methode wird von vielen Programmierern angewendet.

3. Eine andere Methode wird normalerweise nur bei sehr kurzen Maschinenprogrammen angewandt.

   Man schreibt in die erste (wichtig!) Programmzeile des BASIC-Programmes ein REM und dann mindestens so viele Doppelpunkte wie das Maschinenprogramm lang ist.

```
10   REM ::::::::
20   CALL 2054
30   PRINT "FERTIG!"
40   END
```

Zur Eingabe des Maschinenprogramms geht man in den Monitor mit CALL-151 und gibt dann ein: 800.82F und RETURN.

Auf dem Bildschirm wird nun angezeigt:

```
0800- 00 OF 08 0A 00 B2 3A 3A
0808- 3A 3A 3A 3A 3A 3A 00 19
0810- 08 14 00 8C 32 30 35 34
0818- 00 28 08 1E 00 BA 22 46
0820- 45 52 54 49 47 21 22 00
0828- 2E 08 28 00 80 00 00 00
```

Bemerkung:

- Ein 00-Byte markiert das Zeilenende.
- Drei 00-Bytes markieren das Programmende.

In Speicherstelle $800 muß 0 abgelegt sein, sonst funktioniert das Applesoft-BASIC nicht. $801 und $802 enthalten die Speicheradresse der nächsten BASIC-Zeile und $803 und $804 die BASIC-Zeilennummer (als Sedezimalzahl). $805 ist schließlich das BASIC-Token für REM und dann folgen ab $806 die eingegebenen Doppelpunkte. Hier kann man also ab $806 das Maschinenprogramm eingeben:

```
*806:20 58 FC 20 E4 FB 60
```

Wir haben nun unser Maschinenprogramm in der REM-Zeile „versteckt".

```
0800- 00 0F 08 0A 00 B2 20 58
0808- FC 20 E4 FB 60 3A 00 19
0810- 08 14 00 8C 32 30 35 34
0818- 00 28 08 1E 00 BA 22 46
0820- 45 52 54 49 47 21 22 00
0828- 2E 08 28 00 80 00 00 00
```

Wenn wir nun in BASIC unser Programm auflisten, erscheinen folgende merkwürdige Wörter in der REM-Zeile und es ertönt der Lautsprecher.

```
10  REM X  ERROR   STR$   UNDEF'D FUNCTION ':
20  CALL 2054
30  PRINT "FERTIG!"
40  END
```

Mit RUN können wir überprüfen, ob unser Programm funktioniert.

Da die Länge einer BASIC-Zeile auf 239 Zeichen beschränkt ist, kann das Maschinenprogramm nicht länger sein.

Mit einem normalen SAVE name wird nun das BASIC-Programm mit dem Maschinenprogramm zusammen abgespeichert und kann auch so wieder geladen werden.

Ein Nachteil ist allerdings, daß der Anfang des Programms nicht mehr verändert werden darf, also keine Zeilen vor die REM-Zeile gesetzt werden dürfen.

4. Eine ähnliche Technik der „Überlistung" des DOS, das beim Befehl SAVE alles zwischen BASIC-Programmanfang und Programmende abspeichert, bietet folgende Methode:

Man normalisiert mit FP alle Zeiger und schreibt dann ein BASIC-Programm z. B.

```
20   CALL 2082              (Hier tippt man zuerst eine andere vierstel-
30   PRINT "FERTIG!"        lige Zahl ein; 2082=$822).
40   END
```

Das BASIC-Programm sieht nun im Speicher so aus:

```
0800-  00 0B 08 14 00 8C 32 30
0808-  38 32 00 1A 08 1E 00 BA
0810-  22 46 45 52 54 49 47 21
0818-  22 00 20 08 28 00 80 00
0820-  00 00
```

Nun geht man mit CALL-151 in den Monitor und ändert die Speicherstellen $00AF und $00B0, in denen das Ende des BASIC-Programmes im Speicher festgehalten wird (bisher: $00AF—22 $00B0—08). Wir ändern nun diese Adresse in $00AF : 2F $00B0 : 08. Damit ist das BASIC-Programmende auf $082F festgesetzt und bei der Eingabe von SAVE name wird alles zwischen $0800 und $082E abgespeichert, also auch das Maschinenprogramm, das wir nun hinter dem BASIC-Programmende eingeben:

```
0800-  00 0B 08 14 00 8C 32 30
0808-  38 32 00 1A 08 1E 00 BA
0810-  22 46 45 52 54 49 47 21
0818-  22 00 20 08 28 00 80 00
0820-  00 00 20 58 FC 20 E4 FB
0828-  60 00 00 00 80 00 00 00
```

Mit SAVE name sichern wir nun das BASIC-Programm und das am Ende „versteckte" Maschinenprogramm auf Diskette. Mit RUN name oder LOAD name wird dann beides geladen.

Nachteil dieser Methode ist allerdings, daß das BASIC-Programm nicht mehr ohne Folgen für das Maschinenprogramm geändert werden kann, denn bei neuen Zeilen wird es automatisch überschrieben.

5. Schließlich ist es auch möglich, kurze Maschinenprogramme vom BASIC-Programm aus mit POKE in den Speicher zu schreiben, meist verbunden mit einer Schleife, in der die Maschinenprogrammwerte als Dezimalzahlen aus DATA-Zeilen eingelesen werden.

Beispiel:

```
10   FOR I = 768 TO 774
20   READ X
30   POKE I,X
40   NEXT
50   DATA  32,88,252,32,228,251,96
60   CALL 768
70   PRINT "FERTIG!"
80   END
```

Auch dies ist eigentlich nur bei kürzeren Maschinenprogrammen sinnvoll (vgl. hierzu Prg.: PRUEF-EXEC Kap. 8).

Abschließende Bemerkung:

Am „saubersten" ist für den Programmierer eigentlich die Methode 2 mit der Überprüfung, ob das Programm schon im Speicher ist.

Das kompakte Abspeichern wie in 3 und 4 spart Speicherplatz auf der Diskette (keine zusätzliche Track-Sector-Liste für das Maschinenprogramm und auch weniger CATALOG-Einträge) und stellt einen gewissen Programmschutz dar, da viele Programmierer nicht verstehen werden, wieso im Programm ein CALL-Aufruf erfolgen kann. Außerdem kann dann keine Änderung des BASIC-Programmes mehr erfolgen.

Welche Speicherbereiche kommen für Maschinenprogramme in Frage:

sedezimal	dezimal	Bemerkung
$200-$2FF	512-767	Dies ist der Eingabepuffer für die Tastatur; nur nutzbar, wenn keine Eingabe erfolgt! Das Maschinenprogramm muß jedesmal neu hierher geschrieben werden.
$300-$3CF	768-975	Dieser Bereich wird von den meisten Maschinenprogrammen genutzt oder mitgenutzt.
$803-	2051-	Wenn kein BASIC-Programm benutzt wird oder wenn der BASIC-Programmanfang verschoben wurde (Abschn. 6.4), gilt dieser Bereich.
$C03-	3075-	Wie oben, wenn Textseite 2 oder LORES-Seite 2 benutzt wird.

Wenn man die Graphikseiten 1 und 2 der hochauflösenden Graphik benutzt, muß man sowohl bei Maschinenprogrammen als auch bei BASIC-Programmen darauf achten, daß sich dies mit dem Programmtext nicht überschneidet.

Ein weiterer relativ sicherer Platz ergibt sich, wenn man mit dem HIMEM-Befehl einen Bereich zwischen dem BASIC-Programm und dem DOS und seinen Puffern für Maschinenprogramme reserviert. Achtung! Durch FP oder MAXFILES kann dieser Schutz aufgehoben werden, denn FP setzt

HIMEM wieder auf den normalen Wert und das Maschinenprogramm wird dann durch die BASIC-Stringtexte überschrieben. Wenn man MAXFILES erhöht, wird das Maschinenprogramm von den neuen Pufferbereichen zerstört.

Schließlich kann man mit einer kleinen Änderung erreichen, das Platz zwischen DOS und seinen Puffern geschaffen wird. Ein Maschinenprogramm dort ist wirklich vor jedem Befehl, also auch FP, MAXFILES oder HIMEM und NEW sicher.

Am Ende des Abschnitts 6.5 wird ein solches Programm, das diese Änderung installiert, genauer vorgestellt.

6.3 Kombination von BASIC-Programmen und Übergabe von Variablen

Während es in anderen BASIC-Dialekten möglich ist, zwei BASIC-Programme bequem zu verbinden, d. h. vor allem, daß Variable und Felder in beiden Programmen dieselben Werte haben, fehlt dies im Applesoft-BASIC. Wenn ein BASIC-Programm nach einem anderen Programm gestartet wird, werden alle Variablen und Felder gelöscht, in dem Sinne, daß die Zeiger in der Nullseite auf diese Speicherbereiche neu gesetzt werden.

Man könnte nun dieses Wissen nutzen und mit einer speziellen Maschinen-routine diese Werte retten und für ein neues Programm wieder einsetzen. Dies erfordert jedoch einen größeren Aufwand und müßte für jedes BASIC-Programm speziell angepaßt werden.

In Tabelle 6.3-1 findet man die entsprechenden Speicheradressen und Zeiger auf die Variablen und Felderadressen.

```
Zeiger in der Nullseite:
103,104:Anfangsadresse des BASIC-Programms ($67,$68)
107,108:Anfangsadresse der Felder ($6B,$6C)
109,110:Endadresse der Felder ($6D,$6E)
175,176:Ende des BASIC-Programms ($AF,$B0)
105,106:LOMEM = freier Speicherplatz hinter Programmtext  und
                Feldern ($69,$6A)
115,116:HIMEM = Beginn der Stringdaten -wachsen nach "unten"-
                ($73,$74)
```

Tabelle 6.3-1

Einfacher ist folgende Methode, die sich allerdings nur für kurze Felder und kurze Stringvariablen eignet, da sonst der Zeitaufwand zu groß wird.

Man reserviert sich einen Speicherbereich zum Ablegen der Felder oder Stringvariablen z. B. ab 768 ($300) und schreibt die Werte mit POKE-Befehlen in den Speicher. Im neuen Programm liest man sie mit PEEK-Befehlen wieder aus. Wenn man jetzt noch alle Werte in Stringvariablen umwandelt und zu Beginn immer die Länge des Strings abspeichert und das Ende der abgelegten Werte mit $00 kennzeichnet, hat man eine fast universelle Methode der Werteübergabe bei BASIC-Programmen. Sie hat aber den Nachteil, daß sie sehr langsam ist.

Programm 1:

```
10    INPUT L$
20    POKE 768, LEN (L$)
30    FOR I = 1 TO  LEN (L$)
40    POKE 768 + I, MID$ (L$,I,1)
50    NEXT
60    PRINT  CHR$ (4)"RUN PROGRAMM2"
```

Programm 2:

```
10 L$ = "": REM  leere Stringvariable
20  FOR I = 1 TO  PEEK (768)
30 L$ = L$ +  CHR$ ( PEEK (768 + I))
40  NEXT
50  PRINT L$
```

Eine andere Möglichkeit ist die Speicherung von Werten eines Programms in einer Textdatei auf Diskette. Dieses Verfahren ist aber auch nicht besonders schnell.

Mischen von zwei Programmen ("MERGE"):

Zu einem bereits existierenden Programm werden zusätzlich neue Programmzeilen geladen. Das ermöglicht ein modulares Programmieren. Im Applesoft-BASIC ist dies nur durch Hilfsprogramme wie RENUMBER von der DOS-Master-Diskette oder APA von der DOS-TOOLKIT-Diskette zu erreichen.

```
RUN RENUMBER
    :
    :

ULOAD PROGRAMM 1
ULIST

10    HOME

U&H
PROGRAM ON HOLD, USE "&M" TO RECOVER
```

```
ULOAD PROGRAMM 2
ULIST

  20  END

U&M

ULIST

  10  HOME
  20  END
```

Eine andere Möglichkeit bietet sich über die Benutzung von EXEC-Dateien mit BASIC-Programmzeilen.

Der CHAIN-Befehl:

Dieser Befehl sollte im alten Integer-BASIC zur Programmverkettung dienen. Man kann ihn aber auch im Applesoft-BASIC eingeben. Dann hat er die gleichen Auswirkungen wie der LOAD-Befehl. Unter anderem werden alle Variablen eines vorhergehenden BASIC-Programmes gelöscht.

Ersatz für die fehlende Verkettung soll das Binärprogramm CHAIN auf der DOS-Master-Diskette schaffen. Aber dieses Hilfsprogramm bringt Probleme mit sich (Kap. 9).

6.4 Startadresse des BASIC-Programms im Speicher

Vom Abschnitt über die Speicheraufteilung des Apple wissen wir, daß BASIC-Programme hinter der Textseite 1 liegen. Sie beginnen bei Speicherstelle 2049 ($801). Der BASIC-Interpreter verlangt außerdem, daß die Speicherstelle davor, also 2048 ($800) Null enthalten muß. Ein Zeiger auf den Anfang des BASIC-Programms findet sich in der Nullseite. Er enthält in Adresse 103 ($67) das Lowbyte und in 104 ($68) das Highbyte der Adresse des BASIC-Programmanfangs, also normalerweise $67—01 und $68—08. In BASIC errechnet man schnell die Adresse des Programmanfangs mit:

PRINT PEEK (103) + PEEK (104) * 256

In Abschnitt 4.4 haben wir schon einmal ein Kochrezept zur Veränderung des BASIC-Programmanfangs gezeigt. Dazu müssen nämlich nur diese beiden Adressen in der Nullseite entsprechend geändert werden. Soll das BASIC-Programm hinter der Textseite 2 liegen, so daß man diese benutzen kann, ohne den Programmtext zu zerstören, dann sind folgende Änderungen nötig:

BASIC		Monitor
POKE 103,1	oder	$67:01
POKE 104,12	oder	$68:0C
POKE 3072,0	oder	$C00:00

Die letzte Änderung (Speicherplatz 3072 mit Null laden) ist wichtig, weil sonst der Interpreter nicht funktioniert.

Wenn Sie jetzt NEW eingeben und sich den freien Speicherplatz anzeigen, erhalten Sie:

```
NEW
PRINT FRE (0) + 2^16
35324
```

Nur durch neues Setzen der Werte in die Speicheradressen 103 und 104 oder mit dem Befehl FP kann man den Zeiger wieder normalisieren:

```
FP                          bzw.   POKE 103,1
PRINT FRE (0) + 2^16               POKE 104,8
36349                              POKE 2048,0
```

Warum sollten Maschinenprogramme erst ab $803 = 2051 beginnen? (Abschn. 6.2)

Dazu ein Test:

```
CALL -151
800: EA EA EA EA EA 60
3DOG
LIST            ... es erscheinen unsinnige Zeichen auf dem Bildschirm
NEW             → ?SYNTAX ERROR
10 HOME
RUN             → ?SYNTAX ERROR IN 65064
```

Das Applesoft-BASIC erwartet ein Null-Byte vor dem BASIC-Programmanfang, also hier in $800 (2048). Erst wenn man dies wiederherstellt (z. B. durch POKE 2048,0), funktioniert das BASIC wieder!

Wann ist es sinnvoll, den Programmanfang zu verlegen?

1. Sie wollen die Textseite 2 benutzen.
2. Sie wollen zwischen den Textseiten und dem BASIC-Programm ein Maschinenprogramm laden.
3. Sie haben ein langes BASIC-Programm, das die erste Graphikseite benutzt, und dabei mit den Programmzeilen hineinragt. Sie können also die Graphik nicht durch HIMEM:8191 schützen, weil dann das Programm nicht mehr geladen werden kann. Man erhält dann die Fehlermeldung PROGRAMM TOO LARGE bzw. OUT OF MEMORY.

Beispiel:

```
Ü HIMEM: 2055
Ü LOAD TESTPROGRAMM
PROGRAMM TOO LARGE
Ü FP
Ü LOAD TESTPROGRAMM
Ü HIMEM: 2055
OUT OF MEMORY
```

Als Ausweg bietet es sich an, das BASIC-Programm hinter der ersten Graphik-seite, also erst ab 16385 ($4001) beginnen zu lassen, da man dann freien Speicherplatz von 16385—38394 ($4001—$95FF) hat (im Gegensatz zu 2049—6655 ($801—$19FF) vor der ersten Graphikseite).

Wie kann man nun diese Änderung installieren?

a) Im BASIC-Programm selbst geht es nur mit einem Trick. Zu Beginn des Programms speichern Sie die entsprechenden Werte in den Adressen ab, falls dort noch der normale Anfang steht und starten dann das Programm neu:

```
10  IF PEEK (104) = 12 THEN 60
20  POKE 104,12
30  POKE 103,1
40  POKE 3072,0
50  PRINT CHR$(4) "RUN name"
60  REM  hier Beginn des Programms
```

Der Nachteil dieser Methode ist, daß dieses Programm zu Beginn zweimal geladen werden muß, was bei einem langen Programm Zeitverschwendung ist.

b) Man schreibt ein kleines Startprogramm, daß die Zeiger entsprechend setzt und dann das eigentliche Programm aufruft.

c) Man gibt vor dem Programmstart die Speicheränderung direkt ein.

d) Man ersetzt die Direkteingabe durch Aufruf einer EXEC-Datei (Kap. 7).

e) Man erledigt die Änderung des Anfangszeigers durch ein Maschinen-programm.

Man kann nach der Verlegung des BASIC-Programmanfangs — z.B. nach $4000 durch Ändern des Wertes für LOMEM die Variablen ab $800 ab-speichern und erhält so mehr Platz für Programmtext und Stringvariable. Allerdings wird dies auch schnell unübersichtlich. Man sollte also vorher überlegen, ob dies nötig ist.

Auch ist ein Programmieren um die Graphikseite herum möglich.

6.5 Hilfen zur Speicherverwaltung

Im letzten Abschnitt des Kapitels soll dem chronischen Mangel des DOS an Hilfsmitteln zur Speicherverwaltung ein bißchen abgeholfen werden, denn Aufgabe eines Betriebssystems sollte auch die interne Speicherverwaltung sein.

Der FP-Befehl:

Dieser Befehl war ursprünglich nicht zur Speicherplatzverwaltung gedacht, aber er ermöglicht es, alle Zeiger zu normalisieren, d. h. HIMEM auf den normalen Wert ($9600) und den BASIC-Programmanfang auf ($801) zu setzen. Dadurch erspart man sich das Setzen dieser Werte durch POKE-Befehle.

Es folgen nun einige kleine Hilfsprogramme:

1. Ein Programm zum Verschieben beliebiger Speicherbereiche (vor allem sinnvoll bei Bilder- und Textseiten).
2. Ein Programm zur Nutzung der 16-K-RAM-Erweiterung.
3. Reservieren eines Speicherbereichs zwischen DOS und seinen Puffern.

6.5.1 Das Programm VERSCHIEBEN

Mit dem Programm VERSCHIEBEN wollen wir ein benutzerfreundliches BASIC-Programm vorstellen, das Maschinenprogramme erstellt, die festgelegte Speicherbereiche verschieben.

Der Kern ist ein kurzes Maschinenprogramm, das nur die nötigen Adressen in der Nullseite belegt und dann die Monitorroutine zum Verschieben von Speicherbereichen aufruft (M-Befehle im Monitor).

Programm 6.5-1 VERSCHIEBEN

```
1000    HOME
1010    IF  PEEK (768) = 169 THEN 1040
1020    PRINT   CHR$ (4)"BLOAD MOVE,A768"
1030    PRINT  "------------------------------------------"
1040    PRINT  "Verschieben von Speicherbereichen"
1050    PRINT  "------------------------------------------"
1060    PRINT  "Eingabe dezimal oder sedezimal mit '$'."
1070    PRINT  "(Keine Zahlen <0 oder >65535)"
1080    INPUT  "Anfang-Adresse:";AN$
1090    INPUT  "End-Adresse    :";EN$
1100    INPUT  "Ziel-Adresse   :";ZI$
1110 DEZ =  VAL (AN$)
1120 HEX$ =  MID$ (AN$,2, LEN (AN$))
1130    IF  LEFT$ (AN$,1) = "$" THEN  GOSUB 1740: GOTO 1150
1140    GOSUB 1590: GOSUB 1740
1150 LA = H1
1160 HA = H2
```

```
1170 DEZ =  VAL (EN$)
1180 HEX$ =  MID$ (EN$,2, LEN (EN$))
1190  IF  LEFT$ (EN$,1) = "$" THEN  GOSUB 1740: GOTO 1210
1200  GOSUB 1590: GOSUB 1740
1210 LE = H1
1220 HE = H2
1230 DEZ =  VAL (ZI$)
1240 HEX$ =  MID$ (ZI$,2, LEN (ZI$))
1250  IF  LEFT$ (ZI$,1) = "$" THEN  GOSUB 1740: GOTO 1270
1260  GOSUB 1590: GOSUB 1740
1270 LZ = H1
1280 HZ = H2
1290  GOTO 1300
1300  POKE 769,LA
1310  POKE 773,HA
1320  POKE 777,LE
1330  POKE 781,HE
1340  POKE 785,LZ
1350  POKE 789,HZ
1360  PRINT
1370  PRINT "Soll jetzt dieser Bereich verschoben"
1380  INPUT "werden (J/N)?";F$
1390  IF F$ = "N" THEN 1410
1400  CALL 768
1410  PRINT "Unter welchem Namen soll das Maschinen-"
1420  PRINT "Programm auf Diskette gespeichert sein?"
1430  INPUT "(RETURN=nicht speichern):";NN$
1440  IF NN$ = "" THEN 1460
1450  PRINT  CHR$ (4)"BSAVE";NN$;",A768,L30"
1460  INPUT "Nochmal (J/N)?";F$
1470  IF F$ = "J" THEN 1030
1480  END
1490  REM  HEX-DEZ
1500 L =  LEN (HEX$)
1510 DEZ = 0
1520  FOR I = 1 TO L
1530 HH$ =  MID$ (HEX$,I,1)
1540  IF  ASC (HH$) < 58 THEN H =  VAL (HH$): GOTO 1560
1550 H =  ASC (HH$) - 55
1560 DEZ = DEZ + H * 16 ^ (L - I)
1570  NEXT
1580  RETURN
1590  REM  DEZ-HEX
1600 I = 0
1610  IF DEZ < 16 THEN 1660
1620 I = I + 1: REM  SCHLEIFENVARIABLE
1630 H(I) = DEZ -  INT (DEZ / 16) * 16
1640 DEZ =  INT (DEZ / 16)
1650  IF DEZ > 15 THEN 1620
1660 H(I + 1) = DEZ
1670 HEX$ = ""
1680  FOR J = 1 TO I + 1
1690  IF H(J) < 10 THEN HH$ =  STR$ (H(J)): GOTO 1710
1700 HH$ =  CHR$ (H(J) + 55)
1710 HEX$ = HH$ + HEX$
1720  NEXT J
1730  RETURN
1740 ZW$ = HEX$
1750  IF  LEN (HEX$) < 3 THEN H2 = 0: GOTO 1800
1760  IF  LEN (ZW$) = 3 THEN HEX$ =  LEFT$ (ZW$,1)
1770  IF  LEN (ZW$) = 4 THEN HEX$ =  LEFT$ (ZW$,2)
1780  GOSUB 1490
1790 H2 = DEZ
1800  IF  LEN (ZW$) < 2 THEN HEX$ = ZW$: GOTO 1820
1810 HEX$ =  RIGHT$ (ZW$,2)
1820  GOSUB 1490
1830 H1 = DEZ
1840  RETURN
```

Programm 6.5-2 MOVE

```
0300-   A9 00       LDA     #$00
0302-   85 3C       STA     $3C
0304-   A9 00       LDA     #$00
0306-   85 3D       STA     $3D
0308-   A9 00       LDA     #$00
030A-   85 3E       STA     $3E
030C-   A9 00       LDA     #$00
030E-   85 3F       STA     $3F
0310-   A9 00       LDA     #$00
0312-   85 42       STA     $42
0314-   A9 00       LDA     #$00
0316-   85 43       STA     $43
0318-   A0 00       LDY     #$00
031A-   20 2C FE    JSR     $FE2C
031D-   60          RTS
```

Kommentar:

— Das Maschinenprogramm wird in den Speicher geladen, wenn es dort nicht schon steht.

— Die Eingabe der zu verschiebenden Speicherbereiche erfolgt wahlweise als Sedezimalzahl (mit $) oder als Dezimalzahl. Das erfordert etwas mehr Umrechnung, da wir die Dezimalzahl erst in die entsprechende Sedezimalzahl umwandeln und dann in Highbyte und Lowbyte zerlegen müssen, also z. B. 45678 = $626E in Highbyte = $62 und Lowbyte = $6E. Dies geschieht in den bekannten Unterprogrammen des Programms ZAHLENSYSTEME, wobei nur noch die Stellenzahl der Sedezimalzahl wegen führender Nullen berücksichtigt werden muß.

— Die ermittelten Werte werden nun in das Maschinenprogramm mit dem POKE-Befehl geschrieben. Dieses kann dann als fertiges Hilfsprogramm auf Diskette abgespeichert werden.

Als Anwendungsbeispiel bringen wir die fertigen Programme zum Verschieben der Graphikseiten:

a) Verschieben der HGR1-Seite auf die HGR2-Seite
b) Verschieben der HGR2-Seite auf die HGR1-Seite

Programm 6.5-3 HGR-1-2

```
0300-   A9 00       LDA     #$00
0302-   85 3C       STA     $3C
0304-   A9 20       LDA     #$20
0306-   85 3D       STA     $3D
0308-   A9 FF       LDA     #$FF
030A-   85 3E       STA     $3E
030C-   A9 3F       LDA     #$3F
030E-   85 3F       STA     $3F
0310-   A9 00       LDA     #$00
0312-   85 42       STA     $42
0314-   A9 40       LDA     #$40
0316-   85 43       STA     $43
0318-   A0 00       LDY     #$00
031A-   20 2C FE    JSR     $FE2C
031D-   60          RTS
```

Programm 6.5-4 HGR-2-1

```
0300-   A9 00       LDA     #$00
0302-   85 3C       STA     $3C
0304-   A9 40       LDA     #$40
0306-   85 3D       STA     $3D
0308-   A9 FF       LDA     #$FF
030A-   85 3E       STA     $3E
030C-   A9 5F       LDA     #$5F
030E-   85 3F       STA     $3F
0310-   A9 00       LDA     #$00
0312-   85 42       STA     $42
0314-   A9 20       LDA     #$20
0316-   85 43       STA     $43
0318-   A0 00       LDY     #$00
031A-   20 2C FE    JSR     $FE2C
031D-   60          RTS
```

Weitere Anwendungen finden sich im nächsten Abschnitt.

6.5.2 Nutzung der 16-K-RAM-Erweiterung

Dieser Speicherbereich wird vom normalen DOS 3.3 und dem normalen Applesoft-BASIC nicht benutzt. Früher wurde dorthin von der DOS-Master-Diskette das heute wenig verwendete Integer-BASIC gealden. Andere Betriebssysteme wie UCSD und CP/M benutzen automatisch die vollen 64-Kbyte Speicher; die meisten DOS-Varianten verschieben das DOS dorthin (Kap. 10). Doch dies bringt Nachteile mit sich, da nicht alle Programme mit diesem DOS laufen. Viele Anwenderprogramme nutzen ebenfalls diesen Speicherbereich, so daß man immer prüfen sollte, ob er nicht schon genutzt wird, wenn man ihn selbst nutzen will.

In Kapitel 3 wurde schon kurz der generelle Speicheraufbau des Apple II mit dieser 16-K-RAM-Erweiterung erklärt. Hier sollen noch einmal kurz die entsprechenden Software-Schalter ("softswitches") aufgeführt werden:

```
                        sedezimal                    dezimal
                   BANK 1        BANK 2         BANK 1    BANK 2
ROM lesen und
RAM schreiben:     $C089 (2x)    $C081 (2x)     49289     49281
RAM lesen und
Schreibschutz:     $C088         $C080          49288     49280
RAM lesen und
schreiben:         $C08B (2x)    $C083 (2x)     49291     49283
ROM lesen (und
RAM-Schreibsch.):  $C08A         $C082          49290     49282
```

Tabelle 6.5-1

Man beachte:

— Damit man den RAM-Bereich lesen kann, muß dort entweder ein ausführbares Maschinenprogramm stehen oder der Monitor dorthin kopiert worden sein.
— Ein Lesen der „BANK 1" und gleichzeitiges Schreiben der „BANK 2" oder umgekehrt ist nicht möglich.

Es lassen sich nun Anwendungen in Form von Maschinenprogrammen erstellen, die aus zwei Teilen zusammengesetzt sind:

a) Betätigen der „Schalter" durch ein oder zwei Lesebefehle (LDA).
b) Verschieben von Speicherbereichen mit dem Maschinenprogramm des BASIC-Programms VERSCHIEBEN (6.5-1).

Ein Programm zum Kopieren des Monitors in die 16-K-RAM-Erweiterung ist aufgeführt (Programm 6.5-5).

Zusammen mit dem Programm VERSCHIEBEN sind weitere Anwendungen leicht erstellbar, z. B.:

— Kopieren der Graphikseite 1 in die 16-K-Karte und Schreibschutz setzen
— Kopieren aus der 16-K-Karte in die Graphikseite 1

Programm 6.5-5 MONITOR-LC

```
0300-   AD 81 CO      LDA    $CO81
0303-   AD 81 CO      LDA    $CO81
0306-   A9 00         LDA    #$00
0308-   85 3C         STA    $3C
030A-   A9 F8         LDA    #$F8
030C-   85 3D         STA    $3D
030E-   A9 FF         LDA    #$FF
0310-   85 3E         STA    $3E
0312-   A9 FF         LDA    #$FF
0314-   85 3F         STA    $3F
0316-   A9 00         LDA    #$00
0318-   85 42         STA    $42
031A-   A9 F8         LDA    #$F8
031C-   85 43         STA    $43
031E-   AO 00         LDY    #$00
0320-   20 2C FE      JSR    $FE2C
0323-   AD 82 CO      LDA    $CO82
0326-   60            RTS
```

Die Daten oder Programme sind in der 16-K-Karte vor dem Überschreiben geschützt, so lange man den Schreibschutz nicht aufhebt und neue Daten dorthin schreibt. Selbst beim Neustart des Betriebssystems, z. B. mit PR#6, wird bis auf die Speicherstelle $E000 dort nichts geändert. Auch dies hängt mit dem alten Integer-BASIC zusammen, das jedesmal beim Booten der DOS-Master-Diskette dorthin nachgeladen wird. Wer dies abschalten will, muß nur die folgenden Speicherstellen ändern:

$BFD3:EA EA EA   normal: $BFD3:8D 00 E0

und dieses DOS dann mit INIT auf einer neuen Diskette festhalten oder auf der Diskette mit einem Sektoreditor diese Bytes direkt ändern (→ Sektor 9, Spur 0, Byte $D3, $D4, $D5).

Bemerkung:

Wenn man versucht, eine nicht vorhandene 16-K-Karte zu lesen, dann „hängt" das System (Neustart selbst mit CTRL-RESET nicht möglich!) Beim IIc allerdings ertönt ein Signal und die Registerinhalte werden ausgegeben.

6.5.3 Reservieren eines Speicherbereichs zwischen DOS und seinen Puffern

Wir wissen, daß unterhalb des DOS normalerweise 3 Pufferbereiche von je 595 Bytes Länge liegen (Bild 6.5-1).

In den Speicherstellen 40192 und 40193 ($9D00 und $9D01) steht nun die Adresse des Dateinamenpuffers im Puffer 1 (nämlich $9CD3).

```
Beginn des eigentlichen DOS   :40192
Zeiger in Speicherstelle 40192:40147

Adressen der DOS-Puffer:(HIMEM:38400)
1. DOS-Puffer von 39590 bis 40184
2. DOS-Puffer von 38995 bis 39589
3. DOS-Puffer von 38400 bis 38994
```

Bild 6.5-1 Normale Pufferlage des DOS 3.3 bei MAXFILES 3

Wir wollen nun zwischen DOS und seinen Puffern Platz für Maschinenprogramme (oder Daten) schaffen. Bei MAXFILES 2 soll der normale Wert von 38400 ($9600) für HIMEM entstehen. Dazu schreiben wir mit

Monitor		BASIC
$9D00:80 9A	oder	POKE 40192,128
		POKE 40193,154

die neue Adresse in den Zeiger und veranlassen durch einen „Kaltstart“, daß das DOS seine Puffer neu und entsprechend diesem neuen Zeigerwert installiert:

Monitor		BASIC
3D3G	oder	CALL 979

Für MAXFILES 3 (normal) haben wir dann HIMEM: 37805 ($93AD).

```
Beginn des eigentlichen DOS   :40192
Zeiger in Speicherstelle 40192:39552

Adressen der DOS-Puffer:(HIMEM:37805)
1. DOS-Puffer von 38995 bis 39589
2. DOS-Puffer von 38400 bis 38994
3. DOS-Puffer von 37805 bis 38399
```

Bild 6.5-2 Durch das Programm PLATZ-RESERVIEREN geänderte Pufferlage bei
MAXFILES 3

Für MAXFILES 2 (reicht aus, wenn nur eine Textdatei geöffnet ist) haben wir dann den alten Wert für HIMEM, nämlich HIMEM: 38400 ($9600). Wir überprüfen dies durch Auslesen der Speicherstellen 115 und 116. Will man größere Speicherbereiche reservieren, so verfährt man entsprechend.

Das Programm PLATZ-RESERVIEREN bietet dazu folgende Möglichkeiten:

```
        Wieviel Platz soll geschaffen werden:

        0. Normale Pufferlage
             (7 Bytes von 40185 bis 40191)

        1.  602 Bytes von 39590 bis 40191

        2. 1197 Bytes von 38995 bis 40191


        3. Programm jetzt beenden
```

Bild 6.5-3 Optionen des Programms PLATZ-RESERVIEREN

Diese Änderung kann durch keinen DOS-Befehl oder BASIC-Befehl zerstört werden, nur durch neues Setzen der Speicherstellen 40192 und 40193 ($9D00 und $9D01) und erneuten DOS-„Kaltstart".

Wenn man mit diesem DOS ein INIT durchführt, wird diese Änderung im DOS auf die Diskette übertragen!

Wer das DOS direkt auf der Diskette ändern will, muß dies mit einem Sektoreditor tun und dazu die Bytes $00 und $01 im Sektor $C der Spur $0 modifizieren, also Byte $00:80 und Byte $01:9A bei einer mit INIT erstellten Diskette und Byte $00:80 und Byte $01:1A bei einer DOS-Master-Diskette. Man beachte bei dieser Verschiebung des DOS-Puffers aber, daß viele Programme von einer normalen Lage der DOS-Puffer ausgehen und sich durch Setzen von HIMEM und MAXFILES Platz für Maschinenprogramme schaffen.

Programm 6.5-6 PLATZ-RESERVIEREN

```
100  TEXT : HOME : PRINT "Speicherplatz reservieren!"
110  ZD = 40192
120  PA = 43607
130  P1 =  PEEK (ZD) +  PEEK (ZD + 1) * 256 - 557
140   PRINT : PRINT "Beginn des eigentlichen DOS    :";ZD
150   PRINT "Zeiger in Speicherstelle ";ZD;":"; PEEK (ZD) +  PEEK (ZD + 1) * 256
160   PRINT : PRINT "Adressen der DOS-Puffer:";
170   PRINT "(HIMEM:"; PEEK (115) +  PEEK (116) * 256;")"
180   FOR I = 0 TO  PEEK (PA) - 1
190   PRINT I + 1;". DOS-Puffer von ";P1 - I * 595;" bis ";P1 - I * 595 + 594
200   NEXT
210   PRINT : PRINT : PRINT "Wieviel Platz soll geschaffen werden:"
220   PRINT : PRINT "0. Normale Pufferlage      "
```

```
230    PRINT "      (7 Bytes von ";ZD - 7;" bis ";ZD - 1;")"
240    PRINT : PRINT "1.  602 Bytes von ";ZD - 602;" bis ";ZD - 1
250    PRINT : PRINT "2. 1197 Bytes von ";ZD - 1197;" bis ";ZD - 1
260    PRINT : PRINT "3. Programm jetzt beenden"
270    PRINT : PRINT : INPUT "          Zahl eingeben:";Z
280    IF Z < 0 OR Z > 3 THEN 270
290    IF Z = 3 THEN 410
300    PRINT : PRINT "Fuer MAXFILES ";3 - Z;" liegt HIMEM bei 38400."
310    ON Z + 1 GOTO 320,340,360
320    POKE ZD,211: POKE ZD + 1,156
330    GOTO 370
340    POKE ZD,128: POKE ZD + 1,154
350    GOTO 370
360    POKE ZD,45: POKE ZD + 1,152
370    PRINT : PRINT "Es wird jetzt das DOS geaendert und"
380    PRINT "dann ein 'Kaltstart' durchgefuehrt ,"
390    PRINT "der das Programm loescht."
400    CALL 979
410    END
```

6.5.4 Vorschläge für die Nutzung des Speichers bei BASIC-Programmen

Wir wollen uns in diesem Abschnitt mit der Speicheraufteilung bei BASIC-Programmen in den verschiedenen Fällen (z. B. mit der Textseite 2, mit der Graphik, mit eigenen Maschinenprogrammen usw.) auseinandersetzen:

a) Der normale BASIC-Programmanfang liegt bei 2049 ($801). In diesem Fall ist die Textseite 2 nicht benutzbar, weil das BASIC-Programm zerstört würde.
   Der freie Speicherplatz beträgt dann 36352 Bytes und die Obergrenze des verfügbaren Speichers (HIMEM) liegt bei 38400 ($9600), wenn normal MAXFILES 3 gesetzt ist. Bei allen BASIC-Programmen, die keine hochauflösende Graphik benutzen und keine langen Maschinenprogramme haben, ist diese Einteilung sinnvoll.

b) Betrachten wir nochmals die Speicheraufteilung in Bild 3.2-3.
   Wenn wir die Graphikseite 1 benutzen, können wir HIMEM auf 8192 heruntersetzen und haben nur noch 6144 Bytes frei für das BASIC-Programm. Dies erlaubt keine längeren Programme mehr.
   Wollen wir nur die Graphikseite 2 benutzen, so setzen wir HIMEM auf 16384 und haben für das BASIC-Programm 14336 Bytes frei. In beiden Fällen verschenken wir den Platz von $6000 bis $9600, also 13824 Bytes, es sei denn, wir benutzen dort sehr lange Maschinenprogramme.

c) Wenn man die hochauflösende Graphik benutzen will und hat gleichzeitig ein längeres BASIC-Programm, so bietet sich folgende Lösung an:

   – Verlegen des BASIC-Programmanfanges auf 16384 ($4000) und nur Benutzung der Graphikseite 1.

— Man hat dann den Bereich von $4000–$9600 also 22016 Bytes für das BASIC-Programm zur Verfügung. Dies genügt für Programme, die auf Diskette über 40 Sektoren umfassen.

— In diesem Fall kann man auch die Textseite 2 benutzen und hat zusätzlich den Raum von $ 0C00–$ 1FFF frei für Daten oder Maschinenprogramme.

Es ergibt sich also folgende Aufteilung:

```
DOS             : ab $9600          38400
BASIC Programm  : $4000–$95F7       16384–38391
HGR 1           : $2000–$3FFF        8192–16383
frei            : $  800–$1FFF       2048–  8191
Text 1          : $  400–$7FF        1024–  2047
```

6.6 DOS und ONERR-Behandlung

Normalerweise meldet DOS oder der BASIC-Interpreter, wenn ein Fehler in der Syntax, im Programmablauf oder aus einem anderen Grund auftritt und unterbricht das Programm dann, um eine entsprechende Meldung auszugeben.

Eine Ausnahme bildet der INPUT-Befehl: Gibt man dort z. B. ein Komma oder Semikolon ein, so meldet der BASIC-Interpreter nur "EXTRA IGNORED" und setzt das Programm fort.

Bei „anwenderfreundlichen" Programmen versucht man normalerweise, alle möglichen Fehler „abzufangen", d. h. eine Programmunterbrechung zu vermeiden. Nach einem Fehler sollen dem Benutzer Hinweise zur Fortführung des Programms gegeben werden.

Welche Probleme treten nun im Zusammenhang mit dem ONERR-Befehl auf?

In der Regel berücksichtigt man bei kurzen Programmen nicht alle möglichen DOS- und BASIC-Fehler. Im Anhang findet sich eine Übersicht der möglichen Fehlermeldungen und derjenigen Kennzahl, die beim ONERR-Befehl in der Speicherstelle 222 abgelegt wird. Auf diese Weise kann man feststellen, ob ein „erwarteter" Fehler aufgetreten ist, und diesen Fehler entsprechend behandeln (vgl. Programm RENAME-NEU 4.5-1). Andernfalls kann man das Programm unterbrechen und die Fehlernummer ausgeben.

Man kann den ONERR-Befehl auch wieder außer Kraft setzen, mit
POKE 216,0:

Programm 6.6-1 ONERR-BEISPIEL-1

```
10   ONERR  GOTO 40
20 XXXX: REM    ?SYNTAX ERROR ! ! !
30   END
40   PRINT "Fehlerbehandung!"
50   PRINT "Kein Programmabbruch in Zeile 20"
60   POKE 216,0: REM  Aufheben von ONERR
70   INPUT "Weiter mit  RETURN-Taste:";X$
80   GOTO 20
```

Da bei ONERR in den Speicherstellen 218 und 219 die Zeilennummer steht,
in der der Fehler auftrat, kann man in der ONERR-Routine auch testen, ob
und wo ein bestimmter Fehler aufgetreten ist.

Eine solche Fehlerbehandlung könnte folgendermaßen aussehen:

Programm 6.6-2 ONERR-BEISPIEL-2

```
10   ONERR  GOTO 60
20   PRINT  CHR$ (4)"VERIFY DATEI-NICHT-AUF-DISKETTE"
30   INPUT "Weiter mit der RETURN-Taste:";X$
40   PRINT  CHR$ (4)"VERIFY DATEI-NICHT-AUF-DISKETTE"
50   END
60 FEHLER -  PEEK (222)
70 ZEILE -  PEEK (218) +  PEEK (219) * 256
80   PRINT "Zeile in der der Fehler auftrat:";ZEILE
90   IF FEHLER - 6 AND ZEILE - 20 THEN  GOTO 30
100  IF FEHLER - 6 AND ZEILE - 40 THEN  GOTO 50
110  PRINT "Fehlernummer ";FEHLER;" in Zeile ";ZEILE
```

Anmerkung:

Ein Umnumerieren der Zeilen ist dann aber nicht mehr möglich.

Weitere Probleme treten bei Unterprogrammen auf, da beim ONERR-Sprung
die Rücksprungadressen gelöscht werden und man anschließend die Fehlermeldung "RETURN WITHOUT GOSUB" erhält.

Man sollte also die ONERR-Behandlung nur sehr gezielt in seinem Programm
verwenden, um viele Sprünge zu vermeiden, die das Programm unlesbar
machen. Im Zusammenhang mit Unterprogrammen läßt sich der ONERR-
Befehl nicht ohne weiteres verwenden.

Bei Textdateien werden wir von dem ONERR-Befehl noch Gebrauch machen,
um sequentielle Dateien unbekannter Länge einzulesen (Kap. 7).

Schließlich sei noch erwähnt, daß die ONERR-BASIC-Routine nicht fehler-
frei arbeitet. Bei FOR-NEXT-Schleifen und GOSUB-Sprüngen gibt es Probleme mit den Stapelzeigern ("Stack"). Zum anderen treten Probleme im

Zusammenhang mit dem RESUME-Befehl und mehreren hintereinander folgenden GET-Befehlen auf.

Näheres dazu findet sich in der Applesoft-BASIC Programmieranleitung inklusive einer kurzen Verbesserungsroutine.

Man beachte auch, daß der ONERR-Befehl in derselben Zeile keine weiteren Befehle mehr zuläßt.

7 Textdateien

7.1 Einleitung

Nachdem wir uns im Laufe des Buches mit BASIC-Dateien und Binärdateien auseinandergesetzt und auch geklärt haben, wie DOS-Befehle in BASIC-Programmen verwendet werden, kommen wir nun zu den Textdateien.

Was ist eine Textdatei?

Sie besteht aus auf der Diskette gespeicherten ASCII-Zeichen bzw. deren sedezimalen Zahlenwerten. Eine Anwendung ist die Speicherung von Textzeilen bzw. längeren Texten.

Daraus ergibt sich sofort ein Problem: Wie gibt man Textzeilen in den Apple-Computer ein?

Man verwendet dazu ein entsprechendes Programm, z. B. ein spezielles Textverarbeitungsprogramm. Wenn man sich im normalen BASIC- oder Monitor-Modus befindet, kann man ja nicht einfach Textzeilen auf den Bildschirm schreiben. Spätestens nach RETURN gibt es dann einen ?SYNTAX ERROR. Die DOS-Befehle für Textdateien können nur aus BASIC-Programmen heraus benutzt werden. Man vermißt im DOS 3.3 vor allem einen direkten Befehl, mit dem man sich den Inhalt der Textdateien auf den Bildschirm ausgeben lassen kann. Sieht man nach dem CATALOG-Befehl eine Textdatei im Inhaltsverzeichnis, über deren Inhalt man etwas wissen will, so ist dies ohne Hilfsprogramme (oder Änderungen bzw. Varianten des DOS) nur schlecht möglich. Dies ist bei CP/M besser gelöst. Mit dem Befehl TYPE kann man sich jederzeit den Inhalt einer Textdatei ansehen.

Halten wir also fest:

Das Erstellen und Lesen von Textdateien ist unter DOS 3.3 mit den normalen DOS-Befehlen nur aus BASIC-Programmen heraus möglich!

Eine Bemerkung zu den DOS-Textdateien:

Im Rahmen dieses Buches wollen wir auf die Textdateien nur insoweit eingehen, wie es für den normalen DOS-Anwender und BASIC-Programmierer sinnvoll ist. Daraus folgt, daß es aufgrund der Schwerfälligkeit der Befehle, der geringen Geschwindigkeit und des mangelnden Komforts nicht sinnvoll ist, eine größere und kompliziertere Dateiverwaltung unter DOS in BASIC selbst zu programmieren!

Wer vernünftige Textverarbeitung, Dateiverwaltung oder Tabellenkalkulationen machen will, wird dies nicht mit den DOS-Textdateibefehlen in BASIC-Programmen erreichen. Aus diesem Grund erscheint es den Autoren sinnlos, dem Leser vorzugaukeln, mit diesen Mitteln eine praktisch anwendbare Datenverarbeitung aufbauen zu können. Vielleicht reicht es noch zu einer Verwaltung des kleinen privaten Schallplattenarchives, aber zu mehr auch nicht. Wohlgemerkt, dies bezieht sich auf Textverarbeitung und Datenverwaltung mit BASIC-Programmen, denn es gibt unter DOS 3.3 sehr wohl leistungsfähige Anwenderprogramme.

Wir werden das Kapitel über Textdateien also relativ kurz fassen und nur Anwendungen und Hilfen für den Programmiergebrauch geben. Natürlich kann man dabei auch etwas über den Umgang mit Textdateien und Datenverwaltung lernen. Außerdem gibt es auch Fälle, in denen es nicht sinnvoll ist, zum "APPLEWRITER" zu greifen, z.B. wenn man nur eine Zeile als Textnotiz auf der Diskette hinterlassen will.

Texte kann man auch anders als in Textdateien speichern. So legen einige Textverarbeitungsprogramme ihre Texte als Binärdateien auf Disketten ab.

Bevor wir zu den einzelnen Textdateibefehlen kommen, wollen wir noch auf einen Unterschied in der Speicherung der Textdateien eingehen.

Textdateien unterscheiden sich in der Ablage auf Diskette von BASIC- oder Binärdateien dadurch, daß keine Anfangsadresse und Länge der Datei notiert wird.

Bei Textdateien will der Benutzer auch die Möglichkeit haben, nur auf Teile einer Datei zuzugreifen, ähnlich wie auf einzelne Karteikarten eines Zettelkastens. Dies führt dazu, daß man zwei verschiedene Konzepte von Textdateien hat. Einmal sogenannte „sequentielle Dateien", in denen die Einträge hintereinander abgelegt werden. Hier können nur am Ende neue Daten angefügt werden. Zum anderen gibt es „Dateien mit wahlweisem Zugriff" (engl. Random-Access-Dateien), bei denen einmal die Größe eines Datensatzes (Record) festgelegt wird. Man kann dann auf jeden einzelnen Datensatz zugreifen.

Schließlich hat man im DOS wie in anderen Betriebssystemen die Möglichkeit, sogenannte Befehlsdateien zu erstellen, die beim Aufruf so funktionieren, als wäre die Eingabe von der Tastatur gekommen. Im DOS heißen diese Dateien EXEC-Dateien. Es sind sequentielle Textdateien, die mit dem speziellen Befehl EXEC aufgerufen werden.

Mit diesen Punkten haben wir auch schon den Aufbau des Kapitels umrissen. Wegen der Besonderheit des Schreibens und Lesens der Textdateidaten müssen wir vorab einen kurzen Exkurs in die Syntax der BASIC-Befehle PRINT, INPUT und GET machen.

Exkurs PRINT, INPUT und GET:

Mit PRINT können sowohl Zahlen als auch Zeichenketten ausgegeben werden. Eine „leere" PRINT-Anweisung bewirkt einen Zeilenvorschub (es wird das Controlzeichen RETURN ausgegeben). Ein Semikolon verhindert den Zeilenvorschub, ein Komma bewirkt ein Vorrücken auf die nächste Tabulatorstelle. Bei der Ausgabe einer Zeichenkette kann das schließende Anführungszeichen weggelassen werden. Soll ein Anführungszeichen ausgegeben werden, so muß der entsprechende ASCII-Code in die PRINT-Anweisung aufgenommen werden.

Beispiele für PRINT:

```
10 A$ = "HALLO"
20 B = 1986
30   PRINT "START"
40   PRINT
50   PRINT A$;"WEITER";B
60   PRINT A$,"WEITER",
70   PRINT "SCHLAMPIG
80   PRINT  CHR$ (34)
90   PRINT  CHR$ (34)"ENDE" CHR$ (34)
```

Der INPUT-Befehl kann in BASIC-Programmen mit oder ohne Eingabekommentar verwendet werden. Der Befehl weist die Eingabe Zahlen- oder Zeichenvariablen zu. Eingegebene Zeichenketten dürfen nicht länger als 255 Zeichen sein. Der Abschluß der Eingabe erfolgt mit RETURN. Bei der Eingabe können alle Zeichen außer dem Komma und dem Doppelpunkt verwendet werden. Bei diesen beiden Zeichen erhält man die Fehlermeldung EXTRA IGNORED und die folgenden Zeichen werden nicht in die Variable übernommen. Will man dies vermeiden, muß man den eingegebenen Text mit einem Anführungszeichen beginnen.

Beispiele für INPUT:

```
10   INPUT "TEXT:";A$
20   INPUT B
30   INPUT C,D$
40   INPUT E$: INPUT F
```

Mit dem GET-Befehl hingegen kann man jedes beliebige Zeichen einlesen. Es wird jedes Zeichen einzeln direkt eingelesen, ohne Abschluß mit RETURN und ohne Bildschirmecho.

Bei der Arbeit mit Textdateien werden die genannten Befehle verwendet, um in die Dateien zu schreiben bzw. aus ihnen zu lesen. Es sind aber folgende Besonderheiten zu beachten:

— Kommas und Doppelpunkte können nur dann mit dem INPUT-Befehl aus einer Textdatei eingelesen werden, wenn zu Beginn des Textes ein Anführungszeichen abgelegt war.
— Es können mit INPUT keine Zeichenketten eingelesen werden, die länger sind als 255 Zeichen.

7.2 Sequentielle Textdateien

Dies ist der „einfachere" Typ von Textdateien. Die Daten, z. B. Textzeilen, werden einfach hintereinander auf die Diskette geschrieben.

Das Arbeiten mit Textdateien verlangt immer drei verschiedene DOS-Befehle (OPEN, READ/WRITE und CLOSE):

1. Zunächst wird die Datei geöffnet, d. h. einer der Pufferbereiche unterhalb des DOS dieser Datei zugewiesen. Auf der Diskette wird geprüft, ob eine Textdatei dieses Namens schon existiert und falls dies nicht der Fall ist, ein entsprechender CATALOG-Eintrag gemacht und eine Track-Sector-Liste angelegt.

   Da OPEN nur als indirekter Befehl in einem BASIC-Programm erlaubt ist, ergibt sich folgender Befehlsaufbau:

   zeilen-nr.   PRINT CHR$ (4) "OPEN name , Ss ,Dd ,Vv"

2. Nun kann man DOS mitteilen, ob man etwas in die Datei hineinschreiben oder etwas aus ihr lesen will:

   zeilen-nr.   PRINT CHR$ (4) "READ name"   — zum Lesen —
   zeilen-nr.   PRINT CHR$ (4) "WRITE name" — zum Schreiben —

   Das eigentliche Lesen und Schreiben wird dann von BASIC-Befehlen INPUT/GET und PRINT übernommen. Aber dazu gleich mehr.

3. Sind die Arbeiten mit der Textdatei beendet, muß man die entsprechenden Pufferbereiche im Speicher wieder freigeben und die Textdatei schließen. Dies wird mit dem Befehl CLOSE erreicht:

   CLOSE name

   bzw.

   zeilen-nr.   PRINT CHR$ (4) "CLOSE name"

Wir werden jeden dieser Befehle noch ausführlich behandeln, auf Erweiterungen der Syntax, Fehlermöglichkeiten etc. eingehen. Hier wollen wir noch einmal das Prinzip festhalten:

— Arbeit mit Textdateien nur innerhalb eines BASIC-Programmes.
— Drei Stufen der Arbeit: ÖFFNEN, LESEN oder SCHREIBEN, SCHLIE-ßEN der Datei.

Wir sehen hierbei, daß wir beim Einlesen auf diese Art und Weise schon
wissen müssen, wie die Datei aufgebaut ist und wie viele Daten sie enthält.
Wie oben beim Schreiben der Datei wird hier der INPUT-Befehl „umgeleitet"
und liest nicht Daten von der Tastatur, sondern aus der Datei ein.

Beispiele für das Ablegen von Daten in einer sequentiellen Datei:

```
10    PRINT   CHR$ (4)"OPEN TEST"
20    PRINT   CHR$ (4)"WRITE TEST"
30    PRINT "ANFANG"
40    PRINT "BEISPIEL";
50    PRINT "1986";
60    PRINT "WEITER"
70    PRINT "ENDE"
80    PRINT   CHR$ (4)"CLOSE"
```

Auf Diskette werden die Daten in folgender Form abgelegt:

```
C1 CE C6 C1 CE C7 8D C2                  ANFANG.B
C5 C9 D3 D0 C9 C5 CC B1      bzw.        EISPIEL1
B9 B8 B6 D7 C5 C9 D4 C5                  986WEITE
D2 8D C5 CE C4 C5 8D 00                  R.ENDE.
```

Alle Zeichen werden als ASCII-Werte abgespeichert. Dabei wird allerdings
das Bit 7 der dualen Darstellung auf 1 gesetzt. Das entspricht einem Hinzu-
addieren von 128 im Dezimal- bzw. $80 im Sedezimalsystem. Ein RETURN
mit dem ASCII-Wert 13 bzw. $D wird auf Diskette als 141 bzw. $8D abgespeichert.

Die Zeichenfolge in einer Datei bis zu einem RETURN bezeichnet man als
Datenfeld. Die Datenfelder einer sequentiellen Datei sind also durch RE-
TURN voneinander getrennt.

Das Ende einer sequentiellen Datei wird von DOS durch das Byte $00 mar-
kiert.

Beim Zählen der Datenfelder einer Datei beginnt man mit dem Feld 0. Die
Datei, die durch unser erstes Beispiel angelegt wird, enthält also 3 Felder und
umfaßt 30 Zeichen (die drei RETURN-Zeichen werden auch abgespeichert).

Die Datei kann eingelesen werden durch:

```
10    PRINT   CHR$ (4)"OPEN TEST"
20    PRINT   CHR$ (4)"READ TEST"
30    FOR I = 1 TO 3
40    INPUT A$(I)
50    NEXT
60    PRINT   CHR$ (4)"CLOSE"
70    PRINT A$(1): PRINT A$(2): PRINT A$(3)
```

Es ist also notwendig, den Aufbau und die Größe der Datei zu kennen.

Beim Einlesen einer sequentiellen Textdatei gibt es folgende Möglichkeiten:

— Einlesen der Felder in einer Endlosschleife mit einem ONERR-Sprung bei END OF DATA.
— Einlesen der Felder in einer FOR-NEXT-Schleife, wenn man die Anzahl der Felder kennt. Die Zahl der Felder könnte man z. B. im ersten Feld ablegen und dort zu Beginn auslesen.
— Einlesen mit einer IF-THEN-Abfrage, die überprüft, ob ein Feld mit einem bestimmten Inhalt eingelesen wurde. Dieser Text, z. B. "DATEIENDE", muß dem Benutzer aber bekannt sein.

Für fremde Dateien kommt nur die erste Methode in Frage.

Beim Arbeiten mit Komma und Doppelpunkt muß man beachten, daß diese Zeichen zwar mit PRINT in der Textdatei abgelegt werden können, ein Auslesen mit INPUT aber zur Fehlermeldung EXTRA IGNORED führt. Man muß deshalb diese Zeichen mit einer besonderen Technik in die Datei schreiben. Dazu wird vor jeder Zeichenkette mit CHR$(34) ein Anführungszeichen in die Datei geschrieben. Dadurch wird die Zeichenkette als String erkannt und darf die Sonderzeichen enthalten.

Als Beispiel für die Nutzung einer Textdatei geben wir hier ein Programm an, das den Inhalt des 40-Zeichen-Bildschirmes in eine Textdatei schreibt. Dazu werden im Programm 4.6-1 TEXTSCHIRMDRUCK die folgenden Zeilen geändert, um die Ausgabe in die Textdatei zu lenken.

```
8340  PRINT  CHR$ (4)"OPEN 240": PRINT  CHR$ (4)"WRITE 240"
8400  PRINT  CHR$ (4)"CLOSE 240"
```

7.3 Random-Access-Dateien

Bei Dateien mit wahlweisem Zugriff arbeitet man im Prinzip genau wie mit sequentiellen Dateien, nur daß der OPEN-Befehl zusammen mit dem L-Parameter verwendet wird, der eine bestimmte Länge für die Datensätze festlegt. Beim READ- und beim WRITE-Befehl gibt der R-Parameter an, auf welchen Record zugegriffen werden soll.

```
zeilen-nr.    OPEN "name, L zahl"
zeilen-nr.    READ "name, R zahl"
zeilen-nr.    WRITE "name, R zahl"
```

Der L-Parameter für die Länge des Datensatzes wird bei der Anlage der Random-Access-Datei einmal festgelegt und kann nicht mehr geändert werden. Da er nach dem Anlegen nicht mehr ersichtlich ist, sollte man die Satzlänge in den Dateinamen aufnehmen oder in Record 0 ablegen.

Anders als bei sequentiellen Dateien ist hier für jeden Datensatz die Länge fest vorgegeben, die aber nicht unbedingt ausgeschöpft werden muß. Eventuell wird deshalb der Speicherplatz auf der Diskette nicht optimal genutzt.

Beispiel für L=5:

Random-Access-Datei:

```
B1 8D 00 00 00 B2 8D 00 00 00 B3 8D 00 00 00 B4 8D 00 00 00
B5 8D 00 00 00 B6 8D 00 00 00 B7 8D 00 00 00
```

Sequentielle Datei:

```
B1 8D B2 8D B3 8D B4 8D B5 8D B6 8D B7 8D
```

Ein Datensatz kann ein oder mehrere Felder umfassen, die auch unterschiedlich lang sein dürfen.

Für alle Records, die unterhalb der bisher höchsten Recordnummer liegen, wird eine TSL angelegt, auch wenn diese Records noch leer sind oder leer bleiben.

Beispiel:

```
10    PRINT   CHR$ (4)"OPEN RTEST,L256"
20    PRINT   CHR$ (4)"WRITE RTEST,R611"
30    PRINT "1 RECORD"
40    PRINT   CHR$ (4)"CLOSE RTEST"
```

Diese Datei mit nur einem Datensatz belegt nun 7 Sektoren, nämlich einen Datensektor und sechs Sektoren für die Track-Sector-Listen der Records 0 bis 611.

Ein Beispiel für eine Datei mit wahlweisem Zugriff

Wir wollen als Beispiel eine Bücherdatei erstellen und müssen dazu die maximale Länge des Datensatzes, die Anzahl der Felder und die Feldlängen festlegen. Jeder Datensatz soll 6 Felder mit folgenden Feldlängen enthalten:

Autor	16 Zeichen
Titel	20 Zeichen
Jahr	4 Zeichen
Ort	12 Zeichen
Verlag	12 Zeichen
Sachgebiet	10 Zeichen

Das ergibt für jeden Datensatz (Record) gerade 80 Stellen, wenn wir noch die 6 RETURN-Zeichen für jedes Feld dazu addieren. Für 3 Datensätze benötigen wir etwa einen Diskettensektor, so daß wir auf einer normalen 35-Spur-Diskette gerade 1488 Sätze aufnehmen könnten (bzw. etwas weniger, da für die TSL auch noch circa 15 Sektoren benötigt werden). An diesem Beispiel kann man auch gut die begrenzte Speicherkapazität der Disketten erkennen. Auf die einzelnen Datensätze kann man folgendermaßen zugreifen:

```
10    PRINT   CHR$ (4)"OPEN BUCHDATEI,L80"
20    PRINT   CHR$ (4)"READ BUCHDATEI,R1"
30    INPUT AUT$,TITEL$,JAHR,STADT$,VERLAG$,SACH$
40    PRINT   CHR$ (4)"CLOSE"
```

Um effektiv damit arbeiten zu können, ist es noch erforderlich, eine sogenannte Indexdatei anzulegen, in der z. B. zu jedem Autor die dazugehörende Recordnummer gespeichert wird. Will man also eine alphabetische Aufstellung haben, so sortiert man nur die sequentielle Indexdatei und greift dann über die zugeordnete Recordnummer auf den ganzen Datensatz zu. Entsprechend kann man auch eine Indexdatei von Sachgebieten und dazugehörenden Recordnummern anlegen und damit auf alle Datensätze eines Sachgebietes zugreifen. Mehr als Anregungen können und wollen wir in diesem Zusammenhang aber nicht vermitteln, da in BASIC und DOS eine effektive Dateiverwaltung viel zu umständlich und langwierig ist.

7.4 Textdateibefehle

7.4.1 OPEN

Der OPEN-Befehl stellt nicht nur einen DOS-Puffer bereit, sondern lädt den ersten Datensektor und die TSL des Textfiles in diesen Puffer, wenn die Datei schon existiert bzw. legt eine neue Datei dieses Namens auf der Diskette an (d. h. ein CATALOG-Eintrag und eine leere TSL, die noch keine Einträge von Datensektoren enthält).

Weglassen des OPEN-Befehls

Wenn man nur eine Datei lesen will, kann man den OPEN-Befehl weglassen. Dies hat den Vorteil, daß bei einem falsch eingegebenen Dateinamen keine TSL und kein CATALOG-Eintrag angelegt wird. Ist die Datei gar nicht vorhanden, erhält man eine entsprechende Fehlermeldung. Beim Schreiben muß allerdings ein OPEN vorausgehen, da man sonst die Fehlermeldung FILE NOT FOUND erhält.
Durch den OPEN-Befehl wird ein interner Zeiger auf den Anfang, d. h. das erste Feld der Textdatei gesetzt. Da man ohne den Befehl OPEN auch noch Buch über den derzeitigen Stand des Zeigers führen kann, sollte man diese Arbeit lieber dem DOS überlassen.

7.4.2 READ

Mit dem READ-Befehl wird nach dem Öffnen einer Textdatei das Lesen von
Daten aus dieser Textdatei ermöglicht. Alle auf READ folgende Eingabebefehle wie INPUT und GET bewirken ein Einlesen von Daten aus dieser Datei.

Der READ-Befehl wird durch jeden anderen DOS-Befehl aufgehoben, z. B.
durch den Aufruf des CATALOG. Dies bewirkt sogar schon ein sogenannter
leerer DOS-Befehl im Programmodus, d. h. die Mitteilung PRINT CHR$ (4).

Beim Lesen einer Textdatei kann man gleichzeitig die eingelesenen Zeichen
mit dem PRINT-Befehl auf den Bildschirm schreiben, da beim Lesen ja nur
die Eingabebefehle vom DOS umgeleitet werden.

Das Einlesen sollte nicht mit CTRL-C abgebrochen werden, da man sonst die
Aufforderung REENTER erhalten würde, sondern besser mit CTRL-RESET.

READ mit dem R-Parameter

Die Verwendung von READ mit dem R-Parameter dient zum Einlesen
eines bestimmten Feldes aus einer sequentiellen Textdatei.

    zeilen-nr.   PRINT CHR$ (4) ''READ name, R zahl''

Bei einer sequentiellen Datei wird anschließend das Feld eingelesen, auf das
der interne Zeiger zeigt, wenn er um den entsprechenden Zahlenwert von R
weitergesetzt wird.

Man beachte, daß nach dem Einlesen mit INPUT der Zeiger auf das nächste
Feld gesetzt wird.

Bei einer Datei mit wahlweisem Zugriff bezieht sich der R-Parameter auf den
entsprechenden Datensatz (Record).

READ mit dem B-Parameter

READ mit dem B-Parameter

Dieser Parameter setzt den internen Zeiger auf das der angegebenen Zahl
folgende Byte der Textdatei, wobei immer absolut vom Anfang der Datei
gerechnet wird, wenn nicht noch der R-Parameter verwendet wird.

    zeilen-nr.   PRINT CHR$ (4) ''READ name, B zahl''

Das Zählen der Bytes beginnt dabei mit 0. Also würde B7 den Zeiger auf das
achte Byte setzen.

```
10   PRINT  CHR$ (4)"OPEN ZAHL"
20   PRINT  CHR$ (4)"READ ZAHL,B7"
30   INPUT A$
40   PRINT  CHR$ (4)"CLOSE"
50   PRINT A$
```

Bei Random-Access-Dateien bezieht sich der B-Parameter auf das entsprechende Byte des aktuellen Records, z. B. READ name, R2, B3 auf das vierte Byte des 2. Records.

7.4.3 WRITE

Der WRITE-Befehl bildet das Gegenstück zum READ-Befehl. Mit ihm lassen sich Daten in Textdateien schreiben. Generell gelten für WRITE die gleichen Regeln wie bei READ, auch in Bezug auf die L-, R- und B-Parameter.

Man beachte, daß Fehlermeldungen bei geöffneter Textdatei nach einem WRITE-Befehl auch auf die Diskette in die Datei geschrieben werden, bevor das Programm abbricht. Das BASIC-Prompt erscheint dabei erst wieder nach der Eingabe von RETURN oder CTRL-RESET.

Will man nach einem WRITE-Befehl bei geöffneter Textdatei eine Abfrage vornehmen, so muß vor dem INPUT-Befehl ein leerer DOS-Befehl PRINT CHR$ (4) ausgegeben werden, um den WRITE-Befehl aufzuheben. Andernfalls würde die INPUT-Abfrage ein Fragezeichen und das Bildschirmecho in die Textdatei auf Diskette schreiben. Bei einer Abfrage mit GET achte man auf die Ausgabe eines zusätzlichen RETURN-Zeichens vor dem nächsten DOS-Befehl.

Das Schreiben in eine Diskettendatei, die mit dem LOCK-Befehl schreibgeschützt wurde, ist erst nach dem Aufheben dieses Schutzes wieder möglich.

7.4.4 CLOSE

Der Befehl CLOSE dient dazu, die Datenpuffer unterhalb des DOS wieder zur Benutzung freizugeben. Der Befehl kann im Gegensatz zum OPEN-Befehl sowohl direkt als auch im Programm eingegeben werden. Wird kein Dateiname angegeben, werden alle Datenpuffer geschlossen.

Weglassen des CLOSE-Befehls

Beim Schreiben in eine Textdatei kann das Fehlen des CLOSE-Befehls zum Verlust von Daten führen, da diese immer nur aus dem Datenpuffer auf die Diskette geschrieben werden, wenn der Datenpuffer voll oder der CLOSE-Befehl erfolgt ist.

Freigabe der Datenpuffer mit CLOSE

In der normalen Einstellung mit MAXFILES 3 ist es möglich, mit drei Textdateien gleichzeitig zu arbeiten. Es steht dann aber kein Puffer mehr für

andere Diskettenoperationen zur Verfügung. Soll beispielsweise ein CATA-
LOG ausgegeben werden, so erhält man die Fehlermeldung NO BUFFERS
AVAILABLE. Will man dies vermeiden, so muß man entweder eine oder alle
Dateien mit CLOSE schließen oder MAXFILES auf einen höheren Wert
setzen.

7.4.5 APPEND

Der APPEND-Befehl dient zum Anhängen weiterer Felder an eine bestehende
sequentielle Textdatei:

     zeilen-nr.   PRINT ''APPEND name''

Er sucht das Byte $00 und setzt den internen Zeiger auf dieses Zeichen. Des-
halb kann man danach auch nur in die Datei schreiben, da ein Lesen ein
END OF DATA ergeben würde. Der APPEND-Befehl benötigt keinen vorherigen OPEN-Befehl, sondern führt diesen bei einer existierenden Datei automatisch durch. Andernfalls erhält man FILE NOT FOUND. Es ist noch zu
bemerken, daß der APPEND-Befehl bei großen Textdateien sehr langsam arbeitet.

7.4.6 POSITION

Der Befehl POSITION rückt den internen Zeiger vom aktuellen Feld der
Textdatei um die angegebene Zahl vorwärts:

     zeilen-nr.   PRINT CHR$ (4) ''POSITION, name,R zahl''

Bei einer Datei mit wahlweisem Zugriff ist der Befehl nur innerhalb eines
Records anzuwenden. Es ist zu beachten, daß der POSITION-Befehl vor
dem READ- oder WRITE-Befehl erfolgen muß, da diese andernfalls aufgehoben werden, denn jeder DOS-Befehl hebt den READ- und WRITE-Befehl
auf.

Der POSITION-Befehl arbeitet relativ zum aktuellen internen Zeiger, POSI-
TION name,R0 bewegt den Zeiger nicht. Nur nach dem Öffnen der Datei
bezieht sich der R-Parameter auf die absolute Nummer eines Feldes in der
Datei.

Es ist noch zu bemerken, daß der interne Zeiger nach dem Lesen auf das
nächste Feld gesetzt wird.

7.4.7 MAXFILES

Der Befehl dient zum Einrichten bzw. Freigeben von Datenpufferbereichen des DOS.

Es können maximal 16 Datenpuffer reserviert werden.

    MAXFILES pufferzahl

Wer die aktuelle Anzahl der Datenpuffer feststellen will, kann sie aus der Speicherstelle 43607 ($AA57) auslesen.

Wenn ein BASIC-Programm läuft, darf MAXFILES nicht erhöht werden, weil sonst die Stringvariablen zerstört werden. Die einzige Möglichkeit in einem BASIC-Programm MAXFILES zu verändern, besteht darin, den Befehl als ersten Befehl des Programms durchzuführen, noch bevor irgendwelche Stringvariablen definiert werden.

Ändert man die Zahl der Datenpuffer bei geöffneten Textdateien, so wird automatisch ein CLOSE durchgeführt.

7.5 EXEC-Dateien

EXEC-Dateien sind sequentielle Textdateien, die sich beim Aufruf so verhalten, als ob die Eingabe von der Tastatur gemacht worden wäre. Man kann also eine oft benutzte Befehlsfolge als Datei abspeichern und bei Bedarf aufrufen. Dabei wird ein im Speicher stehendes BASIC-Programm nicht gelöscht.

Einige Beispiele für den Einsatz von EXEC-Dateien finden sich am Ende des Kapitels. Diese EXEC-Dateien können mit dem Programm MAKE TEXT der DOS-Master-Diskette oder einem anderen Textverarbeitungsprogramm erstellt werden.

Der Aufbau des Befehls lautet:

    EXEC name ,Ss ,Dd ,Vv

Bei dieser Datei muß es sich um eine Textdatei handeln.

Der Befehl EXEC kann sowohl direkt eingegeben oder in einem Programm wie gewohnt mit PRINT CHR$ (4)"EXEC name" benutzt werden.

Die Anwendung der EXEC-Dateien wird allerdings durch drei Tatsachen eingeschränkt:

– Zum einen ist während einer aktiven EXEC-Datei eine Tastatureingabe nicht möglich. Es kann jedoch abgefragt werden, ob irgendeine Taste gedrückt wurde.

— Zum anderen ist immer nur eine aktive EXEC-Datei möglich, d. h. eine
  EXEC-Datei kann keine zweite EXEC-Datei aufrufen und dann nach dem
  Aufruf fortgesetzt werden.
— Schließlich sind die DOS-Textdateibefehle im Direktmodus verboten, so
  daß man in einer EXEC-Datei nicht Textdateien lesen oder schreiben kann.

Einfache Beispiele für EXEC-Dateien:

```
a) LOAD HELLO      b) CALL -151              c) NEW
   LIST              3D0L I 3D0.3FF N 3D0G      10 PRINT"TEST"
   CATALOG                                      SAVE ETEST
                                                RUN
```

Eine weitere Anwendung ist das Anhängen von Programmzeilen an ein im
Speicher vorhandenes BASIC-Programm. Wir haben dies oft benutzt, um
z. B. mit dem Programm PRUEF-EXEC aus Kap. 8 ein Maschinenprogramm
in DATA-Zeilen einer EXEC-Datei umzuwandeln, die wir dann an ein BASIC-
Programm mit dem EXEC-Befehl anhängen. Hier das Prinzip an einem Beispiel gezeigt:

Wir erstellen eine EXEC-Datei mit folgendem Inhalt, die wir später als Unterprogramm an ein BASIC-Programm anhängen wollen, und speichern sie auf
Diskette unter dem Namen UNTPRGEXEC.

      Feld 1 : 80 HOME
      Feld 2 : 90 RETURN

Das BASIC-Programm, an das wir das Unterprogramm anhängen wollen, soll
so aussehen:

```
10 GOSUB 80
20 PRINT "START"
30 INPUT "WEITER ";A
40 GOSUB 80
50 PRINT "ENDE"
60 END
```

Jetzt fügen wir das Unterprogramm durch Aufruf von

      EXEC UNTPRGEXEC

an das Hauptprogramm an und überzeugen uns durch LIST davon, daß das
Zusammenfügen der Programmteile erfolgt ist.

Weitere Beispiele für EXEC-Dateien:

1. Die Datei DISK-FREI-EXEC berechnet die freien Diskettensektoren.

Programm 7.5-1 DISK-FREI-EXEC

```
CALL -151
300:A9 00 85 06 85 07 A2 B7 A0 08 BD F3 B3 0A 90 06 E6 06 D0
 02 E6 07 88 D0 F4 CA D0 EC 60 N 300G N 300G
PRINT"FREIE SEKTOREN: ";PEEK(6)+PEEK(7)*256
```

Mit CALL − 151 wird der Monitor aufgerufen und in der zweiten Zeile dann ab Adresse $300 ein Maschinenprogramm in den Speicher geschrieben, mit 300G gestartet und mit 3D0G das BASIC wieder aufgerufen. Der Monitorbefehl N wirkt dabei als Trennung der drei Monitorbefehle. Das Maschinenprogramm ist frei verschiebbar und legt in den freien Speicherplätzen $0006 und $0007 das Ergebnis ab. Mit dem PRINT-Befehl in Feld 3 werden die Werte dort ausgelesen und ausgegeben. Wenn das Programm im Speicher steht, kann es auch mit BSAVE auf Diskette gespeichert werden. Ebenso läßt es sich jederzeit mit CALL 768 vom BASIC aus starten.

2. Die Datei BASIC-TEXT, die es ermöglicht ein BASIC-Programm in eine Textdatei zu verwandeln. Dabei nutzt man aus, daß der LIST-Befehl bei einer geöffneten Textdatei und nach dem WRITE-Befehl nicht auf den Bildschirm, sondern in die Textdatei schreibt. Die Textdatei enthält dabei zu Beginn ein leeres Feld mit einem RETURN, da bei einem LIST-Befehl zu Beginn ein RETURN ausgegeben wird. Wegen der speziellen Form des Listings im Applesoft-BASIC, das nach 33 Zeichen einer BASIC-Programmzeile ein RETURN ausgibt, unterdrückt man dies durch das Begrenzen der Bildschirmbreite auf 33 Zeichen (POKE 33, 33).

Programm 7.5-2 BASIC-TEXT

```
POKE 33,33
O   PRINT   CHR$ (4)"OPENLIST": PRINT   CHR$ (4)"WRITELIST":
LIST 1 - : PRINT   CHR$ (4)"CLOSE": END
MON O
RUN
NOMON O
DEL O,O
TEXT
PRINT"BASIC-PROGRAMM IN DER TEXTDATEI 'LIST'"
```

3. Die EXEC-Datei CTRL-FINDER ist in der Lage, Controlzeichen in Dateinamen aufzufinden. Der DOS-Ausgabevektor wird auf ein Maschinenprogramm geleitet, das jedes Controlzeichen außer RETURN ($8D) als inverses Zeichen beim CATALOG ausgibt. Am Ende des Aufrufs wird der DOS-Ausgabevektor wieder normalisiert.

Programm 7.5-3 CTRL-FINDER

```
POKE 752,201:POKE 753,141:POKE 754,240:POKE755,6:POKE756,201:
POKE757,160:POKE758,176:POKE759,2:POKE 760,105:POKE761,128:PO
KE762,76:POKE763,246:POKE764,253
POKE54,240:POKE55,2:CALL1002
CATALOG
PR#0
```

4. Hier noch eine EXEC-Datei zum Verschieben der HGR-Seite 1 auf die
   Seite 2.

Programm 7.5-4 HGR-1-2-EXEC

```
CALL -151
4000<2000.3FFFM
3D0G
PRINT"HGR-SEITE 1 KOPIERT NACH SEITE 2!"
```

7.6 Ergänzungen zu Textdateien

7.6.1 MON und NOMON

Diese beiden Befehle sind als Programmierhilfe gedacht, um die Ein- und
Ausgabe und die Kommandos des DOS zu überwachen. Sie können im Zusammenhang mit allen Dateitypen und Befehlen angewendet werden, sind
allerdings höchstens im Zusammenhang mit Textdateien einigermaßen sinnvoll anwendbar, und werden deshalb hier auch eingeführt.

    MON C,I,0   schaltet die Überwachung ein
    NOMON C,I,0   schaltet die Überwachung aus

Es bedeutet:

C (Commando-Überwachung) :   alle DOS-Kommandos auf dem Bildschirm
                             ausgeben
I (INPUT-Überwachung)   :   alle mit INPUT eingelesenen Textdatei-
                             zeilen auf dem Bildschirm ausgeben
0 (OUTPUT-Überwachung)   :   alle mit PRINT geschriebenen Textdatei-
                             zeilen auf dem Bildschirm ausgeben

Beispiel:

MON C,I   :   Kommando- und Eingabeüberwachung
NOMON I   :   hebt nur die Eingabeüberwachung auf, die Kommandos wer-
              den noch gezeigt

MON und NOMON können sowohl direkt als auch im Programm verwendet
werden.

Beispiel:

```
10 PRINT CHR$(4)"MON I"
20 PRINT CHR$(4)"OPEN TESTDATEI"
30 PRINT CHR$(4)"READ TESTDATEI"
40 INPUT A$
50 GOTO 40
```

Damit können wir uns den Inhalt einer Textdatei auf dem Bildschirm anzeigen lassen, auch wenn die Zeilen Kommas oder Doppelpunkte enthalten (es wird dann allerdings ein störendes EXTRA IGNORED ausgegeben).

Der Befehl "MON I" zeigt nur beim INPUT-Befehl die Daten der Textdatei an, beim GET-Befehl dagegen wird nichts angezeigt. Auf eine Besonderheit des Ausdrucks beim Einlesen mit dem GET-Befehl bei geöffneter Textdatei sei hier hingewiesen. Das DOS „verschluckt" dabei das erste zu druckende Zeichen bei der Normaleinstellung NOMON C,I,0. Man kann sich jedoch dadurch helfen, daß man bei der Normaleinstellung NOMON C,I,0 vor dem Ausdruck der eingelesenen Variablen ein zusätzliches Zeichen ausgibt, z. B. ein Kontrollzeichen wie CHR$ (13) (RETURN). Diese Technik wird auch im Programm TEXTLESER-V1 angewandt.

7.6.2 Das Löschen geänderter Textdateien

Wie wir wissen, merkt sich das DOS in der TSL die Lage der von einer Datei benutzten Datensektoren. Leider ist das DOS nicht in der Lage, diese Buchführung auf dem richtigen Stand zu halten, wenn eine Datei unter demselben Namen, aber mit weniger Datensektoren abgespeichert wird. Damit wird Speicherplatz auf der Diskette verschenkt. Dies gilt nicht nur für Textdateien, hat dort aber wegen des häufigen Zugriffs die größte Relevanz.

Beispiel:

```
10   PRINT   CHR$ (4)"OPEN T1"
20   PRINT   CHR$ (4)"WRITE T1"
30   FOR I - 1 TO 500
40   PRINT   "TEST"
50   NEXT
60   PRINT   CHR$ (4)"CLOSE"
```

Diese Textdatei belegt 11 Sektoren. Wenn man den Inhalt der 500 Felder ändert, in unserem Fall verkleinert, so bleibt der angegebene Speicherplatz trotzdem derselbe. Um dies zu testen, ersetzen wir im obigen Beispiel die Zeile 40 durch 40 PRINT "1". Die neue Datei benötigt genau so viele Sektoren wie die alte.

Wir hätten keinen Speicherplatz vergeudet, wenn wir vor dem neuen Schreiben die alte (jetzt unnötige) Datei gelöscht hätten. Dann belegt die neue Datei nur 5 Sektoren. Wenn man also bei einer sequentiellen Datei den Inhalt neu anlegt, sollte man mit der folgenden Befehlsfolge arbeiten:

```
10 PRINT CHR$(4) "OPEN T1"
20 PRINT CHR$(4) "DELETE T1"
30 PRINT CHR$(4) "OPEN T1"
40 PRINT CHR$(4) "WRITE T1"
```

Eine andere Möglichkeit ist das Umbenennen der Datei, um sie dann hinterher bei Bedarf löschen zu können. Dies ergibt folgende Befehlsfolge:

```
10 PRINT CHR$(4) "RENAME T1,T1.BAK"
20 PRINT CHR$(4) "OPEN T1"
30 PRINT CHR$(4) "WRITE T1"
40 ...
   ...
   ...evt. später:
50 PRINT CHR$(4) "DELETE T1.BAK"
```

Ein weiteres Problem ergibt sich außerdem dadurch, daß der „alte" Inhalt bestehen bleibt und auch weiterhin ausgegeben wird. Bei obigem Beispiel würde nach dem Einlesen der fünfhundert "1" dann der String "TEST" bis zum Ende der Datei ausgegeben werden. Auch deshalb ist es sinnvoll, eine nicht mehr benutzte Textdatei zu löschen.

7.6.3 Textdateien und ONERR

Wir haben gesehen, daß man beim Einlesen einer sequentiellen Datei, deren Ende man nicht kennt, die Fehlermeldung

END OF DATA

durch einen ONERR-Sprung vermeiden kann. So wird auch im Programm TEXTLESER-V1 in Kapitel 8 verfahren.

Da wir hier in der Regel wissen, wo der Fehler auftritt (beim Einlesen), und was hinterher erfolgen soll (das Schließen der Datei), können wir hier mit einer zusätzlichen Abfrage sogar ein Unterprogramm aufrufen.

Programm 7.6-1 ONERR-TEST-SUB

```
100   ONERR   GOTO 220
110   GOSUB 130
120   END
130   IF FEHLER = 5 THEN 200
140   PRINT   CHR$ (4)"OPEN TEST1"
150   PRINT   CHR$ (4)"READ TEST1"
160   INPUT A$
170   PRINT   CHR$ (4)
180   PRINT A$
190   GOTO 150
200   PRINT   CHR$ (4)"CLOSE TEST1"
210   RETURN
220 FEHLER =   PEEK (222)
230   IF FEHLER = 5 THEN 110: REM  SUBROUTINE NOCHMAL!
240   PRINT "Fehler Nr.:";FEHLER: GOTO 120
```

Bemerkung:

Die Technik besteht darin, nach Auftreten des Fehlers noch einmal in das Unterprogramm zu springen und dort zu Beginn abzufragen, ob der Fehler aufgetreten ist. Dann wird die Datei geschlossen und das Programm fortgesetzt.

Beim Schreiben einer Textdatei ist besonders darauf zu achten, daß nach dem ONERR-Sprung die Datei korrekt geschlossen wird, da sonst Daten verloren gehen können.

Programm 7.6.-2 ONERR-TEST-WRITE

```
10   ONERR   GOTO 70
20   PRINT   CHR$ (4)"OPEN TW"
30   PRINT   CHR$ (4)"WRITE TW"
40   PRINT   "DATEN!"
50   PRINT   CHR$ (4)
60 XXXXXX: REM   ?SYNTAX ERROR
70   PRINT   "FEHLER-NR:"; PEEK (222)
```

Nach dem Ausdruck der Fehlernummer 16 (hier SYNTAX ERROR) ist erkennbar, daß auf der Diskette nur die TSL angelegt wurde und der Eintrag im Inhaltsverzeichnis erfolgte, aber kein Datensektor vorhanden ist. (Es wird nur ein Sektor als belegt angegeben). Erst wenn man den CLOSE-Befehl von der Tastatur eingibt, werden die Daten auf Diskette geschrieben.

8 Entwicklung eigener Utilities

In diesem Kapitel sollen sinnvolle Hilfsprogramme entwickelt werden, die schon etwas Komfort bieten und deshalb auch etwas umfangreicher sind. Wie bisher sind es BASIC-Programme, die nur an unumgänglichen Stellen kurze Maschinenprogramme einsetzen. Die Programme sind so geschrieben, daß der Benutzer sie leicht erweitern bzw. an eigene Programme anfügen kann.

Der zweite Gesichtspunkt bei diesen Programmen war die Überlegung, daß die Benutzung der Hilfsprogramme, z.B. eines der vielen Sektor-Editor-Programme, leichter fällt, wenn man im Prinzip nachvollziehen kann, was dabei gemacht wird.

8.1 Das Programm TEXTLESER

Dieses Programm soll es uns ermöglichen, beliebige sequentielle Textdateien einzulesen und auf dem Bildschirm oder dem Drucker anzuzeigen.

Es wird in zwei Versionen erstellt:

1. Einlesen jedes Datensatzes und direkte Darstellung auf dem Bildschirm.
2. Einlesen der Textdatei in ein Feld und anschließende Darstellung. Bei dieser Version kann man dann die eingelesenen Daten weiterverarbeiten.

Das Programm arbeitet mit dem ONERR-Befehl, um beim Ende der Datei diese korrekt zu schließen. Der Benutzer kann anfangs den Dateinamen eingeben, mit der RETURN-Taste den CATALOG-Befehl aufrufen und mit der /-Taste das Programm abbrechen. Es wird dann geprüft, ob die Datei überhaupt vorhanden ist und ob auch der richtige Dateityp vorliegt (Fehler: FILE NOT FOUND und TYPE MISMATCH). Die Datensätze werden mit dem GET-Befehl eingelesen und in einem String abgespeichert. Je nach Version werden die Datensätze direkt ausgegeben oder in einem Feld abgespeichert. Eine Ausgabe auf dem Drucker erreicht man durch vorhergehendes PR#1.

Einige Bemerkungen zur Version V1:

Beim Einlesen einer Textdatei mit GET und Ausgabe bei geöffneter Datei „verschluckt" das DOS das erste Zeichen, das mit PRINT ausgegeben wird. Das läßt sich leicht überprüfen, indem man den „leeren" PRINT-Befehl in

Zeile 1210, der nur ein CHR$ (13) =RETURN ausgibt, entfernt. Diese Eigenart zeigt sich aber nur bei der normalen Einstellung mit NOMON C,I,0, nicht bei MON C,I,0. Deshalb wird in Zeile 1020 die Normaleinstellung erzeugt.

Programm 8.1-1 TEXTLESER-V1

```
1000    PRINT "Textdatei-Leser-V1"
1010    ONERR   GOTO 1250
1020    PRINT : PRINT   CHR$ (4)"NOMON C,I,0"
1030 DR - 1:SL - 6:I - 1
1040    PRINT "Steckplatz:";SL;" Laufwerk:";DR
1050    PRINT "Dateiname: (CATALOG-RETURN)"
1060    INPUT "              (Abbruch-/):";N$
1070    IF N$ - "" THEN 1110
1080    IF N$ - "/" THEN 1340
1090    PRINT   CHR$ (4)"VERIFY";N$;",S"; STR$ (SL);",D"; STR$ (DR)
1100    GOTO 1130
1110    PRINT   CHR$ (4)"CATALOG,S"; STR$ (SL);",D"; STR$ (DR)
1120    GOTO 1050
1130    PRINT : PRINT "--------------------Dateianfang--------": PRINT
1140    PRINT   CHR$ (4)"OPEN";N$;",S"; STR$ (SL);",D"; STR$ (DR)
1150    PRINT   CHR$ (4)"READ";N$
1160 A$ - ""
1170    GET X$
1180    IF X$ -   CHR$ (13) THEN 1210
1190 A$ - A$ + X$
1200    GOTO 1170
1210    PRINT : PRINT A$
1220    GOTO 1160
1230    :
1240    REM     ONERR-Fehlerbehandlung
1250    IF   PEEK (222) - 5 THEN   GOTO 1310
1260    IF   PEEK (222) - 6 THEN   PRINT "Datei nicht gefunden!": GOTO 1040
1270    IF   PEEK (222) - 13 THEN   PRINT "Keine Textdatei!": GOTO 1040
1280    PRINT "Fehlernummer:"; PEEK (222)
1290    GOTO 1340
1300    :
1310    PRINT : PRINT   CHR$ (4)"CLOSE";N$
1320    REM    (Diese Zeile fuer Version 2)
1330    PRINT : PRINT "-----------Dateiende--------------------"
1340    INPUT "Nochmal (J/N)?";X$
1350    IF X$ - "J" THEN 1030
1360    POKE 216,0
1370    END
```


Bemerkung zur Version V2:

Die Version V2, bei der die Textdateifelder in einem Variablenfeld abgespeichert werden, wurde durch Veränderung von nur vier Programmzeilen in der Version V1 erzeugt. Um möglichst wenig Zeilen zu verändern, haben wir hier mit mehreren Befehlen in einer Programmzeile gearbeitet, was in der Regel nicht zu empfehlen ist.

In beiden Versionen wird am Ende der ONERR-Befehl wieder aufgehoben.

Hier die 4 Zeilen, die für die Version V2 geändert werden müssen (1000, 1020, 1210, 1320):

```
1000  PRINT "Textdatei-Leser-V2"
1020 TMAX = 99: DIM E$(99): PRINT "Maximal ";TMAX;" Felder!"
1210 E$(I) = A$:I = I + 1: IF I > TMAX THEN 1310
1320 AN = I - 1: FOR I = 1 TO AN: PRINT E$(I): NEXT
```

8.2 Die Entwicklung eines komfortablen Disketten-Sektor-Editors (DSE)

Wir wollen im folgenden schrittweise ein BASIC-Programm entwickeln, das es ermöglichen soll, auf komfortable Art und Weise Diskettensektoren zu lesen, zu verändern und wieder auf Diskette zurückzuschreiben.

Das Programm wird so entwickelt, daß es in eigene Programme eingebaut und erweitert werden kann. Es wird einige kurze Maschinenprogramme beinhalten, die aber einfach und ohne Tricks arbeiten.

Der Aufbau des DSE

Das Programm besteht aus folgenden Teilen:

Teil 1: ein Programm zum Lesen oder Schreiben eines Diskettensektors mit eigenem Daten-Puffer, IOB und DCT und kurzem Maschinenprogramm, sowie einer Abfrage zum Abfangen von Diskettenfehlern. Das Maschinenprogramm beginnt bei 37888 ($9400), der Pufferbereich bei 38144 ($9500), so daß HIMEN herabgesetzt werden muß auf 37888 und MAXFILES nicht größer als 3 sein darf.

Teil 2: ein Menü-Programmteil, der die Befehle entgegennimmt und die Bildschirmausgabe steuert.

Teil 3: ein Programmteil, der es erlaubt, den Cursor im angezeigten Sektorbereich frei zu bewegen.

Teil 4: wahlweise Buchstaben- oder Sedezimaleingabe.

Teil 5: mit Hilfe kurzer Maschinenprogramme wird jeweils die Hälfte des Sektors gleichzeitig in sedezimaler und Textzeichenform auf dem Bildschirm angezeigt.

8.2.1 Ein Programm zum Lesen und Schreiben eines Diskettensektors

Wir wollen hier in erster Linie erklären, wie man die RWTS-Routine des DOS für eigene Zwecke benutzen kann. Eine Anwendung findet sich dann sowohl im Programm DSE, in dem Programm DOS-COPY zum Kopieren der Betriebssystemspuren und in dem Programm DISK-COPY zum Kopieren ganzer Disketten. Diese Programmteile kann man dann je nach Bedarf in eigene Programme einbinden.

Wir beginnen mit der Darstellung des Teiles des DSE, der für den Aufruf der DOS-RWTS-Routine zuständig ist. Er wurde so konzipiert, daß er auch unabhängig von den anderen Programmen benutzt werden kann.

Das Maschinenprogramm dazu ist so aufgebaut, daß es im Speicher an jeder Stelle lauffähig ist (also frei verschiebbar). Dazu ist es allerdings nötig, daß vorher im BASIC-Programm die Adressen des Input-Output-Blocks (IOB) und des Pufferbereiches in die Nullseite geschrieben werden. Weiterhin benutzt das Maschinenprogramm einen Speicherplatz der Nullseite zum Ablegen des RWTS-Fehlercodes.

Das Maschinenprogramm

Es wird zuerst eine Null in die Adresse für den Fehlercode ($FF) geschrieben, dann aus der Nullseite die Adresse des Pufferbereichs in den IOB übernommen und schließlich vor dem Aufruf der RWTS-Routine über den Vektor der Seite 3 der Akkumulator mit dem Highbyte und das Y-Register mit dem Lowbyte der Adresse des IOB geladen. Tritt ein Fehler auf, so wird das Carrybit im Statusregister gesetzt und das Maschinenprogramm speichert den Fehlercode in $FF. Die Speicherstelle $48 wird gelöscht um sicherzugehen, daß der Prozessor nicht in den Dezimalmodus übergeht.

Programm 8.2-1 RWTS.OBJ, 1. Teil

```
9400-   A9 00        LDA     #$00    ; lösche Adresse 255 für Fehlercode
9402-   85 FF        STA     $FF
9404-   A5 FB        LDA     $FB     ; lade Pufferadresse aus 251 und 252
9406-   A0 08        LDY     #$08    ; und lege in IOB ab
9408-   91 FD        STA     ($FD),Y
940A-   A5 FC        LDA     $FC
940C-   C8           INY
940D-   91 FD        STA     ($FD),Y
940F-   A5 FE        LDA     $FE     ; lade Akku mit High-Byte und
9411-   A4 FD        LDY     $FD     ; Y-Register mit Low-Byte des IOB
9413-   20 D9 03     JSR     $03D9   ; Aufruf der DOS-RWTS-Routine
9416-   A9 00        LDA     #$00    ; lösche 72 (Dezimal-Mode)
9418-   85 48        STA     $48
941A-   B0 01        BCS     $941D
941C-   60           RTS             ; verzweige wenn Carry-Bit gesetzt
941D-   A0 0D        LDY     #$0D
941F-   B1 FD        LDA     ($FD),Y ; lade Fehlercode aus IOB und lege
9421-   85 FF        STA     $FF     ; in Speicherplatz 255 ab
9423-   60           RTS
```

Der IOB

In diesem Block sind alle wichtigen Werte für die RWTS-Routine gespeichert:
in Byte $01, $02, $03 die gewünschten Werte für Steckplatz, Laufwerk und
VOLUME-Nummer, in Byte $04 und $05 die gewünschte Spur und der ge-
wünschte Sektor, in $06, $07 die Adresse der DCT, die hier direkt nach dem
IOB folgt, und deren Werte nicht verändert werden sollten (sie enthalten
Informationen für den Laufwerksmotor). In $08 und $09 steht die Adresse
des Datenpuffer, in den die RWTS-Routine den gewünschten Sektor schreibt.
Byte $0C enthält den Befehlscode:

$ 00 = SEEK, d. h. Lesekopf wird nur positioniert
$ 01 = LESEN
$ 02 = SCHREIBEN
$ 04 = FORMATIEREN, und zwar dann die ganze(!) Diskette

Byte $0D enthält nach dem Aufruf bei gesetztem Carrybit im Statusregister
den Fehlercode:

$ 10 = Diskette schreibgeschützt
$ 20 = VOLUME-Nummer ist falsch
$ 40 = Fehler am Laufwerk
$ 80 = Lesefehler

(Ist das Carrybit nicht gesetzt, speichert das DOS dort das letzte Byte des
angesprochenen Sektors).

In Byte $0E,$ 0F und $10 stehen schließlich die Werte der vorherigen VO-
LUME-Nummer, des Steckplatzes und des Laufwerkes (Byte $00, $0A und
$0B sind immer gleich):

Programm 8.2-1 2. Teil

```
     Der INPUT-OUTPUT-BLOCK (IOB)

     9424- 01    ; $00:    immer
     9425- 60    ; $01:    gewünschter Steckplatz mal $10,   also $60
                           für Slot 6
     9426- 01    ; $02:    gewünschtes Laufwerk
     9427- 00    ; $03:    gewünschte VOLUME-Nummer, ($00-ignorieren)
     9428- 14    ; $04:    gewünschte Spur
     9429- 06    ; $05:    gewünschter Sektor
     942A- 28    ; $06:    Adresse der DCT
     942B- 94    ; $07:    dto.
     942C- 00    ; $08:    Adresse des Datenpuffers
     942D- 95    ; $09:    dto.
     942E- 00    ; $0A:    immer
     942F- 00    ; $0B:    immer
```

```
9430- 01  ; $0C:  Befehlscode:     $00-Seek,     $01-Lese,
                   $02-Schreibe, $04-INIT
9431- 00  ; $0D:  Fehlercode nach RWTS, wenn Carrybit im
                   Status gesetzt
9432- FE  ; $0E:  vorherige VOLUME-Nummer
9433- 60  ; $0F:  vorherige Steckplatznummer
9434- 01  ; $10:  vorherige Laufwerksnummer

Device Characteristics Table (DCT)

9435- 00  ;       Die Werte der DCT sind immer gleich
9436- 01  ;       dto.
9437- EF  ;       dto.
9438- D8  ;       dto.
```

Beide Teile des Programmes RWTS.OBJ werden im Monitor ab $9400 ein-
gegeben und mit BSAVE RWTS.OBJ, A$9400, L$39 auf Diskette abgespeichert.

Das BASIC-Programm

VORBEREITUNG:

— Hier wird HIMEN heruntergesetzt und bei Bedarf das Maschinenprogramm
  geladen. Es werden die notwendigen Adressen in die Speicherplätze der
  Nullseite geschrieben, Lowbyte und Highbyte des IOB nach Adresse 253
  ($FD) und 254 ($FE), und Lowbyte und Highbyte des Datenpuffers nach
  251 ($FB) und 252 ($FC).

Programm 8.2-2 VORBEREITUNG

```
4000  REM ----------------Vorbereitung
4010  HIMEM: 9 * 4096 + 4 * 256: REM     $9400
4020 RO$ - "RWTS.OBJ"
4030 ADRESSE - 37888: REM  $9400
4040 AH - 148
4050 AL - 0
4060 IF PEEK (ADRESSE) < > 169 AND PEEK (ADRESSE + 2) < > 133 THEN PRINT :
 PRINT CHR$ (4)"BLOAD";RO$;",A"; STR$ (ADRESSE)
4070 RWT - ADRESSE
4080 IOB - RWT + 36: REM     $9424
4090 IH - AH
4100 IL - AL + 36: IF IL > 255 THEN IL - IL - 256:IH - IH + 1
4110  POKE 254,IH
4120  POKE 253,IL
4130 DH - IH
4140 DL - IL + 17: IF DL > 255 THEN DL - DL - 256:DH - DH + 1
4150  POKE IOB + 7,DH
4160  POKE IOB + 6,DL
4170 PUFFER - 38144: REM  $9500
4180 PH - 149
4190 PL - 0
4200  POKE 252,PH
4210  POKE 251,PL
4220 SLO - 6
4230 DRI - 1
4240 VS - 6
4250 VD - 1
4260  RETURN
```

RWTS:

— Hier werden die gewünschten Werte in den IOB geschrieben und das Maschinenprogramm aufgerufen. Falls ein Fehler auftritt wird die Fehlerbehandlung aufgerufen.

Programm 8.2-3 RWTS

```
4270   REM    RWTS
4280   POKE IOB + 1,SLO * 16
4290   POKE IOB + 2,DRI
4300   POKE IOB + 3,0
4310   POKE IOB + 4,SP
4320   POKE IOB + 5,SE
4330   POKE IOB + 12,CO
4340   POKE IOB + 13,0
4350   POKE IOB + 15,VS * 16
4360   POKE IOB + 16,VD
4370   CALL RWT
4380 FEHLER =  PEEK (255)
4390   IF FEHLER <  > 0 THEN  GOSUB 4420
4400   RETURN
```

FEHLERBEHANDLUNG:

— Es wird eine entsprechende Fehlermeldung ausgegeben.

Programm 8.2-4 FEHLERBEHANDLUNG

```
4410   REM    Fehlerbehandlung
4420   VTAB 23: HTAB 1
4430   IF FEHLER = 16 THEN   PRINT "DISKETTE SCHREIBGESCHUETZT";
4440   IF FEHLER = 32 THEN   PRINT "DISK-VOLUME-NR ANDERS ALS IM IOB";
4450   IF FEHLER = 64 THEN   PRINT "FEHLER AM DISKETTENLAUFWERK!";
4460   IF FEHLER = 128 THEN  PRINT "SEKTOR DEFEKT ODER NICHT FORMATIERT!";
4470   VTAB 24: HTAB 1
4480   PRINT "Weiter mit einer Taste:";
4490   GET X$
4500   VTAB 23: HTAB 1: PRINT "                                    ";
4510   VTAB 24: HTAB 1: PRINT "                                    ";
4520   RETURN
```

Wir erstellen noch folgendes kurzes Hauptprogramm und können dann schon
mit der RWTS-Routine arbeiten:

```
10   GOSUB 4010: REM   VORBEREITUNG
20   INPUT "SPUR,SEKTOR,KOMMANDO: ";SP,SE,CO
30   GOSUB 4280: REM   RWTS
40   END
```

Wenn wir z. B. die Werte 17, 0, 1 angeben, so steht nach fehlerfreiem Lauf des Programms die VTOC im Pufferbereich von $9500 bis $95FF, die wir uns im Monitor ansehen können. Wenn wir sie dort ändern, ist es auch möglich, mit einem neuen Lauf des Programms und den Werten 17, 0, 2 diese Änderung auf die Diskette zu schreiben. Wir werden im folgenden ein komfortables BASIC-Programm zum Ändern und Ansehen von Diskettensektoren entwickeln.

Zum Abschluß hier noch ein Beispiel, welche Werte der Benutzer verändern muß, wenn die Lage des Maschinenprogramms und des Datenpuffers verändert werden sollen. Will man beispielsweise das Maschinenprogramm mit IOB und DCT ab Adresse 768 ($300) installieren und den Datenpuffer ab Adresse 16384 ($4000), so ergeben sich folgende Änderungen:

```
4010  HIMEM: 16384: REM   $4000
4030  ADRESSE = 768
4040  AH = 3
4050  AL = 0
4070  PUFFER = 16384
4180  HP = 64
4190  HL = 0
```

Die anderen Werte für IOB und DCT werden dann automatisch berechnet.

Bemerkung:

Es ist auch möglich, den IOB des DOS zu benutzen. Um Problemen bei geändertem DOS aus dem Wege zu gehen, ist es jedoch sicherer, einen eigenen IOB zu benutzen.

8.2.2 Das Rahmenprogramm für den DSE

Da es sich hier in erster Linie um BASIC-Programmierung handelt, wollen wir uns auf einen groben Überblick beschränken. Wir haben dazu den einzelnen Unterprogrammen Namen gegeben und wollen grob erläutern, was darin gemacht wird. Des weiteren werden fünf kurze Maschinenprogramme benutzt, um eine schnelle Darstellung in Text- und Sedezimalform des Pufferinhaltes auf dem Bildschirm zu erhalten. Das Auslesen mit dem PEEK-Befehl und anschließender Darstellung auf dem Bildschirm wäre zu langsam für ein komfortables Arbeiten. Diese Maschinenprogramme werden im Speicher direkt im Anschluß an das Maschinenprogramm RWTS.OBJ (mit IOB und DCT) geladen und können auch gemeinsam abgespeichert und geladen werden. (Die Programmteile RWTS, VORBEREITUNG und FEHLERBE-HANDLUNG aus Abschnitt 8.2.1 sind hier nicht noch einmal aufgeführt.)

Übersicht über die einzelnen Unterprogramme

— MENÜ:
Es wird das Unterprogramm VORBEREITUNG, das bei Bedarf das Maschinenprogramm RWTS.OBJ lädt, und das Unterprogramm BESCHRIFTUNG aufgerufen. Bei Bedarf wird das Maschinenprogramm zur schnellen Bildschirmausgabe des Pufferbereiches geladen (AUSGABE.OBJ). Anschließend werden die Befehle entgegengenommen und die entsprechenden Unterprogramme aufgerufen.

Programm 8.2-5 DSE, 1. Teil

```
1000   REM   Menu
1010   GOSUB 4010: REM   Vorbereitung
1020   UTE = RWT + 57: REM      $9439
1030   OTE = RWT + 76: REM    $944C
1040   UHE = RWT + 93: REM    $945D
1050   OHE = RWT + 106: REM     $946A
1060   OUT = RWT + 117: REM    $9475
1070   IF  PEEK (UTE) <  > 160 AND  PEEK (OUT) <  > 165 THEN  PRINT : PRINT  CHR$
 (4)"BLOAD AUSGABE.OBJ,A"; STR$ (UTE)
1080   GOSUB 2730: REM   Beschriftung
1090   X$ = "O": GOTO 1130
1100   VTAB 22: HTAB 8
1110   GET X$: PRINT X$;
1120   IF X$ = "F" THEN  GOSUB 1640:PE = 255:TT = 1:TN = 0: GOSUB 1520: GOTO 1100
1130   IF X$ = "O" THEN  GOSUB 1700:PE = 0:TT = 0:TN = 0: GOSUB 1520: GOTO 1100
1140   IF X$ = "L" OR X$ = "S" THEN  GOSUB 2260: GOTO 1100
1150   IF X$ = "I" THEN PN = PE - 8: GOSUB 1330: GOTO 1100
1160   IF X$ = "M" THEN PN = PE + 8: GOSUB 1390: GOTO 1100
1170   IF X$ = "J" THEN PN = PE - 1: GOSUB 1330: GOTO 1100
1180   IF X$ = "K" THEN PN = PE + 1: GOSUB 1390: GOTO 1100
1190   IF X$ = "H" THEN  GOSUB 1940: GOTO 1100
1200   IF X$ = "T" THEN  GOSUB 2100: GOTO 1100
1210   IF X$ = "D" THEN  GOSUB 7010: GOTO 1100
1220   IF X$ = "1" THEN DRI = 1:VD = 2: GOSUB 3080: GOTO 1100
1230   IF X$ = "2" THEN DRI = 2:VD = 1: GOSUB 3080: GOTO 1100
1240   IF X$ =  CHR$ (27) THEN 1260
1250   GOTO 1100
1260   VTAB 23: HTAB 1: PRINT "ENDE(J/N)?";: GET X$
1270   IF X$ = "J" THEN 1310
1280   VTAB 23: HTAB 1
1290   PRINT "                    ";
1300   GOTO 1100
1310   END
```

Unterprogramme zur Cursorsteuerung

— CURSOR-I-J:
Es wird geprüft, ob der Anfang oder das Ende des Puffers erreicht ist oder ob der „obere" Teil des Puffers nun dargestellt werden muß. Dann wird die vorherige Cursorposition normal und die neue invers dargestellt.

— CURSOR-M-K:

Hier muß im Gegensatz zu CURSOR-I-J nur geprüft werden, ob der
„untere" Teil des Puffers jetzt dargestellt werden muß.

— ZEILE-SPALTE:

Der Bezugspunkt stellt die Variable PE dar, die die Nummer des aktuellen
Pufferelements angibt. Daraus wird nun für den Bildschirm die Zeile ZE
und die Spalte für den Textteil ST und die Spalte für den Sedezimal-Teil
SH bestimmt. (Bei der Zeile muß noch berücksichtigt werden, welcher Teil
des Puffers gerade dargestellt wird).

— CURSOR:

Dieses Programm gibt das aktuelle Pufferelement EL mit der Nummer PE
jeweils in Text- und Sedezimalform auf dem Bildschirm an der richtigen
Position aus, und zwar für TN=0 invers und für TN=1 normal (dies wird
benötigt, um die vorherige Cursorposition zu löschen). Pufferelemente,
deren ASCII-Codes kleiner als 160 sind, also die Controlzeichen von 128—
159, werden im Textteil mit einem ".'' dargestellt. Die ASCII-Codes von
0—127 müssen hier nicht betrachtet werden, da DOS alle Informationen
auf der Diskette mit Bit 7 = 1 speichert, also nur die Codes von 128—255
vorkommen (und das Byte $00, das beim Formatieren in die Sektoren ge-
schrieben wird). Das kurze Maschinenprogramm OUT gibt eine ASCII-
Zahl als Sedezimalzahl aus.

Programm 8.2-5 DSE, 2. Teil

```
1320   REM      Cursor-I-J
1330   IF PN < 0 THEN 1370
1340   IF PN < 128 AND TT = 1 THEN    GOSUB 1700:TT = 0
1350 TN = 1: GOSUB 1520:TN = 0
1360 PE = PN: GOSUB 1520
1370   RETURN
1380   REM      Cursor-M-K
1390   IF PN > 255 THEN 1430
1400   IF PN > 127 AND TT = 0 THEN    GOSUB 1640:TT = 1
1410 TN = 1: GOSUB 1520:TN = 0
1420 PE = PN: GOSUB 1520
1430   RETURN
1440   REM   Zeile-Spalte
1450 ZE =   INT (PE / 8) + 1
1460   IF TT = 1 THEN ZE = ZE - 14
1470 SC = PE -   INT (PE / 8) * 8
1480 SH = SC * 2 + 4
1490 ST = SC + 21
1500   RETURN
1510   REM   Cursor
1520   GOSUB 1450
1530 EL =   PEEK (PUFFER + PE)
1540   VTAB ZE: HTAB ST
1550   IF TN = 0 THEN   INVERSE
1560   IF EL < 160 THEN   PRINT ".";: GOTO 1580
1570   PRINT   CHR$ (EL);
1580   POKE 250,EL
1590   VTAB ZE: HTAB SH
1600   CALL OUT
1610   NORMAL
1620   RETURN
```

Unterprogramme zur Puffer-Ausgabe

— PUFFER-UNTEN und PUFFER-OBEN:
Hier werden nur die Variablen SR$, A1 und A2 für das Unterprogramm
AUSGABE gesetzt.
— AUSGABE:
An der linken Bildschirmseite wird die richtige Beschriftung invers ge-
druckt, dann jeweils ein Textfenster für den Sedezimal- und den Textteil
festgelegt und mit dem entsprechenden Maschinenprogramm der richtige
Teil des Puffers ausgegeben.

Programm 8.2-5 DSE, 3. Teil

```
1630  REM  Puffer-Oben
1640 SR$ - S2$
1650 A1 - OHE
1660 A2 - OTE
1670  GOSUB 1760: REM      Ausgabe
1680  RETURN
1690  REM  Puffer-Unten
1700 SR$ - S1$
1710 A1 - UHE
1720 A2 - UTE
1730  GOSUB 1760: REM  Ausgabe
1740  RETURN
1750  REM  Ausgabe
1760  VTAB 1: HTAB 1
1770  INVERSE
1780  FOR I - 0 TO 17: VTAB I + 1: HTAB 1
1790  PRINT  MID$ (SR$,I * 3 + 1,3);
1800  NEXT
1810  NORMAL
1820  VTAB 23: HTAB 10
1830  POKE 32,3: POKE 33,16
1840  VTAB 1: HTAB 1
1850  CALL A1
1860  TEXT
1870  VTAB 23: HTAB 23
1880  POKE 32,20: POKE 33,8
1890  VTAB 1: HTAB 1
1900  CALL A2
1910  TEXT
1920  RETURN
```

Unterprogramme zum Verändern des Pufferinhaltes

— HEX-AENDERUNG:
Der Cursor wird an der richtigen Stelle des Bildschirms positioniert und
dann mit dem Unterprogramm HEX-EINGABE jeweils eine Sedezimalzahl
entgegengenommen. Der Cursor springt anschließend zum nächsten
Pufferelement. Die Änderung wird mit der RETURN-Taste abgeschlossen.

Programm 8.2-5 DSE, 4. Teil

```
1930   REM   Hex-Aenderung
1940   GOSUB 1450
1950   VTAB ZE
1960   HTAB SH
1970 LL = 2: GOSUB 2480
1980   IF HEX$ =  CHR$ (13) THEN 2080
1990   GOSUB 2630
2000 EL = DEZ
2010   POKE PUFFER + PE,EL
2020 PN = PE + 1
2030   IF PN > 127 AND TT = O THEN  GOSUB 1640:TT = 1
2040   IF PN > 255 THEN 2080
2050 TN = 1: GOSUB 1520:TN = O
2060 PE = PN: GOSUB 1520
2070   GOTO 1950
2080   RETURN
```

— TEXT-AENDERUNG:
Der Cursor wird an der richtigen Stelle des Bildschirms positioniert. Mit
dem GET-Befehl wird die Eingabe entgegengenommen und dann springt
der Cursor zum nächsten Pufferelement. Die Änderung der Pufferelemente
wird mit der RETURN-Taste abgeschlossen.

Programm 8.2-5 DSE, 5. Teil

```
2090   REM    Text-Aenderung
2100   GOSUB 1450
2110   VTAB ZE
2120   HTAB ST
2130   GET T$
2140   IF T$ =  CHR$ (13) THEN 2240
2150   IF  ASC (T$) < 32 THEN 2130
2160   PRINT T$;
2170   POKE PUFFER + PE, ASC (T$) + 128
2180 PN = PE + 1
2190  IF PN > 127 AND TT = O THEN  GOSUB 1640:TT = 1
2200   IF PN > 255 THEN 2240
2210 TN = 1: GOSUB 1520:TN = O
2220 PE = PN: GOSUB 1520
2230   GOTO 2110
2240   RETURN
```

– RWTS-AUFRUF:
Je nach Befehl wird die Variable CO für das Kommando mit dem Wert 1
("Lesen") und 2 ("Schreiben") belegt; ein Formatieren der Diskette ist
aus Sicherheitsgründen nicht vorgesehen (dazu müßte CO mit dem Wert 4
belegt werden). Zwei Hilfsunterprogramme erledigen die sichere Eingabe
von einstelligen oder zweistelligen Sedezimalzahlen und die Umrechnung
in Dezimalzahlen (HEX-EINGABE und HEX-DEZ). Ein Abbruch der
Eingabe mit der ESC-Taste ist möglich. Dann erfolgt der Aufruf des schon
oben erklärten Unterprogramms RWTS, das das Schreiben oder Lesen
eines Diskettensektors übernimmt. (Bei einem Fehler wird darin auch die
FEHLERBEHANDLUNG aufgerufen).

Programm 8.2-5 DSE, 6. Teil

```
2250   REM   RWTS-Aufruf
2260   IF X$ = "L" THEN CO = 1
2270   IF X$ = "S" THEN CO = 2
2280   VTAB 20: HTAB 4
2290   PRINT "Spur   :$";
2300 LL = 2: GOSUB 2480: REM   Eingabe zweistelliger Hexzahl
2310   IF HEX$ = CHR$ (27) THEN 2460: REM   ESC gedrueckt
2320   IF HEX$ = CHR$ (13) THEN 2300
2330   GOSUB 2630
2340 SP = DEZ
2350   VTAB 20: HTAB 16
2360   PRINT "Sektor:$";
2370 LL = 1: GOSUB 2480: REM   Eingabe  einstelliger Hexzahl
2380   IF HEX$ = CHR$ (27) THEN 2460: REM   ESC gedrueckt
2390   IF HEX$ = CHR$ (13) THEN 2370
2400   GOSUB 2630
2410 SE = DEZ
2420   GOSUB 4280: REM  RWTS
2430   GOSUB 1700
2440 PE = 0:TT = 0:TN = 0
2450   GOSUB 1520
2460   RETURN
2470   REM  Hex-Eingabe
2480   GET H1$
2490   IF H1$ = CHR$ (13) THEN HEX$ = H1$: GOTO 2610
2500   IF H1$ = CHR$ (27) THEN HEX$ = H1$: GOTO 2610
2510   IF  ASC (H1$) < 48 OR  ASC (H1$) > 70 THEN 2480
2520   IF  ASC (H1$) > 57 AND  ASC (H1$) < 65 THEN 2480
2530   PRINT H1$;
2540 HEX$ = H1$
2550   IF LL = 1 THEN 2610
2560   GET H2$
2570   IF  ASC (H2$) < 48 OR  ASC (H2$) > 70 THEN 2560
2580   IF  ASC (H2$) > 57 AND  ASC (H1$) < 25 THEN 2560
2590   PRINT H2$;
2600 HEX$ = H1$ + H2$
2610   RETURN
2620   REM  HEX-DEZ
2630 L = LEN (HEX$)
2640 DEZ = 0
2650   FOR I = 1 TO L
2660 HH$ = MID$ (HEX$,I,1)
2670   IF  ASC (HH$) < 58 THEN H = VAL (HH$): GOTO 2690
2680 H = ASC (HH$) - 55
2690 DEZ = DEZ + H * 16 ^ (L - I)
2700   NEXT
2710   RETURN
```

Programm 8.2-5 DSE, 7. Teil

```
2720    REM   Beschriftung
2730    TEXT : HOME
2740    VTAB 21: HTAB 1: PRINT "----------------------------------------";
2750    VTAB 22: HTAB 1
2760    PRINT "Befehl: ";
2770 S1$ = "00-08-10-18-20-28-30-38-40-48-50-58-60-68-70-78-80-88-"
2780 S2$ = "70-78-80-88-90-98-A0-A8-B0-B8-C0-C8-D0-D8-E0-E8-F0-F8-"
2790    REM  (ZEILENNUMMER 2800-2850 FREI)
2860    VTAB 1: HTAB 31
2870    PRINT "Cursor:"
2880    HTAB 31
2890    PRINT "(I),(J)"
2900    HTAB 31
2910    PRINT "(K),(M)"
2920    HTAB 31
2930    PRINT "(O)O,(F)F"
2940    PRINT : HTAB 31
2950    PRINT "Eingabe:"
2960    HTAB 31
2970    PRINT "(T)ext"
2980    HTAB 31
2990    PRINT "(H)ex"
3000    PRINT : HTAB 31
3010    PRINT "Sektor:"
3020    HTAB 31: PRINT "(L)ese"
3030    HTAB 31: PRINT "(S)chreib"
3040    PRINT : HTAB 31: PRINT "Laufwerk"
3050    HTAB 31: PRINT "(1)o.(2)"
3060    PRINT : HTAB 31: PRINT "(D)rucke"
3070    HTAB 31: PRINT "(ESC)-Ende"
3080    VTAB 22: HTAB 23
3090    PRINT "Slot:";SLO;" Laufwerk:";DRI;
3100    RETURN
```

— DRUCK-AUFRUF:

Hier wird nur zweimal das Programm TEXTSCHIRMDRUCK aus Abschnitt 4.6 aufgerufen, und zwar so, daß beim ersten Mal die Zeilen 1—16 und beim zweiten Mal die Zeilen 3—20 jeweils von Spalte 1—28 gedruckt werden. Anschließend wird wieder der Bildschirm vor dem Druckaufruf hergestellt.

Programm 8.2-5 DSE, 8. Teil

```
7000    REM   Druckaufruf
7010    TM = TT
7020    GOSUB 1700
7030    TR = 1:UR = 16
7040    LR = 1:RR = 28
7050    GOSUB 8010: REM   TEXTSCHIRMDRUCK
7060    GOSUB 1640
7070    TR = 3:UR = 21
7080    LR = 1:RR = 28
7090    GOSUB 8010: REM   TEXTSCHIRMDRUCK
7100    TT = TM
7110    IF TT = 1 THEN  GOSUB 1640
7120    IF TT = 0 THEN  GOSUB 1700
7130    GOSUB 1480
7140    RETURN
```

Hier das Maschinenprogramm zur schnellen Ausgabe der Pufferteile:

Programm 8.2-6 AUSGABE.OBJ

```
9439-   AO 00      LDY   #$00       ; ( CALL UTE )
943B-   B1 FB      LDA   ($FB),Y    ; "unterer" Pufferbereich (00-8F)
943D-   C9 AO      CMP   #$AO       ; Control-Zeichen ?
943F-   BO 02      BCS   $9443      ; verzweige wenn nicht
9441-   A9 AE      LDA   #$AE       ; lade Akku mit ASCII-Wert von "."
9443-   20 ED FD   JSR   $FDED      ; gib Zeichen im Akku als ASCII aus
9446-   C8         INY
9447-   CO 90      CPY   #$90
9449-   DO FO      BNE   $943B
944B-   60         RTS
944C-   AO 70      LDY   #$70       ; ( CALL OTE )
944E-   B1 FB      LDA   ($FB),Y    ; "oberer" Pufferbereich (70-FF)
9450-   C9 AO      CMP   #$AO
9452-   BO 02      BCS   $9456
9454-   A9 AE      LDA   #$AE
9456-   20 ED FD   JSR   $FDED      ; gib Akku als ASCII-Zeichen aus
9459-   C8         INY
945A-   DO F2      BNE   $944E
945C-   60         RTS
945D-   AO 00      LDY   #$00       ; ( CALL UHE )
945F-   B1 FB      LDA   ($FB),Y    ; "unterer" Pufferbereich
9461-   20 DA FD   JSR   $FDDA      ; gib Zeichen im Akku als Sedezimal-
9464-   C8         INY             ;                            zahl aus
9465-   CO 90      CPY   #$90
9467-   DO F6      BNE   $945F
9469-   60         RTS
946A-   AO 70      LDY   #$70       ; ( CALL OHE )
946C-   B1 FB      LDA   ($FB),Y    ; "oberer" Pufferbereich
946E-   20 DA FD   JSR   $FDDA      ; gib Akku als Sedezimalzahl aus
9471-   C8         INY
9472-   DO F8      BNE   $946C
9474-   60         RTS
9475-   A5 FA      LDA   $FA        ; ( CALL OUT ) lade Adresse 250
9477-   20 DA FD   JSR   $FDDA      ; gib Akku als Sedezimalzahl aus
947A-   60         RTS
```

Die wichtigsten Variablen:

SLO,DRI,VS,VD : aktueller Steckplatz und Laufwerk, voriger Steckplatz und Laufwerk

SP,SE,CO : Spur, Sektor und Kommando (CO=1 → Lesen, CO=2 → Schreiben)

RWT,IOB : Adresse des Maschinenprogramms zum Aufruf der RWTS-Routine und Adresse des INPUT-OUTPUT-BLOCKs

IH,IL : Highbyte und Lowbyte des IOB

FEHLER : enthält den Fehlercode der RWTS-Routine

PUFFER,PH,PL : Adresse des Beginns des Pufferbereichs, High- und Lowbyte davon

PE	:	Nummer des aktuellen Pufferelements
PN	:	Nummer des neuen Pufferelements (Cursorbewegung oder Eingabe)
EL	:	aktuelles Pufferelement
ZE,SC,SH,ST	:	Variable zur Berechnung der Bildschirmzeile und Spalte
OHE,OTE	:	Startadresse der Sedezimal- und Textausgabe des Puffers "oben"
UHE,UTE	:	Startadresse der Sedezimal- und Textausgabe des Puffers "unten"
OUT	:	Startadresse der Sedezimal-Ausgabe eines ASCII-Zeichens
TN	:	Variable für normale (TN=1) oder inverse (TN=0) Darstellung
TT	:	Variable für Darstellung des "unteren" (TT=0) oder "oberen" (TT=1) Pufferbereichs

Die Befehle im einzelnen:

Cursor:

    I: Cursor nach oben
    J: Cursor nach links
    K: Cursor nach rechts
    M: Cursor nach unten
    0: Cursor an den Beginn des Sektors
    F: Cursor an das Ende des Sektors

Wegen der Bildschirmgröße wird entweder der Bereich von $00 bis $8F oder von $70 bis $FF angezeigt. Bei entsprechenden Cursorbewegungen mit I und M erfolgt die Umschaltung automatisch.

Eingabe:

    T: Eingabe der Daten im Textformat
    H: Eingabe der Daten als Sedezimalzahl
    Ende mit RETURN

Sektor:

    L: Lesen eines Sektors von Diskette
    S: Schreiben eines Sektors auf Diskette

Die Werte für Spur (zweistellige Sedezimalzahl) und Sektor (einstellige Sedezimalzahl) werden abgefragt.

Übergabe der Werte durch RETURN, Ende mit ESC.

Laufwerk:

    1: Schaltet auf Laufwerk 1
    2: Schaltet auf Laufwerk 2

Druck:

    D: Druck des vollständigen Sektors

       (Beginn nach 25 Sekunden Rechenzeit)

Bild 8.5-1 zeigt den Bildschirmaufbau beim Programm DSE. Links sind die
Speicherinhalte der Diskette als sedezimale Werte, in der Mitte als Texte dargestellt.

Auf der rechten Seite wird eine Befehlsübersicht ausgegeben.

```
00-00110E0000000000  .......  Cursor:
08-000000120F82C2C5  ......BE  (I),(J)
10-C8D2C5CEC4D4AFCA  HRENDT/J  (K),(M)
18-D5CEC7C8C1CED3BA  UNGHANS:  (O)o,(F)F
20-C1D0D0CCC5ADC4CF  APPLE-DO
28-D3B3AEB30300120C  S3.3....  Eingabe:
30-82C4C9D3CBC5D4D4  .DISKETT  (T)ext
38-C5CEADCDC5CED5A0  EN-MENU   (H)ex
40-A0A0A0A0A0A0A0A0
48-A0A0A0A0A0A0A003         .  Sektor:
50-00120982CBC1D0C9  ....KAPI  (L)ese
58-D4C5CCAEB2AEAEAE  TEL.2...  (S)chreib
60-AEAEAEAEAEAEAEAE  ........
68-AEAEAEAEAEAEAEAE  ........  Laufwerk
70-AEAE02000B0602DA  .......Z  (1)o.(2)
78-C1C8CCC5CED3D9D3  AHLENSYS
80-D4C5CDC5A0A0A0A0  TEME      (D)rucke
88-A0A0A0A0A0A0A0A0            (ESC)=Ende

     Spur  :$11  Sektor:$F
     -------------------------------------
     Befehl:L              Slot:6 Laufwerk:1
     ENDE(J/N)?
```

Bild 8.5-1 Bildschirmausdruck zum Programm DSE

8.2.3 Ein Programm zum Kopieren der DOS-Systemspuren (DOS-COPY)

Wir wollen hier eine Anwendung der RWTS-Routine vorstellen, die es ermöglicht, die DOS-Systemspuren von einer auf eine andere Diskette zu
übertragen. Das Programm erfordert nur ein Laufwerk. Dabei benutzen wir
die Unterprogramme VORBEREITUNG, RWTS und FEHLERBEHAND-
LUNG aus Abschnitt 8.2.1.

Wir benötigen für die DOS-Systemspuren einen Pufferbereich von $2300
Bytes, wenn wir sie auf einmal einlesen wollen und setzen deshalb HIMEN
auf 28672 ($7000) herunter. Das Maschinenprogramm RWTS.OBJ lassen wir

an seiner alten Adresse. Im Programm müssen wir dann nach dem Einlesen jedes Sektors die Pufferadresse für das Maschinenprogramm um $100 erhöhen, also das Highbyte um 1, und dies in die Speicherstelle 252 schreiben.

Es folgt nun das Programm DOS-COPY und die geänderten Zeilen im Unterprogramm VORBEREITUNG:

Programm 8.2-7 DOS-COPY

```
100  REM  DOS-COPY
110  GOSUB 4010: REM  Vorbereitung
120  INPUT "1.Diskette in S6, D1 und RETURN:";F$
130 CO = 1: GOSUB 200
140  INPUT "2.Diskette in S6, D1 und RETURN:";F$
150 CO = 2: GOSUB 200
160  PRINT "Noch auf eine andere Diskette das DOS"
170  INPUT "der 1.Diskette uebertragen (J/N)?";F$
180  IF F$ = "J" THEN 140
190  END
200  FOR SP = 0 TO 2
210  FOR SE = 0 TO 15
220  IF SP = 2 AND SE > 2 THEN 250
225  PRINT "SPUR:";SP;" SEKTOR:";SE
230  POKE 252,PH + SP * 16 + SE
240  GOSUB 4280: REM  RWTS
250  NEXT
260  NEXT
270  RETURN

4010  HIMEM: 7 * 4096: REM  $7000
4030 ADRESSE = 37888: REM  $9400
4040 AH = 148
4050 AL = 0
4170 PUFFER = 7 * 4096: REM  $7000
4180 PH = 112
4190 PL = 0
```

Eine andere Möglichkeit ist der Vergleich der DOS-Systemspuren zweier Disketten. Dazu setzen wir HIMEN auf 16384 ($4000) herunter und lesen das DOS der ersten Diskette ab $4000 und das DOS der zweiten Diskette ab $7000 ein und vergleichen es anschließend im Monitor miteinander. Dazu müssen wir folgende Zeilen im Programm ändern bzw. einfügen:

```
125 PH = 64
145 PH = 112
4010  HIMEM: 16384: REM  $4000
```

Der Vergleich im Monitor erfolgt mit:

```
4000<7000.92FFV
```

Die abweichenden Stellen werden dann wie üblich angezeigt.

8.2.4 Ein Programm zum Kopieren von Disketten

Wenn man die Systemspuren kopieren kann wie im Programm DOS-COPY, dann ist dies im Prinzip natürlich auch mit einer ganzen Diskette möglich. Es ergeben sich jedoch folgende Schwierigkeiten:

1. Da der Speicherbereich des Apple II auf jeden Fall kleiner als der Inhalt einer Diskette ist, kann man bei einem Laufwerk nur kopieren, wenn man die Disketten wechselt. Man muß also um so häufiger „Diskjockey" spielen, je kleiner der reservierte Pufferbereich für das Kopierprogramm ist.
2. Selbst wenn wir mit zwei Laufwerken arbeiten und abwechselnd die Spuren einlesen und abspeichern wird unser BASIC-Programm zu langsam, wenn man etwa nur jeweils einen Sektor einliest und dann auf die andere Diskette schreibt (es dauert dann über eine halbe Stunde).

Um das Prinzip eines Kopierprogramms nachzuvollziehen, andererseits auch noch eine vertretbare Dauer des Kopiervorgangs zu erhalten und drittens einen möglichst kleinen Speicherbedarf für den Pufferbereich zu reservieren (um das Programm an andere Programme anhängen zu können), wollen wir folgende Wahl treffen:

```
4010  HIMEM: 34048: REM  $8500
4030  ADRESSE = 38144: REM  $9500
4040  AH = 149
4050  AL = 0
4170  PUFFER = 34048: REM  $8500
4180  PH = 133
4190  PL = 0
```

Da das Setzen der Werte im Unterprogramm RWTS und der jeweilige Aufruf in BASIC zu lange dauern, setzen wir die Werte direkt im Hauptprogramm und rufen das Maschinenprogramm direkt auf. Wir benötigen somit nur die Unterprogramme VORBEREITUNG und FEHLERBEHANDLUNG aus Abschnitt 8.2.1 (und natürlich das Maschinenprogramm RWTS.OBJ). Zum Kopieren von 35 Spuren benötigt das Programm etwa vier Minuten.

Programm 8.2-8 DISK-COPY

```
100   REM     DISK-COPY
110   GOSUB 340: REM  Vorbereitung
120   POKE IOB + 1,SLO * 16: REM  aktueller Slot
130   POKE IOB + 15,VS * 16: REM  voriger Slot
140   POKE IOB + 3,0: REM  akt. VOLUME-Nr
150   PRINT "Original-Diskette in S6, D1"
160   INPUT "Neue Diskette in S6,D2 und RETURN";F$
170   FOR SP = 0 TO 34
175   PRINT "Spur:";SP
180   POKE IOB + 4,SP: REM  Spur
190   FOR CO = 1 TO 2
```

```
200    POKE IOB + 2,CO: REM   aktuelles Laufwerk
210    POKE IOB + 12,CO: REM    Befehl: 1=Lesen,2=Schreiben
220    POKE IOB + 16,3 - CO: REM  voriges Laufwerk
230    FOR SE = 0 TO 15
240    POKE IOB + 5,SE: REM  Sektor
250    POKE 252,PH + SE: REM  High-Byte des Pufferbereichs
260    POKE IOB + 13,0: REM  Fehlerspeicher in IOB
270    CALL RWT
280    IF  PEEK (255) < > 0 THEN  GOSUB 610
290    NEXT
300    NEXT
310    NEXT
320    END
```

Das Programm kopiert nur auf schon formatierten Disketten. Will man auch neue Disketten kopieren, so müssen diese vorher mit dem INIT-Befehl formatiert werden. Genau das wird auch im Programm COPYA der DOS-Master-Diskette gemacht. COPYA benötigt allerdings nur eineinhalb Minuten und andere Kopierprogramme noch weniger.

8.3 Das Programm CATALOGE-DATEI

Das Ziel dieses Programms ist es, das Inhaltsverzeichnis einer Diskette als sequentielle Textdatei auf Diskette abzulegen. Damit kann man dann eine Verwaltung seiner Diskettendateien aufbauen, bei der man die Inhaltsverzeichnisse der Disketten nicht eingeben, sondern nur einlesen muß. Ähnlich arbeitet auch der MULTI-DISK-CATALOG der Firma Sensible Software.

Das Programm arbeitet mit folgenden Mitteln:

— Der DOS-Ausgabevektor wird umgeleitet, so daß nun das Inhaltsverzeichnis nicht auf dem Bildschirm, sondern in den Speicher ab $8000 ausgegeben wird. Zur Umleitung des Ausgabevektors wird hier die entsprechende Adresse im DOS geändert. Das Programm läuft nur mit Original-DOS 3.3.
— Die Ausgabe wird wieder normalisiert und nun wird der Bereich ab $8000 mit Hilfe eines kleinen Maschinenprogramms auf Diskette in einer Textdatei abgelegt.

Im Anschluß ist noch gezeigt, wie man diese Textdatei wieder einlesen und daraus z. B. ein auszugsweises Inhaltsverzeichnis erstellen kann.

Programm 8.3-1 CATALOGE-DATEI

```
1000    PRINT "CATALOG in Textdatei"
1010    HIMEM: 8 * 4096: REM  $8000
1030    :
1040    READ A,E
1050    FOR I = A TO E
1060    READ DA
1070    POKE I,DA
1080    NEXT
```

```
1090 :
1100   PRINT "Bitte Diskette in aktuelles Laufwerk"
1110   INPUT "legen und RETURN druecken:";X$
1120 :
1130   POKE 737,0: POKE 738,128
1140   POKE 749,19: POKE 750,128
1150 :
1160   POKE 43603,224: POKE 43604,2
1170   POKE 44601,96
1180   PRINT  CHR$ (4)"CATALOG "
1190   POKE 44601,32
1200   POKE 43603,240: POKE 43604,253
1210 :
1220 A1 =  PEEK (738) * 256 +  PEEK (737)
1230 A2 = A1 - 8 * 4096 - 19
1240 AN = A2 / 38
1250   POKE A1,0
1260 :
1270   PRINT : PRINT "Name fuer die Textdatei mit dem "
1280   INPUT "Disketten-CATALOG:";CN$
1290 :
1300   PRINT : PRINT  CHR$ (4)"OPEN";CN$
1310   PRINT  CHR$ (4)"DELETE";CN$
1320   PRINT  CHR$ (4)"OPEN";CN$
1330   PRINT  CHR$ (4)"WRITE";CN$
1340   PRINT AN
1350   CALL 748
1360   PRINT  CHR$ (4)"CLOSE";CN$
1370 :
1380   INPUT "Nochmal (J/N)?";X$
1390   IF X$ = "J" THEN 1100
1610   END
1620   REM   Anfangs- und Endadresse:
1630   DATA 736,767
1640   REM   Daten des Maschinenprogramms
1650   DATA 141,0,128,238,225,2,208,3
1660   REM   Zwischensumme 945
1670   DATA 238,226,2,96,173,19,128,240
1680   REM   Zwischensumme 1122
1690   DATA 14,32,237,253,238,237,2,208
1700   REM   Zwischensumme 1221
1710   DATA 3,238,238,2,76,236,2,96
1720   REM   Zwischensumme 891
1730   REM    Gesamtsumme:4179
```

Will man die Textdatei mit dem CATALOG-Inhalt einlesen, fügt man diesen
Programmteil an:

Programm 8.3-2 CATALOGE-LESER

```
1410   PRINT "Einlesen der CATALOG-Textdateien"
1420   INPUT "Name des Disketten-CATALOG :";CN$
1430 :
1440   PRINT  CHR$ (4)"OPEN";CN$
1450   PRINT  CHR$ (4)"READ";CN$
1460   INPUT AN
1470   FOR I = 1 TO AN
1480   INPUT CA$(I)
1490   PRINT CA$(I)
1500   NEXT
1510   PRINT  CHR$ (4)"CLOSE";CN$
1520 :
```

```
1530   PRINT : PRINT AN;" Dateien enthalten": PRINT
1540   FOR I = 1 TO AN
1550 C$ = CA$(I)
1560   IF  LEFT$ (C$,1) < > "*" THEN C$ = " " + C$
1570   IF  MID$ (C$,2,1) = "A" THEN  PRINT C$
1580   NEXT
1590   INPUT "Nochmal (J/N)?";X$
1600   IF X$ = "J" THEN 1420
1610   END
```

Da beim INPUT in Zeile 1480 die führenden Leerzeichen weggelassen werden, wird in Zeile 1560 bei Dateien ohne "*" dieses Leerzeichen wieder
angefügt. Als Beispiel eines auszugsweisen CATALOG werden in Zeile 1570
nur die BASIC-Dateien ausgegeben.

8.4 Das Programm PRUEF-EXEC zur Prüfsummenbildung

Da wir in diesem Buch eine Reihe von (wenn auch kurzen) Maschinenprogrammen benutzt haben, wollen wir hier ein kurzen Programm vorstellen,
das zweierlei leistet:

-- Es berechnet von einem angegebenen Speicherbereich jeweils für 8 Werte
   eine Zwischensumme und die Gesamtsumme.
— Es ermöglicht, Maschinenprogramme mit Prüfsummen als DATA-Zeilen
   eines BASIC-Programmes in einer Textdatei zu speichern, die man mit
   dem EXEC-Befehl leicht an eigene Programme anhängen kann. Dort kann
   das Maschinenprogramm ausgelesen und mit POKE-Befehlen in den
   Speicher geschrieben werden.

Die Zeilennummern für die DATA-Zeilen wurden dabei sehr hoch gewählt,
damit sie mit üblichen Programmzeilennummern nicht kollidieren.

Ansonsten arbeitet das Programm leicht verständlich; man beachte, daß bei
geöffneter Textdatei (EFLAG=1) vor einem Bildschirmausdruck immer ein
„leeres" PRINT CHR$ (4) erfolgen muß, um das Schreiben in die Textdatei
zu unterbrechen.

Programm 8.4-1 PRUEF-EXEC

```
1000   REM  -----------------PRUEF-EXEC
1010   TEXT : HOME
1020   PRINT "Pruefsummenprogramm": PRINT
1030 EFLAG = 0
1040   INPUT "Anfangsadresse (dezimal):";AA
1050   INPUT "Endadresse      (dezimal):";EA
1060   PRINT : PRINT "Auch Maschinenprogramm in EXEC-DATA-"
1070   PRINT "Zeilen schreiben (J/N) ?";
1080   INPUT " ";F$
1090   PRINT
1100   IF F$ < > "J" THEN 1210
1110 EFLAG = 1
```

```
1120  INPUT "Name der EXEC-Datei:";NN$
1130  PRINT
1140  PRINT  CHR$ (4)"OPEN";NN$
1150  PRINT  CHR$ (4)"DELETE";NN$
1160  PRINT  CHR$ (4)"OPEN";NN$
1170  PRINT  CHR$ (4)"WRITE";NN$
1180  PRINT "62997 REM Anfangs- und Endadresse:"
1190  PRINT "62998 DATA"; STR$ (AA);","; STR$ (EA)
1200  PRINT "62999 REM Daten des Maschinenprogramms"
1210 SUM = 0
1220 ZSUM = 0
1230 ZAEHLER = 0
1240  FOR I = AA TO EA
1250   IF ZAEHLER = 8 THEN ZAEHLER = 0:ZSUM = 0
1260 ZAEHLER = ZAEHLER + 1
1270 WERT =  PEEK (I)
1280 W$(ZAEHLER) =  STR$ (WERT)
1290 ZSUM = ZSUM + WERT
1300 SUM = SUM + WERT
1310   IF I < > EA AND ZAEHLER < 8 THEN 1450: REM  NEXT I
1320   IF EFLAG = 1 THEN  PRINT  CHR$ (4)
1330   PRINT "Zwischensumme ";I - ZAEHLER + 1;"-";I;"=";ZSUM
1340   IF EFLAG = 0 THEN 1450: REM  NEXT I
1350   PRINT  CHR$ (4)"WRITE";NN$
1360 Z$ = ""
1370   FOR K = 1 TO ZAEHLER
1380 Z$ = Z$ + W$(K)
1390   IF K < ZAEHLER THEN Z$ = Z$ + ","
1400   NEXT K
1410 ZE$ =  STR$ (63000 + I - AA) + "DATA" + Z$
1420   PRINT ZE$
1430 ZR$ =  STR$ (63000 + I - AA + 1) + "REM " + "Zwischensumme " +  STR$
      (ZSUM)
1440   PRINT ZR$
1450   NEXT I
1460   IF EFLAG = 1 THEN  PRINT  CHR$ (4)
1470   PRINT : PRINT "Gesamtsumme    ";AA;"-";EA;"=";SUM
1480   IF EFLAG = 0 THEN 1520
1490   PRINT  CHR$ (4)"WRITE";NN$
1500   PRINT  STR$ (63000 + I - AA + 2);"REM  Gesamtsumme:"; STR$ (SUM)
1510   PRINT  CHR$ (4)"CLOSE";NN$
1520   PRINT : INPUT "Nochmal (J/N)?";F$
1530   IF F$ = "J" THEN 1010
1540   END
```

8.5 Das Programm INFORMATION über DOS- und Speicherstatus

In diesem Programm sind einige Informationen aus den bisherigen Kapiteln zusammengestellt und kommentiert. Es wird die VTOC einer Diskette ausgewertet, ebenso Speicheradressen im DOS und der Nullseite.

Erklärungsbedürftig ist wohl nur die Information über den Beginn des ersten DOS-Puffers. In Kap. 6 haben wir gezeigt, wie man zwischen den DOS-Puffern und dem eigentlichen Beginn des DOS Platz z. B. für Maschinenprogramme schaffen kann. Wer die dort vorgestellte Technik anwendet, kann nun hiermit überprüfen, wie dadurch die Lage des ersten DOS-Puffers verändert wird. Wer über einen BASIC-Compiler verfügt, sollte das Programm compilieren, da sonst die Information über BASIC-Programme nur das Programm INFORMATION selber betreffen und keine Programmierhilfe darstellen.

Programm 8.5-1 INFORMATION

```
100 AL = 43624:AL$ = "$AA68"
110 AS = 43626:AS$ = "$AA6A"
120 PA = 43607:PA$ = "$AA57"
130 BA = 43634:BA$ = "$AA72"
140 BL = 43616:BL$ = "$AA60"
150 P1 = 40192
160 TA = 46063:TA$ = "$B3EF"
170 VO = 46017:VO$ = "$B3C1"
180 C1 = 46012:C1$ = "$B3BC"
190 TE = 46050:TE$ = "$B3E2"
200 SA = 46064:SA$ = "$B3F0"
210 BS = 46065:BS$ = "$B3F1"
220   PRINT "Zur Untersuchung einer Diskette diese"
230   PRINT "Diskette in Laufwerk "; PEEK (AL);" Slot "; PEEK (AS);" legen"
240   PRINT "und RETURN druecken (Abruch mit ESC):";F$
250   GET F$: PRINT
260   IF F$ =  CHR$ (27) THEN 610
270   CALL 45047
280   HOME : PRINT "Information"
290   PRINT "Adr.  ( $ ) Inhalt Bedeutung        "
300   PRINT "------------------------------------------------";
310   PRINT AL;" ";AL$;" "; PEEK (AL);
320   HTAB 20: PRINT "Aktuelles Laufwerk"
330   PRINT AS;" ";AS$;" "; PEEK (AS);
340   HTAB 20: PRINT "Aktueller Steckplatz"
350   PRINT PA;" ";PA$;" "; PEEK (PA);
360   HTAB 20: PRINT "Pufferanzahl"
370   PRINT BA;" ";BA$;" "; PEEK (BA) +  PEEK (BA + 1) * 256;
380   HTAB 20: PRINT "Startadresse der "
390   HTAB 20: PRINT "letzten Binaerdatei"
400   PRINT BL;" ";BL$;" "; PEEK (BL) +  PEEK (BL + 1) * 256;
410   HTAB 20: PRINT "Laenge der 1. BASIC-"
420   HTAB 20: PRINT "oder Binaer-Datei"
440   PRINT TA;" ";TA$;" "; PEEK (TA);: HTAB 20: PRINT "Zahl der Spuren(35)"
450   PRINT VO;" ";VO$;" "; PEEK (VO);: HTAB 20: PRINT "VOLUME-Nr."
460   PRINT C1;" ";C1$;" "; PEEK (C1);" "; PEEK (C1 + 1);: HTAB 20: PRINT
 "Spur,Sektor des"
470   HTAB 20: PRINT "CATALOG (17,15)"
480   PRINT TE;" ";TE$;" "; PEEK (TE);: HTAB 20: PRINT "Eintraege TSL (122)"
490   PRINT SA;" ";SA$;" "; PEEK (SA);: HTAB 20: PRINT "Zahl d. Sektoren(16)"
500   PRINT BS;" ";BS$;" "; PEEK (BS) +  PEEK (BS + 1) * 256;: HTAB 20:
 PRINT "Bytes je Sektor(256)"
510   PRINT "------------------------------------------------";
520   PRINT "Beginn 1.DOS-Puffers :"; PEEK (P1) +  PEEK (P1 + 1) * 256 -
 557;
530   PRINT " (39590)"
540   PRINT "HIMEM                 :"; PEEK (115) +  PEEK (116) * 256
550   PRINT "LOMEM                 :"; PEEK (105) +  PEEK (106) * 256
560   PRINT "Freier Speicher       :";
570   IF  FRE (0) =  > 0 THEN  PRINT  FRE (0)
580   IF  FRE (0) < 0 THEN  PRINT  FRE (0) + 2 ^ 16
590   PRINT "BASIC-Anfang          :"; PEEK (103) +  PEEK (104) * 256
600   PRINT "BASIC-Ende            :"; PEEK (175) +  PEEK (176) * 256;
605   GET F$
610   END
```

Zur Untersuchung einer Diskette diese Diskette in Laufwerk 1 Slot 6
legen und RETURN drücken (Abbruch mit ESC):

```
Adr.    ( $ ) Inhalt  Bedeutung
---------------------------------------------
43624  $AA68  1        Aktuelles Laufwerk
43626  $AA6A  6        Aktueller Steckplatz
43607  $AA57  3        Pufferanzahl
43634  $AA72  768      Startadresse der
                       letzten Binaerdatei
43616  $AA60  1773     Laenge der 1. BASIC-
                       oder Binaer-Datei
46063  $B3EF  35       Zahl der Spuren(35)
46017  $B3C1  254      VOLUME-Nr.
46012  $B3BC  17 15    Spur,Sektor des
                       CATALOG (17,15)
46050  $B3E2  122      Eintraege TSL (122)
46064  $B3F0  16       Zahl d. Sektoren(16)
46065  $B3F1  256      Bytes je Sektor(256)
---------------------------------------------
Beginn 1.DOS-Puffers :39590 (39590)
HIMEM                 :38400
LOMEM                 :3822
Freier Speicher       :34409
BASIC-Anfang          :2049
BASIC-Ende            :3822
```

Bild 8.5-2 Bildschirmdump zum Programm INFORMATION

9 Die Benutzung von Hilfsprogrammen (Utilities)

9.1 Die Hilfsprogramme der DOS-Master-Diskette

Auf der DOS-Master-Diskette finden sich eine Reihe von Hilfsprogrammen, von denen wir hier einige untersuchen wollen. Allgemein läßt sich sagen, daß der Komfort und die Bedienerfreundlichkeit dieser Programme in der Regel sehr zu wünschen läßt. Normalerweise wird man also zu kommerziellen Programmen greifen, mit denen sich leichter und schneller arbeiten läßt.

9.1.1 Das Programm FID

Das Maschinenprogramm FID dient zur Arbeit mit einzelnen DOS-Dateien, egal welchen Typs. Das Programm ist menügesteuert, durch Eingabe von Zahlen kann man die gewünschten Programmteile aufrufen. Die wichtigste Möglichkeit, die FID bietet, ist das Kopieren von Dateien. Dazu muß man allerdings den Namen der Datei eingeben. Dieses Verfahren ist jedoch nicht sehr benutzerfreundlich. Denn um den genauen Dateinamen zu erfahren, läßt man sich in der Regel den CATALOG ausgeben und wählt dann die Option "Kopieren von Dateien". Dann muß man den vollständigen Dateinamen eingeben. Wenn man inzwischen den genauen Namen vergessen hat oder sich beim Dateinamen verschreibt, muß man noch einmal von vorne anfangen.

Bei Programmen wie COPY II PLUS ist das Verfahren wesentlich einfacher. Man sucht dort die entsprechenden Dateien mit den Pfeiltasten aus dem Inhaltsverzeichnis heraus und markiert sie mit RETURN.

Allerdings bietet FID die Möglichkeit zur Benutzung von sogenannten Wildcard-Zeichen (Stellvertreterzeichen), deren Handhabung wir im folgenden erläutern wollen.

Die Benutzung von Stellvertreterzeichen

Während andere Betriebssysteme die Benutzung von Stellvertreterzeichen z. B. beim Anzeigen des Disketteninhaltes erlauben, lernt man dies bei DOS 3.3 nur bei Hilfsprogrammen, wie hier bei FID, kennen. Angenommen,

Sie wollen alle Dateien auf eine andere Diskette kopieren, die mit den Buchstaben 'DRU' beginnen, dann geben Sie als Dateinamen ein:

    DRU=

Das Platzhalterzeichen beim Programm FID ist das Gleichheitszeichen "=". Sie müssen angeben, ob Sie beim Kopieren vorher immer gefragt werden wollen, ob diese Datei kopiert werden soll ("DO YOU WANT PROMPTING?"). Normalerweise sollte man darauf zur Sicherheit immer mit Ja antworten (also "Y" für "YES" eingeben).

Ein anderes Beispiel: Sie haben auf einer Diskette alle Bilder mit der Namensendung '.PIC' gespeichert und wollen nur diese Bilder mit einem Schreibschutz versehen. Sie geben bei der Frage nach dem Dateinamen ein:

    =.PIC

Sie können auch andere Möglichkeiten wählen, z.B. alle Dateien, die die Buchstabenfolge TEXT irgendwo im Dateinamen enthalten:

    =TEXT=

Wenn Sie schließlich nur das Gleichheitszeichen eingeben, so werden alle Dateien bearbeitet.

Das Platzhalterzeichen kann in anderen Programmen auch ein Fragezeichen "?" oder ein Malzeichen "*" sein.

Änderung von FID zur besseren Benutzung

Am Besipiel von FID wollen wir auch demonstrieren, wie es möglich ist, bestehende Programme in eigene einzubauen, zu verbessern oder mit deutschem Text zu versehen. Unser Ziel ist es, das Programm FID und ein BASIC-Programm im Speicher zu haben, und wahlweise damit arbeiten zu können.

1. Zunächst ändern wir die Anfangsadresse des BASIC-Programms auf 16384 ($4000):

    POKE 103,1 : POKE 104,64 : POKE 16384,0

2. Nun können wir FID mit BLOAD laden und immer mit Call 2051 aufrufen und gleichzeitig ein BASIC-Programm im Speicher haben. Leider hat FID die Eigenschaft, daß nach dem Verlassen ein DOS-Kaltstart durchgeführt wird. Wir müssen also die entsprechenden Stellen ändern. Im Programm steht dort der Befehl JMP $3D3 (4C D3 03), den wir jeweils durch JMP $3D0 (4C D0 03) ersetzen:

    CALL −151
    860   : D0
    DD6   : D0
    1302   : D0

Jetzt können wir FID normal benutzen und auch wieder verlassen und gleichzeitig ein BASIC-Programm im Speicher haben. Schließlich müssen wir nur noch die Größe des Kopierpuffers von FID herabsetzen, so daß unser BASIC-Programm nicht beim Kopieren langer Dateien zerstört wird:

    854 : A9 21

Wir speichern das geänderte FID z. B. unter dem Namen

    BSAVE FID.OBJ,A$803,L$124F

ab und können es jederzeit im Speicher mit CALL 2051 (oder mit 803G im Monitor) aufrufen.

3. Will man FID in einem Programm benutzen, so muß man den JMP $ 3D0-Befehl durch RTS ersetzen:

    85F : 60
    DD5 : 60
    1301 : 60

und kann FID jetzt im Programm mit CALL 2051 aufrufen und das Programm anschließend normal fortsetzen. Man kann das Programm abspeichern mit

    BSAVE FID.RTS,A2051,L4687

4. Wer FID mit deutschen Texten versehen will, kann folgendermaßen vorgehen:
Die Ausgabetexte sind gespeichert ab 4900 ($1324) und können geändert werden, z. B. QUIT in ENDE. Dabei sollte man nur die vorgegebenen Wortlängen einhalten!

Beispiel:
    18F3-00 D1   D5   C9   D4   8D 00 ...
             "Q" "U" "I" "T"   <RETURN>

wird ersetzt durch

    18F3-00 C5   CE   C4   C5
             "E" "N" "D" "E"

9.1.2 Das Programm COPYA

Dieses Kopierprogramm befindet sich auf der DOS-Master-Diskette und benutzt ein Maschinenprogramm zum Lesen und Schreiben der Spuren. Die Diskette, auf die kopiert wird, wird vorher durch den normalen INIT-Befehl aus dem Programm heraus formatiert, und erst dann mit dem Maschinenprogramm spurweise beschrieben.

Das Programm ist auch für ein Laufwerk ausgelegt. Man muß dann allerdings mehrmals die Disketten wechseln. Tritt ein Fehler beim Lesen oder Schreiben auf, so wird eine Fehlermeldung ausgegeben und der Kopiervorgang abgebrochen. Das Programm kann dann normal weiter fortgesetzt werden. (Das Programm meldet bei nicht existierenden Laufwerken ebenfalls einen Fehler, aber bleibt nicht „hängen" wie die normalen DOS-Befehle bei nicht existenten Steckplätzen oder Laufwerken.)

COPYA funktioniert nicht mehr, wenn das DOS in die 16-K-Karte verschoben wird, da dann der INIT-Befehl wegfällt. Es benötigt etwa eineinhalb Minuten zum Kopieren einer Diskette und erfordert beim Kopieren mit einem Laufwerk einen mehrmaligen Diskettenwechsel.

9.1.3 Das Programm MASTER CREATE

Früher war es üblich, daß DOS-formatierte Disketten auch mit dem Betriebssystem auf der Diskette versehen geliefert wurden, z. B. von Zeitschriften, die dort ihre Programme für Leser verfügbar machten. In letzter Zeit gehen die Softwarehersteller und Zeitschriften (z. B. Peeker) dazu über, nur formatierte Disketten ohne DOS aus Gründen des Copyrights auszuliefern. Wie sinnvoll dies ist bei einem Betriebssystem, das, wie wir in Kapitel 5 gesehen haben, ursprünglich keine DOS-losen Disketten vorgesehen hatte, sei dahingestellt.

Man kann auf zwei Arten zu normalen DOS-Disketten mit Betriebssystemen kommen:

a) Man initialisiert eine Diskette und kopiert dann alle Dateien auf diese Disketten.

b) Man versieht die DOS-lose Diskette mit dem DOS. Dabei ist aber auf folgendes zu achten: Wenn vorher Dateien im Bereich der Spur 1 und 2 lagen, so werden diese dabei gelöscht! Außerdem werden weder vom Programm MASTER CREATE der DOS-Master-Diskette, noch vom Programm DOS-COPY in diesem Buch die Spuren 1 und 2 hinterher in der VTOC gesperrt, d. h. das DOS kann dann durch Abspeichern weiterer Programme wieder zerstört werden. Um dies zu verhindern, muß die VTOC von Hand bzw. durch die kleine Routine am Ende dieses Abschnittes geändert werden.

Wir nehmen nun die DOS-Master-Diskette und starten das Programm MASTER mit RUN MASTER. Dieses ruft dann das Maschinenprogramm MASTER CREATE auf, das das DOS dann in die Spuren 0, 1 und 2 der Diskette kopiert. Danach müssen wir noch den Namen des Boot-Programms angeben und selbst dafür sorgen, daß ein Programm dieses Namens auf der Diskette vorhanden ist.

Ursprünglich wurde das Programm MASTER CREATE dazu geschaffen, aus Slave-Disketten, deren DOS nur ans Ende des verfügbaren Speicherplatzes geladen wurde (z. B. bei weniger als 48 Kbyte), Master-Disketten zu erstellen, deren DOS sich den höchsten Speicherplatz selbst sucht. Heute kann es dazu dienen, auf einer Diskette, den Namen des HELLO-Programms zu ändern, bzw. wie oben gezeigt, eine DOS-Diskette mit Betriebssystem zu schaffen.

Es folgt eine kleine Routine um die Spuren 0, 1 und 2 im VTOC als belegt zu kennzeichnen:

```
10   CALL 45047: REM   VTOC lesen
20   FOR I = 46067 TO 46078
30   POKE I,0
40   NEXT
50   CALL 45051: REM   VTOC schreiben
```

9.1.4 Das Programm CHAIN

Mit diesem Programm soll ein Ersatz für die Verkettung von Programmen geschaffen werden.

Ein kleiner Test dazu:

CHAIN-TEST 1:

```
10   HOME : REM --------CHAIN-TEST 1
20 A$ = "AA"
30 A(1) = 1
40   PRINT  CHR$ (4)"BLOAD CHAIN"
50   CALL 520"CHAIN-TEST 2
```

CHAIN-TEST 2:

```
10   PRINT A$,A(1)
20   REM ----------CHAIN-TEST 2
```

Der Einsatz von CHAIN wird aber durch einige Mängel beeinträchtigt:

1. Das DOS-Handbuch schweigt sich über die Funktionsweise und Beschränkungen von CHAIN, z. B. was die Größe der übergebenen Felder und Variablen angeht, aus. Der Benutzer weiß also nicht, ob bei zwei sehr langen BASIC-Programmen mit großen Variablen-Feldern das Verketten auch noch funktioniert.

2. Das Programm CHAIN liegt im Eingabe-Pufferbereich und wird durch Eingaben von der Tastatur, die länger als 8 Zeichen sind, zerstört. Es muß also immer wieder neu geladen werden und nach dem Laden bis zum Aufruf darf keine Tastatureingabe von mehr als 8 Zeichen verlangt werden.

Wir fügen in das Programm CHAIN-TEST 1 die Zeile 45 ein:

```
45   GET X$: PRINT X$
46   REM  ist möglich im Programm CHAIN-TEST 1
```

Aber

```
45   INPUT "NAME: ";N$
46   REM  CHAIN wird zerstört, wenn N$
47   REM  länger als 8 Zeichen ist
```

3. Eine Variablenzuweisung hinter dem Aufruf von CHAIN ist auch nicht möglich! Also nicht: 50 CALL 520"N$. Der Name des nächsten Programms muß explizit dort stehen.
4. Man muß selbst Buch über den verbleibenden Speicherplatz führen, wie folgender Test zeigt:

CHAIN-TEST 3:

```
10   DIM A(5000): REM ---CHAIN-TEST 3
20 A(5000) = 1
30   PRINT  CHR$ (4)"BLOAD CHAIN"
40   CALL 520"CHAIN-TEST 4
```

CHAIN-TEST 4:

```
10   DIM B(5000): REM ---CHAIN-TEST 4
20   PRINT A(5000)
```

Hier würde ein OUT OF MEMORY ERROR auftreten, weil neben dem übergebenen Feld A(5000) auch das Feld B(5000) Speicherplatz benötigt und der Speicher für beide zusammen nicht ausreicht.

Wer das Programm CHAIN benutzt, sollte vorher immer testen, ob beim zweiten Programm noch genügend Speicherplatz vorhanden ist. Da CHAIN immer alle Felder rettet und man Felder in Applesoft nicht einzeln löschen kann, kann dieser Fall schnell eintreten.

Als abschließende Beurteilung läßt sich sagen, daß das Programm CHAIN nur in Ausnahmefällen sinnvoll einsetzbar ist.

9.1.5 Das Programm RENUMBER

Das Programm RENUMBER ermöglicht ein Umnumerieren der Zeilen eines
BASIC-Programms. Man gibt die erste neue Zeilennummer und die gewünschte
Schrittweite an. Es ist möglich, durch Angabe der Zeilennummern nur einen
Teil eines Programms umzunumerieren. Tauchen in einem BASIC-Befehl
(z. B. GOTO) Zeilennummern auf, zu denen keine Zeile existiert, so werden
diese Nummern beibehalten. Die einzelnen Befehle werden mit dem "&"-
Zeichen aufgerufen, die Syntax und die Befehlsmöglichkeiten nach dem Auf-
ruf des Programms erläutert.

```
&&&&&&&&&&&&&&&&&&&&&&&&&&&&&&&&&&&&&&&&&
&            APPLESOFT RENUMBER         &
&  COPYRIGHT 1978   APPLE COMPUTER INC  &
&&&&&&&&&&&&&&&&&&&&&&&&&&&&&&&&&&&&&&&&&


RENUMBER    (DEFAULT VALUES)

& [FIRST 10] [,INC 10] [,S 0] [,E 63999]

MERGE

&H   PUT PROGRAM ON HOLD
&M   MERGE TO PROGRAM ON HOLD
PRESS 'RETURN' TO CONTINUE...

RENUMBER IS INSTALLED AND READY

IF YOU USE 'FP', 'HIMEM', OR 'MAXFILES'

   YOU WILL HAVE TO RE-RUN RENUMBER
```

Noch wichtiger als das Umnumerieren, ist die Möglichkeit, zwei BASIC-Programme zusammenzufügen. Mit "&H" wird das erste Programm im Speicher gehalten, ein zweites Programm kann nun geladen werden und mit "&M" mit dem ersten Programm „gemischt" (engl: merge) werden. Man muß aber selbst darauf achten, daß Zeilennummern nicht doppelt vorkommen, da andernfalls anschließend beide Zeilen vorhanden sind:

```
10   HOME
20   END

]&H
PROGRAM ON HOLD, USE "&M" TO RECOVER

]NEW

]10 PRINT "START"

]&M

]LIST
10   HOME
10   PRINT "START"
20   END
```

Es gibt andere Programme z. B. APA oder verschiedene BASIC-Programm-Editoren, die über diese und andere Möglichkeiten verfügen.

9.2 Kopierprogramme

Es ist fast unmöglich, eine systematische Übersicht über die Vielzahl von Kopierprogrammen unter DOS 3.3 zu geben bzw. eine genaue Anleitung zu deren Benutzung. Deshalb soll nur auf deren Grundlagen hingewiesen werden.

Wir unterscheiden dabei einmal die „Schnellkopierprogramme", d. h. solche Programme, die eine Diskette in möglichst kurzer Zeit und mit möglichst geringem Diskettenwechsel kopieren. Erreicht wird dies durch ein Optimieren des Lesens und Schreibens mit Hilfe der RWTS-Routine. Es wird meist der ganze verfügbare Speicherplatz genutzt, also beim Apple IIc auch die 64-K-Erweiterung, was aber nach Beendigung des Kopierprogramms ein neues Laden des Betriebssystems erfordert. Ein solches Kopierprogramm ist dann in der Lage, eine Diskette beim IIc in zwei, beim II+ in drei Zügen in weniger als einer Minute zu kopieren.

Weiterhin gibt es auf dem Markt eine Reihe von Kopierprogrammen zum Kopieren von „kopiergeschützten" Disketten. Dies zeigt, daß der „Kopierschutz" natürlich immer nur ein relativer Schutz ist, nämlich nur solange, bis jemand den Schutzmechanismus durchschaut und umgeht. Diese Programme arbeiten meist sehr langsam, werden aber mit den gängigen Schutzmechanismen meistens fertig. Dazu müssen diese Programme auch in der Lage sein, die in 6-Bit-lange Zahlen verschlüsselten Bytes auf der Diskette zu lesen, d. h. sie arbeiten mit einer eigenen RWTS-Routine. Meist verfügen sie über eine Reihe von Optionen (z. B. zum Erkennen synchronisierter Spuren), bei denen man oft erst ausprobieren muß, mit welcher Option sich eine bestimmte kopiergeschützte Diskette dann doch kopieren läßt. Einige Programme (z. B. COPY II PLUS) haben für die meisten kommerziellen Programme die nötigen Parameter direkt auf Diskette mitgeliefert.

9.3 Andere Hilfsprogramme

Da die Programme der DOS-Master-Diskette nicht sehr komfortabel sind, wurden schon bald kommerzielle Programme mit besseren Möglichkeiten entwickelt. Hier sei als ein Beispiel das Programm COPY II PLUS von der Firma Sensible Software genannt und erläutert.

Neben dem schnellen Kopieren von Disketten und einem sogenannten Bit-Kopierer zum „Knacken" kopiergeschützter Disketten, bietet das Programm folgende Möglichkeiten:

— Kopieren der DOS-Systemspuren
— Erstellen DOS-loser Datendisketten
— Ändern des Namens des HELLO-Programms
— eine Übersicht über die Lage jeder Datei auf der Diskette
— „Wiederbeleben" gelöschter Dateien
— alphabetischer CATALOG
— Ansehen von Textdateien
— Korrigieren der VTOC bei nicht mehr benutzten Dateisektoren
— Anzeigen der Startadresse und Länge von Dateien
— einen sehr komfortablen Sektor-Editor und anderes mehr.

Die Auswahl der Dateien erfolgt sehr komfortabel, beim Kopieren z. B. mit Hilfe der Pfeiltasten, so daß man keine Dateinamen eintippen muß. Wer häufig mit DOS-Dateien arbeitet, wird den Komfort solcher Programme bald zu schätzen wissen.

Eine Verwaltung aller DOS-Dateien von verschiedenen Disketten wird von anderen Programmen angeboten (MULTI DISK CATALOG, FAT CAT u. ä.). Diese Programme arbeiten nach dem Prinzip des Programms CATALOG-DATEI (Abschn. 8.3), sind meist aber mit sehr schnellen Sortier- und Suchalgorithmen ausgestattet.

Es werden eine Reihe von BASIC-Programmierhilfen angeboten:

— Editoren, die ein zeilen- oder seitenmäßiges Korrigieren und Bearbeiten
  von BASIC-Programmzeilen ermöglichen
— Programme, die es erlauben, eine Referenzliste der benutzten BASIC-
  Variablen zu erstellen (VARDOC) oder andere Programmierhilfen bereitstellen, z. B. das Entfernen aller REM-Zeilen oder Unterstützung für ein
  strukturiertes Listing (APA u. ä.). Auf die Umnumerierung von Zeilen und
  das Mischen von Programmen sind wir schon in Abschn. 9.1.5 eingegangen.

Zu den Hilfsprogrammen wollen wir schließlich auch noch Assembler und
BASIC-Befehlserweiterungen zählen, von denen eine Vielzahl auf dem Markt
erhältlich sind, sowie die verschiedenen Graphik- oder Textschirmdruck-
programme.

10 DOS-Varianten

10.1 Die verschiedenen Varianten des Original-DOS 3.3

Von DOS 3.3 sind uns zwei verschiedene Varianten bekannt:

— Version vom 08/25/80
— Version vom January, 1, 1983

Die ältere Version ist vor allen Dingen bei Besitzern der II+-kompatiblen Geräte beliebt, da diese DOS-Master-Diskette auch den Autostartmonitor enthält (in der Datei 'FPBASIC' zusammen mit dem Applesoft-BASIC).

Ansonsten sind einige Stellen im DOS geändert bzw. einige interne Routinen (z. B. zum Befehl APPEND) erweitert worden. Über Schwierigkeiten und Unverträglichkeiten der beiden Versionen ist uns aber nichts bekannt.

Das Laden des Integer-BASIC ist bei dieser Version beschleunigt worden. Außerdem wird im HELLO-Programm der Gerätetyp geprüft und beim Apple IIe und IIc die Meldung

"BE SURE CAPS LOCK IS DOWN"

ausgegeben. (Es wird nicht geprüft, ob der Apple II+ oder der II+-kompatible eventuell auch über Kleinschrift verfügt.)

Schließlich kann man als eine weitere DOS-Variante die Slave-Disketten betrachten, deren DOS mit dem INIT-Befehl erstellt und direkt an das Speicherende bei $BFFF geladen wird. Auch hier läßt sich sagen, daß keinerlei Unverträglichkeiten zu beobachten sind.

```
DOS VERSION 3.3               08/25/80

APPLE II PLUS OR ROMCARD     SYSTEM MASTER


(LOADING INTEGER INTO LANGUAGE CARD)
```

Bild 10.1-1 Meldung der alten DOS-Master-Diskette

```
                          APPLE II

               DOS VERSION 3.3  SYSTEM MASTER


                        JANUARY 1, 1983


              COPYRIGHT APPLE COMPUTER,INC. 1980,1982



        DISK VOLUME 254

        *A 003 HELLO
        *I 003 APPLESOFT
        *B 006 LOADER.OBJO
        *B 042 FPBASIC
        *B 042 INTBASIC
        *A 003 MASTER
        *B 009 MASTER CREATE
        *I 009 COPY
        *B 003 COPY.OBJO
        *A 009 COPYA
        *B 003 CHAIN
        *A 014 RENUMBER
        *A 003 FILEM
        *B 020 FID
        *A 003 CONVERT13
        *B 027 MUFFIN
        *A 003 START13
        *B 007 BOOT13
        *A 004 SLOT#
```

Bild 10.1-2 Meldung der neuen DOS-Master-Diskette und Inhaltsverzeichnis

10.2 Veränderungen des DOS

Wir wollen in diesem Abschnitt noch einmal systematisch aufführen, welche
„kleineren" oder größeren Änderungen des DOS 3.3 häufig vorkommen und
was dabei zu beachten ist.

In diesem Buch haben wir eine Reihe von Methoden vorgestellt, die das DOS
verändern, z. B. bei den Programmen CATALOG-Varianten (4.2-1—4.2-7)
oder beim Programm DISKETTENNAME (5.5-1). Diese Änderungen können
dann normalerweise problemlos benutzt werden, wenn das Ausgangs-DOS
nicht schon verändert worden (also Original-DOS 3.3) war. Die Änderungen
sollten auch in der Regel wieder rückgängig gemacht werden. Außerdem
sollte man beachten, daß verschiedene dieser Änderungen nicht unbedingt
zusammen funktionieren.

Die häufigsten Änderungen beziehen sich auf den CATALOG-Befehl:

— Ausdruck der freien Sektoren
— veränderte Bildschirmgestaltung
— Diskettennamen und ähnliches.

Zur Erhöhung der Speicherkapazität wird oft auch die Spurzahl des DOS heraufgesetzt. Dies erscheint zwar nur als eine „kleine" Änderung des DOS (es werden ja nur 3 Bytes geändert), aber nur in dem Sinne, daß ein solches DOS auch 35-Spur-Disketten lesen kann. Umgekehrt sind solche Disketten mit normalem DOS nicht mehr völlig nutzbar.

Andere Modifikationen, wie das Arbeiten mit DOS-losen Datendisketten beeinträchtigen die Funktionsweise des Betriebssystems überhaupt nicht. Ebenso sind Änderungen des Textes der Fehlermeldungen harmlos. Bei den Befehlsnamen hingegen bringen neue Namen wieder Probleme mit sich.

Man sollte also normalerweise "Patches" des DOS vermeiden und sie nur dort vornehmen, wo es unbedingt notwendig ist. Außerdem sollte man auf diese Änderungen hinweisen und sie entsprechend dokumentieren. Bei fremden Programmen, die mit verändertem DOS geliefert werden, sollte man prüfen, ob sie auch mit Original-DOS zusammenarbeiten; dies ist nicht in jedem Fall zu erwarten. Wer sich nicht sicher ist, ob ein Programm das DOS im Speicher verändert hat, ohne dies rückgängig zu machen, sollte nach Beendigung des Programms das Betriebssystem am besten neu laden, um ein Original-DOS 3.3 zur Verfügung zu haben.

Aus Gründen des Kopierschutzes werden häufig eine Reihe von Änderungen am DOS vorgenommen. Dies kann eine Veränderung der Erkennungsbytes für den Schreib-Lesekopf des Laufwerkes sein, eine Verlegung der CATALOG-Spur, und vieles mehr. Ein Kopierschutz stellt aber unseres Erachtens immer eine Einschränkung für den Käufer des Programms dar, da er einmal das Anlegen von Sicherheitskopien erschwert oder verhindert, andererseits die Zusammenarbeit zwischen verschiedenen Programmen behindert, da es sich ja normalerweise nicht mehr um ein Standard-DOS 3.3 handelt. Wir wollen uns hier aber nicht an dem Wettlauf zwischen „Schützern" und „Knackern" beteiligen, zumal sowohl das Erstellen wie das Entfernen eines Kopierschutzes eine sehr mühselige Arbeit ist. Für den unbedarften Benutzer finden sich die Früchte dieser Arbeit dann in komplizierten Schutzprogrammen, die mit den entsprechenden Kopierprogrammen nach einer Weile wieder überwunden werden können.

10.3 DOS-MOVER

Da beim Apple normalerweise der Bereich der 16-K-RAM-Erweiterung unter BASIC nicht genutzt ist, wurden Programme entwickelt, sogenannte DOS-MOVER, die das Betriebssystem in die 16-K-Karte schieben. Eines der ersten Programme war der AMP-DOS-MOVER von C. Bongers.

Der Vorteil liegt in einem deutlich um 25 % vergrößerten Speicherplatz für BASIC-Programme. Als Nachteil ergibt sich, daß nicht alle Programme mit diesem verschobenen DOS arbeiten, insbesondere dann nicht, wenn sie auf das DOS im Speicher direkt zugreifen (also nicht über die DOS-Vektoren im Speicherbereich von $3D0 bis $3FF). Selbst bei Programmen der DOS-Master-Diskette wird dieses Verfahren angewendet. Für die Programme FID, RENUMBER und COPYA wurden deshalb beim AMP-DOS-MOVER gleich die nötigen Veränderungen angegeben. Weiterhin ist der Befehl INIT nicht mehr möglich und bei AMP durch den Befehl PADDR ersetzt, der die Anfangsadresse und Länge von Binärdateien ermittelt. Ebenfalls ist die Anzahl der DOS-Dateipuffer meist auf MAXFILES 3 oder 5 beschränkt.

Der AMP-MOVER belegt die BANK 2 der 16-K-Karte; die BANK 1 von $D000–$DFFF bleibt also frei.

Wie funktioniert ein DOS-MOVER?

Da das DOS früher wegen der geringen Speicherkapazität der alten Apple-Modelle auch auf Geräten unterschiedlicher Speichergröße laufen mußte, ist es von vornherein als verschiebbares Programm konzipiert worden.

Wird das DOS in die 16-K-RAM-Erweiterung verschoben, so werden alle DOS-Operationen über einen „Schalterbereich" von $BF00–$BFFF durchgeführt, der die 16-K-Karte beschreibbar oder lesbar macht. Auch die DOS-Vektoren ab $3D0 weisen nun in diesen „Schalterbereich". Weiterhin müssen die Datenpuffer neu organisiert und sinnvollerweise der INIT-Befehl entfernt werden. Schließlich ist der Wert für HIMEN dann normalerweise auf $BF00 eingestellt.

Wir testen das verschobene DOS, indem wir bei den ersten vier Vektoren das höherwertige Byte auf $BF testen. Die normalen Werte der Seite 3 sind:

```
03D0-    4C BF 9D        JMP     $9DBF
03D3-    4C 84 9D        JMP     $9D84
03D6-    4C FD AA        JMP     $AAFD
03D9-    4C B5 B7        JMP     $B7B5
```

Da unterschiedliche DOS-MOVER auch den Schalterbereich ab $BF00 unterschiedlich organisieren, testen wir nur das höherwertige Byte.

```
10 T1 =  PEEK (978)
20 T2 =  PEEK (981)
30 T3 =  PEEK (984)
40 T4 =  PEEK (987)
50  IF T1 = 157 AND T2 = 157 AND
      T3 = 170 AND T4 = 183 THEN 8
        O
60  IF T1 = 191 AND T2 = 191 AND
      T3 = 191 AND T4 = 191 THEN  PRINT
      "DOS verschoben in 16-K-Kart
      e": GOTO 90
70  PRINT "DOS-Variante nicht erk
      annt": GOTO 90
80  PRINT "DOS nicht verschoben"
90  END
```

10.4 Der DOS-Zugriff unter der Sprache LOGO

Die Sprache LOGO, in der deutschen Version vom IWT-Verlag, erlaubt dem Benutzer neben den eigenen Diskettenbefehlen (z. B. "BEWAHRE" oder "INHALT") auch den Zugriff auf normale DOS-Disketten. Dies ermöglicht es, die unter LOGO erstellten Bilder und Programme auf einer unter DOS 3.3 initialisierten Diskette zu speichern, und im Falle der LOGO-Bilder, diese mit einem Graphik-Druckprogramm unter DOS 3.3 auszudrucken.

Die LOGO-Diskettenbefehle:

— INHALT
— LADE
— LADEBILD
— BEWAHRE
— BEWAHREBILD

Die LOGO-Dateien erhalten dabei automatisch die Endung .LOGO bei LOGO-Programmen und .BILD bei LOGO-Bildern.

Der Zugriff auf die DOS-Befehle erfolgt mit:

DOS   [befehl]

also z. B.

DOS   [CATALOG]

oder

DOS   [VERIFY MEINPROGRAMM.LOGO]

Bemerkung:

Das DOS auf der LOGO-Programmdiskette ist kein normales DOS, da diese kopiergeschützt ist.

10.5 Neue DOS-Varianten

Die DOS-Varianten, die heute erhältlich sind, gehen im Prinzip von zwei Grundideen aus:

1. Erhöhung der Geschwindigkeit der Diskettenoperationen
2. Mehr Komfort bei Befehlen.

Die Geschwindigkeitserhöhung wird normalerweise durch einen effizienteren File-Manager erreicht, während die RWTS-Routine meist unangetastet bleibt. Auch eine Beschleunigung der Textdateibefehle ist leicht möglich, z.B. indem beim APPEND-Befehl nicht erst alle Felder bis zum END OF DATA-Byte $00 eingelesen werden, sondern direkt der letzte Sektor aus der TSL bestimmt wird.

Dabei ist eine Beschleunigung der Diskettenoperationen um den Faktor 2 bis um den Faktor 5 möglich. Beim Laden von langen Maschinenprogrammen und Dateien (z.B. HGR-Bildern) und beim Arbeiten mit Textdateien fällt dies ins Gewicht.

Der höhere Komfort spiegelt sich in neuen Befehlen (z.B. TLIST zum Anzeigen von Textdateien) oder in Erweiterungen (wie dem erwähnten Ausdruck der freien Sektoren beim CATALOG) wieder.

Wir wollen dies an einer gebräuchlichen DOS-Variante näher betrachten.

10.5.1 DIVERSI-DOS

Diese DOS-Variante der Firma Diversified Software Research gilt allgemein als die schnellste und ausgereifteste DOS-Variante. Sie wird „offen" vertrieben, d.h. man darf sie gefahrlos weitergeben. Man wird aber ersucht, eine Lizenznummer käuflich zu erwerben, falls man mit DIVERSI-DOS arbeitet. Für den geringen Preis von $ 30,00 kommt man auch jeweils in den Genuß der aktuellsten Version und erhält weitere Unterstützung. DIVERSI-DOS ist auf der Peeker-Disk Nr. 8 erhältlich; die Gebühr ist an den Hersteller zu überweisen.

Bei Binärdateien ist DIVERSI-DOS viermal so schnell und bei Textdateien etwa dreimal so schnell wie DOS 3.3.

Die wichtigsten Neuerungen:

— das DOS kann in die 16-K-Karte geschoben werden
— Kleinschrift der DOS-Befehle ist ab Version 4-C möglich
— mit TLIST lassen sich Textdateien anzeigen
— mit PAD erfährt man die Adresse und Länge der letzten Binärdatei
— mit INIT X kann eine DOS-lose Datendiskette erzeugt werden
— die Eingabe von Stellvertreterzeichen ("Wildcard"-Zeichen) bei Dateinamen ist möglich
— BASIC-Programme können von der Diskette ab einer bestimmten Zeilennummer gestartet werden
— die Tasten können mit BASIC- und DOS-Befehlen belegt werden
— beim normalen DIVERSI-DOS hat man nur noch Kennummern bei den
  Fehlermeldungen; erst bei dem in die 16-K-Karte verschobenen DIVERSI-
  DOS gibt es die normalen Fehlermeldungen.

10.5.2 Andere DOS-Varianten

Eine tabellarische Übersicht:

Name	Hersteller	Bemerkungen
DAVID-DOS	DAVID DATA	schnelleres Laden und Speichern, DOS-Mover (Befehl HIDOS), Anzeigen von Textdateien (Befehl TLIST), Laden und Speichern von Textdateien direkt aus dem Speicher (TLOAD, TSAVE) und mehr
PRONTO-DOS	Beagle Brothers	schnelleres Laden und Speichern, DOS-Mover, Anzeigen von Textdateien
MC-DOS	Zeitschrift MC (auf jeder Apple-Sammeldiskette)	schnelleres Laden und Speichern, Anzeigen der freien Sektoren
DOS 3.4 ZDOS 2.2 SUPERDOS		beschränkt sich meist auf ein schnelleres Laden und Speichern von Dateien und Anzeige der freien Sektoren
MEMDOS	Memsoft	eigentlich keine DOS-Variante, sondern BASIC-Variante mit dBASE-ähnlichen Möglichkeiten
Unidos 3.3	MikroSPARC	DOS-Variante zum Betrieb der neuen Unidisk 3.5 mit 800000 Kbyte

Tabelle 10.5-1 DOS-Varianten

Die wirklich neuen DOS-Varianten sollten völlig neu geschrieben und assembliert sein, wobei aus Gründen der Kompatibilität natürlich auf die gleichen Befehlsnamen geachtet wurde, d. h. z. B. CATALOG wird weiterhin verstanden. Auch die wichtigsten Einsprungadressen wurden beibehalten, so daß auch Programme, die Werte auslesen, in den Speicher schreiben oder interne DOS-Programme aufrufen (z. B. CALL 'VTOC lesen') ohne Probleme laufen. Dies sollte man aber vorher immer testen, bevor man seine Programme auf eine DOS-Variante umstellt. Die meisten "Patches", die irgendwelche Bytes ändern, funktionieren normalerweise dann aber nicht mehr!

Bei 80-Spur-Laufwerken oder bei Harddisks wird das DOS 3.3 mit Hilfe von "Autopatch"-Programmen so geändert, daß es in der Lage ist, den zusätzlichen Speicherplatz zu verwalten.

11 Andere Betriebssysteme auf dem Apple II

Wir beenden unseren Rundgang durch das DOS 3.3 Betriebssystem indem wir noch einen kurzen Blick auf die anderen Betriebssysteme werfen, die auf dem Apple II lauffähig sind. Wir möchten die Leser ermuntern, sich auch mit diesen Betriebssystemen zu beschäftigen und sich nicht auf die Verbindung von Applesoft-BASIC und DOS 3.3 zu beschränken. Erst bei Betriebssystemen wie CP/M und UCSD wird die Trennung von Programmiersprache und Betriebssystem deutlich. Und wer die prinzipielle Funktionsweise und Aufgabe eines Betriebssystems nachvollzogen hat, sollte auch schneller in der Lage sein, sich auf ein neues System einzustellen.

11.1 PRODOS

Nachdem Apple erleben mußte, daß eine Weiterentwicklung und Verbesserung des DOS 3.3 inzwischen schon in Form mehrerer DOS-Varianten (z. B. DIVERSI DOS) von anderen Softwarehäusern erfolgt war, entschied man sich, ein völlig neues Betriebssystem zu entwickeln, das den neuen Hardwaremöglichkeiten (z. B. 128 Kbyte Speicher, Laufwerke mit größerer Kapazität und Festplatten) besser gerecht werden konnte. Apple benutzte dazu eine Weiterentwicklung des SOS-Betriebssystems des inzwischen eingestellten Apple III. Das neue Betriebssystem PRODOS (für „Professional DOS") wurde so konzipiert, das es auch unabhängig vom Applesoft-BASIC mit einer besseren Schnittstelle für andere Programme benutzt werden kann. Inzwischen gibt es einen sehr leistungsfähigen Pascal-Compiler („Kyan Pascal") unter PRODOS. Die PRODOS-Disketten sind aber nicht unter DOS 3.3 lauffähig und umgekehrt, da eine andere Sektorzuordnung benutzt wird. Auf der PRODOS-Master-Diskette wird allerdings ein Programm mitgeliefert, daß Dateien von einem zum anderen Betriebssystem konvertieren kann.

Wir wollen uns mit PRODOS aus der DOS 3.3-Sichtweise heraus beschäftigen. Für den Applesoft-BASIC-Benutzer ist an der Oberfläche alles gleich geblieben. Viele Befehlsnamen sind identisch mit den DOS-Befehlen und in Programmen werden die Betriebssystemkommandos wie gewohnt als PRINT-Anweisung mit CHR$ (4) gegeben. Während LOAD, SAVE und RUN wie üblich arbeiten, liefert der CATALOG-Befehl ein strukturiertes Inhaltsverzeichnis, der Befehl CAT eine Kurzform davon.

Auf die Baumstruktur der PRODOS-Inhaltsverzeichnisse mit möglichen Unterverzeichnissen können wir hier aus Platzgründen nicht eingehen. Diese Struktur erlaubt es, auch größere Dateizahlen zu verwalten und so z. B. Festplatten bis zu 32 Megabyte zu benutzen. Wichtig für den Apple-DOS-Benutzer ist vor allem, daß die Dateinamen in PRODOS nur noch 15 Zeichen umfassen und keine Sonderzeichen enthalten dürfen. Darauf muß man auch bei dem oben erwähnten Konvertierungsprogramm achten. Die Betriebssystemdiskette enthält eine Reihe von Hinweistexten (TUTOR) und von im Vergleich zu COPYA und FID komfortableren Dienstprogrammen.

Von den alten DOS-Befehlen sind die folgenden 6 weggefallen:

INIT, FP, INT, MON, NOMON, MAXFILES

Die Speicheraufteilung für BASIC-Programme ist gleich geblieben. Das eigentliche Betriebssystem liegt in der 16-K-RAM-Erweiterung und an der Stelle des DOS 3.3 von $9600–$BFFF liegt jetzt das sogenannte BASIC. SYSTEM, das die Verbindung zwischen PRODOS und BASIC-Interpreter herstellt. HIMEN liegt also wie gewohnt bei 38400 ($9600).

Da nicht alle Programme nach PRODOS konvertiert werden können, wird ein Großteil der Software auch weiterhin unter DOS 3.3 betrieben werden. Neue kommerzielle Programme werden aber verstärkt für PRODOS entwickelt. Apple selbst jedenfalls wird in Zukunft das DOS 3.3 nicht mehr besonders unterstützen. So werden keine DOS 3.3-Handbücher mehr mit den Laufwerken ausgeliefert.

Für die Benutzer von Apple II+-kompatiblen Geräten bleibt noch nachzutragen, daß PRODOS erstens Applesoft-BASIC im ROM verlangt und zweitens im Autostartmonitor den Namen "APPLE ÜÄ" überprüft (allerdings gibt es inzwischen eine Reihe von Tips und Artikeln, wie man diese Prüfroutine überlistet). Eine Reihe neuer Software unter PRODOS schließt auch von vornherein das Apple II+-Modell aus, weil der Aufbau der 80-Zeichen-Karte verschieden ist (z. B. APPLEWORKS, aber auch hier sind mittlerweile "Patches" veröffentlicht). Es sei noch darauf hingewiesen, daß von PRODOS inzwischen mehrere Versionen vorliegen (1.0.1, 1.0.2, 1.1.1) und vom BASIC.SYSTEM ebenfalls schon zwei (1.0 und 1.1).

11.2 CP/M

CP/M ist das wohl erfolgreichste Betriebssystem für 8-Bit-Mikroprozessoren. Wenn man eine Zusatzkarte mit dem nötigen Z80-Prozessor besitzt, ist es auch auf dem Apple II verfügbar. Es gibt verschiedene CP/M-Versionen, von denen die Versionen 2.20 und 2.23 am meisten verbreitet sind.

Bei CP/M ist anders als beim DOS 3.3 die Trennung zwischen Programmiersprache und Betriebssystem vollzogen. Vom Betriebssystem aus werden erst die verschiedenen Programmiersprachen (MBASIC, Pascal, FORTRAN, C usw.) aufgerufen. Weiterhin unterscheidet man zwischen permanenten Betriebssystembefehlen, die immer verfügbar sind, und solchen, die in Form von Betriebssystemdateien vorliegen. Diese können als Programme mit einer Parameterübergabe aufgerufen werden.

Die CP/M-Befehle aus DOS-Sicht:

— DIR   : Inhaltsverzeichnis (CATALOG)
— ERA   : Löschen von Dateien (DELETE)
— REN   : Umbenennen von Dateien (RENAME)
— SAVE   : Abspeichern von Speicherseiten (ähnlich BSAVE)
— TYPE   : Anzeigen von Textdateien (———)

Die wichtigsten Systemdienstprogramme:

— FORMAT : Formatieren von neuen Disketten (ähnlich INIT)
— COPY   : Kopieren ganzer Disketten (COPYA)
— PIP   : u. a. Kopieren einzelner Dateien (ähnlich FID)
— STAT   : u. a. Anzeigen des Speicherplatzes von Disketten oder einzelnen Dateien (———)

und andere mehr, z. B. DDT, ED, SUBMIT, APDOS.

Bei den Betriebssystemkommandos sind Platzhalterzeichen möglich. Die Dateinamen dürfen aber nur 8 Zeichen lang sein, zuzüglich 3 Zeichen für den Dateityp. Die angeschlossenen Peripheriegeräte wie Drucker, 80-Zeichen-Karte und Laufwerke werden automatisch zugewiesen, wobei beim Apple bestimmte Steckplätze vorgegeben sind (Kap. 3).

Will man unter CP/M in BASIC programmieren, so ruft man den MBASIC-Interpreter auf, der dann in den Speicher geladen wird. In MBASIC werden eine Reihe von Diskettenkommandos bereitgestellt, deren Befehlsnamen sich allerdings sowohl von den CP/M als auch den DOS-Befehlen unterscheiden:

— FILES   : Inhaltsverzeichnis (CATALOG)
— KILL"name"   : Löschen (DELETE)
— LOAD"name", SAVE"name",   : wie die entsprechenden DOS-Kommandos, allerdings muß der Dateiname in Anführungszeichen stehen.
   RUN"name"

11.3 UCSD

Dieses Betriebssystem, das an der Universität California San Diego entwickelt wurde, wird den meisten von dem Namen UCSD-Pascal bekannt sein. Denn diese Pascal-Version wird zusammen mit diesem Betriebssystem ausgeliefert und ist heute immer noch, vor allem an Schulen, sehr verbreitet. Da für dieses Pascal-System 64 Kbyte Speicher nötig waren, wurde für den damaligen Apple II+ die 16-K-RAM-Erweiterung entwickelt, die deshalb auch "Language Card" (Sprach-Karte) genannt wird. Trotzdem ist das UCSD-Betriebssystem völlig unabhängig von dem Pascal-Compiler, unter ihm sind auch andere Sprachen wie FORTRAN und PILOT lauffähig.

Die Struktur dieses Betriebssystems ist menüartig und unterscheidet sich damit völlig von den vorhergehenden. Die wichtigsten Betriebssystemfunktionen wie Inhaltsverzeichnis, Formatieren usw. werden vom sogenannten FILER übernommen. Zur Programmerstellung liegt ein Editor vor, weiterhin ein Assembler, sowie dann der jeweilige Compiler. Da diese Programme immer wieder von der Diskette aufgerufen werden müssen, gestaltet sich das Arbeiten mit einem Laufwerk fast unmöglich und selbst mit zwei Laufwerken ist es mitunter etwas mühselig. Hinzukommt, daß die verwendeten Sprachen (wie auch das Betriebssystem selbst) im sogenannten p-Code geschrieben sind, der dann jedesmal erst wieder in die Apple-Maschinensprache übersetzt werden muß. Allerdings erlaubt es dieser geräteunabhängige p-Code, daß UCSD auf Computern mit unterschiedlichen Mikroprozessoren lauffähig ist.

Das UCSD-Betriebssystem nimmt eine Standard-Zuordnung der Peripheriegeräte vor und überprüft anhand der Erkennungsbytes der Steckkarte (Kap. 3), welche Peripheriegeräte angeschlossen sind:

        Slot 0: 16-K-RAM-Erweiterung
        Slot 1: Drucker
        Slot 2: Modem
        Slot 3: 80-Zeichen-Karte
        Slot 4: Diskettenlaufwerk
        Slot 5: Diskettenlaufwerk
        Slot 6: Boot-Diskettenlaufwerk
        Slot 7: frei

Eine Besonderheit stellt die Art der Verwaltung der Dateien auf der Diskette dar. Anders als unter DOS 3.3 werden Dateien immer auch physikalisch zusammenhängend auf der Diskette abgelegt. Dies ermöglicht einen schnelleren Zugriff, bringt aber eine Vergeudung des knappen Diskettenspeicherplatzes mit sich, den man durch Umkopieren auf eine andere Diskette berichtigen muß.

Vom UCSD-Betriebssystem und dem dazugehörenden Apple-Pascal liegen zwei Versionen (1.1 und 1.2) vor. Die neue Version 1.2 ist in der Lage, die 128 Kbyte RAM-Speicher des IIc oder des IIe mit der erweiterten 80-Zeichen-Karte zu nutzen.

11.4 Umwandlung von Dateien verschiedener Apple-Betriebssysteme

Beim Formatieren verwendet jedes der besprochenen Betriebssysteme (DOS 3.3, PRODOS, CP/M und UCSD) dasselbe Aufzeichnungsformat. Deshalb ist mit einem DOS-Disketten-Sektor-Editor wie in Abschnitt 8.3 beschrieben auch eine PRODOS-, CP/M- oder UCSD-Diskette lesbar, und zwar sektorweise. Will man aber gezielt auf einzelne Dateien unter einem anderen Betriebssystem zugreifen, so muß man die Struktur des Inhaltsverzeichnisses kennen und auch die unterschiedliche Zuordnung von logischen und physikalischen Sektoren berücksichtigen.

Keines der Betriebssysteme benutzt nämlich die physikalische Anordnung der Sektoren auf der Diskette (von $0 bis $F), sondern jeweils verschiedene „Umrechnungstabellen", deren Existenz uns normalerweise verborgen bleibt, da z. B. die DOS-RWTS-Routine diese Umrechnung automatisch bei jedem Diskettenzugriff durchführt. Die Zuordnung sieht folgendermaßen aus:

bei DOS 3.3
    physikalisch : 0 1 2 3 4 5 6 7 8 9 A B C D E F
    logisch   : 0 7 E 6 D 5 C 4 B 3 A 2 9 1 8 F

bei PRODOS und UCSD
    physikalisch : 0 1 2 3 4 5 6 7 8 9 A B C D E F
    logisch   : 0 8 1 9 2 A 3 B 4 C 5 D 6 E 7 F

bei CP/M
    physikalisch : 0 1 2 3 4 5 6 7 8 9 A B C D E F
    logisch   : 0 B 6 1 C 7 2 D 8 3 E 9 4 F A 5

Wenn wir unter DOS 3.3 arbeiten, tun wir also so, als wäre die physikalische gleich der logischen Sektorlage (die Umrechnung übernimmt die RWTS), und müssen beim Zugriff auf z. B. einen PRODOS-Sektor nur den gemeinsamen Maßstab berücksichtigen, also z. B.

    Der PRODOS-Sektor 1 entspricht dem physikalischen Sektor 2 und damit dem DOS-Sektor E
    der CP/M-Sektor D entspricht physikalisch dem Sektor 7 und damit dem DOS-Sektor 4

Kompliziert wird das ganze noch dadurch, daß CP/M keine Sektoren sondern Records von 128 Bytes benutzt, also gerade einen halben Sektor. Record 0+1 = Sektor 0, Record 2+3 = Sektor 1 usw. Der CP/M-Record 6 entspricht also gerade dem Teil $00–$7F des Sektors 9 unter DOS 3.3.

Bei PRODOS und UCSD werden Blöcke von 512 Bytes = 2 Sektoren verwendet. Block 0 = Sektor 0+1, Block 2 = Sektor 2+3 usw. Der Block 3 entspricht also gerade den DOS-Sektoren B+A (in dieser Reihenfolge!).

Solche Umrechnungen werden u. a. von den Konvertierungsprogrammen ausgeführt, um Dateien von einem Betriebssystem zum anderen zu übertragen.

Mit dem Wissen über den jeweiligen Aufbau der Dateispeicherung auf Diskette ist es also möglich, Dateien zu übertragen, in erster Linie natürlich Textdateien, da die ASCII-Zeichen bei allen Betriebssystemen für Texte verwendet werden. So lassen sich z. B. Binärdateien, die hochauflösende Graphikbilder enthalten, relativ leicht umwandeln. BASIC-Programme müssen erst in Textdateien verwandelt und auf das andere Betriebssystem übertragen werden. Schließlich werden sie dort wieder in ein BASIC-Programm zurückverwandelt. Man achte dabei auf die unterschiedlichen Befehlswörter in den verschiedenen BASIC-Dialekten wie Applesoft-BASIC und MBASIC unter CP/M. Maschinenprogramme können normalerweise nur zwischen PRODOS und DOS übertragen werden, da bei CP/M und UCSD andere Maschinensprachen (Z80-Prozessor bzw. p-Code) verwendet werden.

Übertragungsprogramme von DOS nach PRODOS, UCSD oder CP/M werden von diesen Betriebssystemen bereitgestellt; bei PRODOS auch die Richtung von PRODOS nach DOS.

12 Anhang

12.1 Übersicht der DOS-Befehle

a) für alle Dateitypen:
- DELETE
- LOCK
- UNLOCK
- RENAME

b) nur für BASIC-Dateien:
- LOAD
- SAVE
- RUN
- CHAIN

c) nur für Binärdateien:
- BLOAD
- BSAVE
- BRUN

d) nur für Textdateien:

    1. für sequentielle:
- OPEN
- WRITE
- READ
- CLOSE
- APPEND
- POSITION
- EXEC

    2. für Random-Acces:
- OPEN   ,L
- READ   ,R
- WRITE   ,R
- CLOSE

e) andere Befehle:
- CATALOG
- INIT
- FP
- INT
- MAXFILES
- MON
- NOMON
- IN#
- PR#

12.2 DOS-Fehlermeldungen

Fehler Nr. Fehlermeldung

1	LANGUAGE NOT AVAILABLE
2, 3	RANGE ERROR
4	WRITE PROTECTED
5	END OF DATA
6	FILE NOT FOUND
7	VOLUME MISMATCH
8	I/0 ERROR
9	DISK FULL
10	FILE LOCKED
11	SYNTAX ERROR
12	NO BUFFERS AVAILABLE
13	FILE TYPE MISMATCH
14	PROGRAMM TOO LARGE
15	NOT DIRECT COMMAND

12.3 Der Monitor des Apple II

Wir wollen hier nicht auf die Unterschiede zwischen Apple II+, IIe, IIc,
IIe-Neu und den verschiedenen Kompatiblen eingehen, sondern die bei
allen Geräten gültigen Monitorkommandos kurz aufführen.
Der Monitor wird vom BASIC mit CALL − 151 oder CALL 65385 aufgerufen. Wir wollen im Buch sonst die alte Negativ-Schreibweise vermeiden, die
ihre Ursache darin hatte, daß das alte Integer-BASIC nur Zahlen von − 32767

bis 37767 verarbeiten konnte, so daß man mit folgendem „Trick" größere Adressen (z. B. 65385) angeben konnte:

$$\text{CALL} - 151 = \text{CALL} \, (-151 + 2^{16}) = \text{CALL} \, (-151+65536)$$
$$= \text{CALL} \, 65385$$

Für den Monitor hat sich diese Schreibweise aber inzwischen so eingebürgert, daß wir sie übernehmen wollen.

Also CALL − 151 bedeutet immer: Beenden des BASIC und Aufruf des Apple-Monitors.

Alle Adressen sind vierstellige Sedezimalzahlen.

Die Kommandos:

adresse	: Ausgabe des Inhalts dieser Adresse
adresse1.adresse2	: Ausgabe der Adressen von Adresse 1 bis Adresse 2
RETURN	: gibt die nächsten 8 Adressen aus
adresse:byte1 byte2...	: Eingabe der Bytes ab Adresse
adresse1<adresse2.adresse3M	: verschiebt alle Speicherinhalte von Adresse2 bis Adresse3 nach Adresse1 und folgende
adresse1<adresse2.adresse3V	: vergleicht diese Speicherbereiche
adresse G	: startet das Maschinenprogramm ab Adresse
adresse L	: übersetzt 20 Zeilen des Maschinenprogramms in den Mnemonic-Code
I	: invertiert die Bildschirmausgabe
N	: schaltet Bildschirmausgabe wieder normal
CTRL-E	: gibt den Inhalt der Register des 6502-Mikroprozessors aus
CTRL-Y	: Sprung zur Maschinenroutine, deren Adresse ab $3F9 steht
CTRL-C	: Rückkehr zum BASIC („Warmstart")
1 CTRL-P	: Ausgabe des nächsten Befehls auf den Drucker mit Steckplatz 1
0 CTRL-P	: Ausgabe des nächsten Befehls wieder auf den Bildschirm

Im Monitor kann man zweistellige Sedezimalzahlen addieren oder subtrahieren (allerdings ohne „Überlauf")

$$\text{byte1} + \text{byte2}$$
$$\text{byte1} - \text{byte2}$$

Die Monitorbefehle W und R für den Kassettenrecorder und K für die Eingabe vom Steckplatz sind hier nicht aufgeführt.

12.4 Die Zeichendarstellung des Apple II

Wer sich über den Zeichensatz seines Apple-Modells Klarheit verschaffen will, muß sich einfach nur mit dem BASIC-Befehl PRINT CHR$( ) alle durckbaren Zeichen auf dem Bildschirm ausgeben lassen.

```
10 FOR I=32 TO 127
20 PRINT CHR$ (I);
30 NEXT
40 FOR I=160 TO 255
50 PRINT CHR$ (I);
60 NEXT
```

Bemerkung:

Die Werte der Zahlen 0 bis 31 und 128 bis 159 sind nicht druckbare CTRL-Zeichen!

Der Zeichensatz ist doppelt vorhanden, einmal mit dem BIT 7 der entsprechenden Dualzahl = 0, zum anderen ist BIT 7 = 1.

Der Zeichensatz unterscheidet sich bei den verschiedenen Modellen, je nachdem ob nur Großschrift oder Groß- und Kleinschrift, ob der deutsche oder der amerikanische Zeichensatz vorliegt. Beim IIe und IIc kann man zwischen deutschem und amerikanischem Zeichensatz per Schalter hin- und herwechseln. Beim Apple II+ und kompatiblen Geräten ist dies oft auf der 80-Zeichen-Karte softwaremäßig möglich. Beim IIc und neuen IIe gibt es auch noch die Maus-Zeichen.

Das Gegenstück zum Programm oben gibt uns Klarheit über die Möglichkeiten unserer Tastatur; wir fragen dazu mit dem GET-Befehl die Tastatur ab und drucken anschließend die ASCII-Nummer dieser Taste mit dem BASIC-Befehl PRINT ASC( ) aus. Die Endlosschleife kann nur mit CTRL-RESET abgebrochen werden:

```
10 GET X$
20 PRINT ASC(X$)
30 GOTO 10
```

Literaturverzeichnis

Applesoft BASIC Programming Reference Manual, Cupertino 1981

Apple II Das DOS Handbuch, Neuilly-sur-Seine 1980

Apple IIc Benutzerhandbuch, München 1984

Apple IIe Benutzerhandbuch, München 1981

Apple II Super Serial Card, Cupertino 1981

Apple Language Card, Cupertino 1981

Apple Extended 80-Column Text Card Supplement, Cupertino 1982

Bauer, W.: Interface Techniken in: Apple's 11/1983

Esders, E.: Das Buch zum Apple II, München 1985

Grumser, H.: Der File Manager des DOS 3.3 in: PEEKER 5/1985

Inman, D./Inman, K.: Apple Maschinensprache, München 1984

Luebbert, W.: Was ist wo im Apple, Düsseldorf 1985

Poole, L. u. a.: Das Apple II Handbuch, München 1985

Schöpe, W.: Mehr Platz auf Apple-Disketten in: mc 4/1984

Stiehl, U.: Apple DOS 3.3 Tips und Tricks, Heidelberg 1984

Stiehl, U.: 6502 leicht gemacht in: PEEKER 7/1985

Swoboda, L.: Textdateien Grundkurs in: Apple's 4/1985−10/1985

Tuttle, D./Cleaver, T.: Overview of Apple DOS in: MICRO 7/1982

Wiegandt, R.: Apple-DOS: Arbeitsweise und Aufbau in: mc 6/1983

Programmverzeichnis

Sachwortverzeichnis